Dagmar Fenner

Hochsensibilität

Phänomenologische und
ethische Überlegungen

Schwabe Verlag

Gedruckt mit freundlicher Unterstützung der Freiwilligen Akademischen Gesellschaft Basel, Fonds zur Förderung von Lehre und Forschung.

MIX
Papier aus verantwor-
tungsvollen Quellen
FSC® C083411

Bibliografische Information der Deutschen Nationalbibliothek
Die Deutsche Nationalbibliothek verzeichnet diese Publikation in der Deutschen Nationalbibliografie; detaillierte bibliografische Daten sind im Internet über http://dnb.dnb.de abrufbar.

© 2021 Schwabe Verlag, Schwabe Verlagsgruppe AG, Basel, Schweiz
Dieses Werk ist urheberrechtlich geschützt. Das Werk einschliesslich seiner Teile darf ohne schriftliche Genehmigung des Verlages in keiner Form reproduziert oder elektronisch verarbeitet, vervielfältigt, zugänglich gemacht oder verbreitet werden.
Abbildung Umschlag: Falling Flower, © Sabine Siegrist
Korrektorat: Anna Ertel, Göttingen
Cover: icona basel gmbh,
Layout: icona basel gmbh, Basel
Satz: 3w+p, Rimpar
Druck: CPI books GmbH, Leck
Printed in Germany
ISBN Printausgabe 978-3-7965-4367-8
ISBN eBook (PDF) 978-3-7965-4368-5
DOI 10.24894/978-3-7965-4368-5
Das eBook ist seitenidentisch mit der gedruckten Ausgabe und erlaubt Volltextsuche. Zudem sind Inhaltsverzeichnis und Überschriften verlinkt.

rights@schwabe.ch
www.schwabe.ch

Es gibt keine falsche Blume,
sondern nur eine falsche Umwelt für eine Blume.

Gewidmet meiner Schwester Francine Fenner

Inhalt

Vorwort 9

1 Einleitung: Moderne Welt – zu laut, zu grell und zu hektisch? .. 11

2 Warum ist Anderssein überhaupt ein Problem? 17

2.1 Das Anderssein von Hochsensiblen 18

2.2 Jeder Mensch ist anders 24

2.3 Normalität und Anderssein im Zeitalter der Individualisierung .. 29

2.4 Glück als Passung zwischen Selbst und Welt 34

2.5 Mein persönliches Anderssein 39

3 Dimensionen einer anderen Lebensrealität 45

3.1 Sensorische Hochsensibilität: Reizüberflutung und
    Beobachtungsgabe 47

3.2 Kognitive Hochsensibilität: geistige Überaktivität und
    komplexes Denken 54

3.3 Emotionale Hochsensibilität: starke Erregbarkeit und Empathie . 65

3.4 Soziale Hochsensibilität: Rückzugsbedürfnis und
    Unabhängigkeitsstreben 74

3.5 Motivationale Hochsensibilität: Selbständigkeit und
    intrinsische Motivation 82

4 Sollen sich Hochsensible der Gesellschaft anpassen oder umgekehrt? ... 97

4.1 Braucht die Gesellschaft Hochsensible? ... 99

4.2 Müssen sich Hochsensible an die Gesellschaft anpassen? ... 123

4.3 Können Hochsensible unter den Bedingungen der Moderne glücklich sein? ... 131

4.4 Ist eine individuelle Therapie von Hochsensibilität wünschenswert? ... 142

4.5 Soll die moderne Lebens- und Arbeitswelt an Hochsensible angepasst werden? ... 150

5 Schluss: Respekt vor dem Anderssein und Umwertung der Werte ... 161

6 Bibliographie ... 173

7 Sachregister ... 179

Vorwort

Es hat sehr lange – bis zur Lebensmitte – gedauert, bis ich meine eigene Hochsensibilität entdeckte. Eigentlich hatte mich schon vor über 20 Jahren eine Kunststudentin in einem von mir an der Universität Basel durchgeführten Ästhetik-Seminar auf die Themen Hochsensibilität und Hochbegabung aufmerksam gemacht. Erst vor drei Jahren aber, nachdem ich in vielen krisenhaften Lebenssituationen auf meinem ebenso schwierigen wie beglückenden Weg einer philosophischen und künstlerischen Persönlichkeitsentwicklung immer wieder auf mich selbst und die Frage nach meinem Anderssein zurückgeworfen wurde, fielen mir bei einer erneuten Beschäftigung mit der Thematik plötzlich die Schuppen von den Augen. Es war mir sofort klar, dass ich als eine in hohem Maß selbst betroffene Philosophin und Buchautorin einen Beitrag zu einer breiteren öffentlichen Aufklärung über den Kreis der Hochsensiblen hinaus leisten muss. Als Ethikerin habe ich mich intensiv mit Fragen nach dem richtigen menschlichen Handeln, nach dem guten Leben und Glück der Einzelnen und nach gesellschaftlicher Gerechtigkeit auseinandergesetzt, jüngst mit dem aktuellen und kontrovers diskutierten gesellschaftlichen Leitbild der Selbstoptimierung. Vor diesem Hintergrund überkam mich ein gewisses Unbehagen angesichts der jährlich in großer Zahl neu auf den Büchermarkt drängenden Ratgeber- und Selbsthilfeliteratur von Hochsensiblen für Hochsensible, damit diese im Zuge des allgemeinen Selbstoptimierungstrends geeignete Strategien im Umgang mit ihrer Eigenart erwerben. Es ist mir ein wichtiges Anliegen, das Phänomen Hochsensibilität in einen größeren gesellschaftlichen Kontext zu stellen und auf das komplexe Zusammenwirken von Individuums- und Umweltfaktoren beim persönlichen Streben nach Glück aufmerksam zu machen.

Ganz herzlich bedanken möchte ich mich bei allen meist hochsensiblen Gesprächspartnern, die mit ihren wertvollen Anregungen zur jetzigen Gestalt des Buches beigetragen haben. (Obgleich in diesem Buch der Einfachheit wegen nur die männliche Form erwähnt wird, sind immer alle möglichen Geschlechtsidentitäten mitgemeint.) Günter Sopper und Sabine Siegrist, beides hochsensible und in verschiedenen Bereichen aktive Künstler, sowie Hendrik Wahler, Philosoph des guten Lebens und Coach, haben eine frühere Fassung des gesamten Manuskripts gegengelesen und kritisch kommentiert. Meine Cousine Sabine hat außerdem das Coverbild als Illustration zum Motto dieses Buches gestaltet, ausgehend von einem Kupferdruck mit dem Titel *flower falling*. Teile durchgesehen und mit mir diskutiert haben des Weiteren Ingrid Parlow, Gründerin des auf Hochsensibilität spezialisierten Festland-Verlags, die Malerin und Kunsttherapeutin Christa Lambertus und die Übersetzerin Claudia Schmidt. Für sein großes Engagement für dieses Projekt danke ich schließlich meinem Lektor vom Schwabe-Verlag Christian Barth, Privatdozent für Philosophie an der Humboldt-Universität zu Berlin.

Dagmar Fenner, Tübingen im März 2021

1 Einleitung: Moderne Welt – zu laut, zu grell und zu hektisch?

Die moderne Welt wird immer lauter, greller und hektischer. Darüber beklagten sich die Menschen bereits zu Beginn des 20. Jahrhunderts, als immer mehr Autos in den Großstädten zirkulierten und zum Symbol der Beschleunigung in der Moderne avancierten. Sowie das Automobil zum Massenartikel wurde, potenzierten sich Lärmpegel, Gestank und Rastlosigkeit. Mit der Elektrifizierung der Städte wurden die nun rund um die Uhr beleuchteten Straßen heller und bunter. Dank immer neuer Technologien geht alles immer schneller, und der Horizont unserer Möglichkeiten und die Reichweite unseres Handelns vergrößern sich zusehends: Waschmaschinen, Staubsauger und Mikrowellen sparen Zeit, die Erfindungen von Telegraphie und Rundfunk ermöglichen das simultane Versenden von Nachrichten um die ganzen Welt, und mit dem Flugzeug können wir in Windeseile Hunderte von Kilometern zurücklegen. Bereits im Zuge des großen Entdeckungs- und Beschleunigungsschubes zwischen 1880 und 1920 fühlten sich aber viele Menschen überfordert von der zu hohen Geschwindigkeit und Reizüberflutung, und es wurde die Krankheit der NEURASTHENIE («Nervenschwäche») entdeckt. Berühmte Neurastheniker wie Thomas Mann, Hermann Hesse, Franz Kafka, Sigmund Freud, Rudolf Steiner oder Alexander Skrjabin begaben sich in Sanatorien (vgl. Linke). Seit dem Durchbruch des Internets in den 1990er Jahren kommt es laufend zu neuen Digitalisierungswellen, sodass Menschen immer mehr Informationen aufnehmen und parallel verarbeiten und gleichzeitig im Hintergrund verschiedene Handy-Klingeltöne und Telefongespräche mit anhören müssen. Nach Hartmut Rosa ist die Steigerungslogik des Kapitalismus als modernes Prinzip schlechthin wesentlich verantwortlich für die Beschleunigung des Lebenstempos und die Wahrnehmung der Zeit als knappe Ressource: Statt durch die technologischen Errungenschaften mehr freie Zeit zu gewinnen, steigen die Erwartungshaltungen in der wettbewerbsorientierten und auf Produktivitätszuwachs abzielenden Wirtschaft und Gesellschaft stetig an und setzen die Menschen unter permanenten Zeitdruck (vgl. Rosa 2016, 26 ff.). Während im Berufsleben eine zunehmende Arbeitsverdichtung und eine entgrenzte Arbeitszeit zu Überlastungen führen, erzeugt auch das neue Ideal der Vereinbarkeit von Familie und Beruf zusätzlichen Stress. Als Symptom für unsere moderne Leistungsgesellschaft mit ihren hohen Anforderungen einer flexiblen Anpassung an eine instabile, dynamische und komplexe Welt gelten die zunehmenden Fälle von Depressionen und Burnout mit einem ausgebrannten «erschöpften Selbst» (vgl. Ehrenberg, 222).

Obwohl «Burnout» als mediales Schlagwort für eine vermeintlich neue, salonfähig gewordene «Modekrankheit» steht, sind solche akuten Erschöpfungszustände medizinhistorisch gesehen keineswegs neu. Vielmehr gab es wie erwähnt bereits um 1900 weltweite aufgeregte Debatten über die psychischen und physischen Auswirkungen einer sich dramatisch schnell entwickelnden technischen Moderne, für die Begriffe wie Überbürdung, Nervenerschöpfung, Nervosität oder Neurasthenie verwendet wurden (vgl. Eckart, 3 f.). Über die Entstehung und die genauen Ursachen von BURNOUT wird zwar heute in verschiedenen Wissenschaften noch geforscht und es ist noch nicht als eigenständiges Krankheitsbild anerkannt. Klar ist aber inzwischen, dass ein solcher Endpunkt kontinuierlicher Überbürdung oder Überforderung nicht nur von zahlreichen äußeren Faktoren wie den genannten abhängt, sondern außerdem noch von inneren, die Persönlichkeit betreffenden. Denn ganz offenkundig führen eine zunehmende Reizfülle und Arbeitsverdichtung, Hektik und Zeitdruck nicht bei allen Menschen und nicht gleich schnell zu einem Erschöpfungszustand. Persönlichkeitstypen mit folgenden Persönlichkeitsmerkmalen scheinen besonders gefährdet zu sein für Burnout (vgl. Meier; Haufe): Menschen, die sehr empathisch und hilfsbereit sind und schlecht «Nein» sagen können (Helfer-Typ und Ja-Sager-Typ); die sehr hohe ethische Ideale verfolgen, für eine Sache brennen und perfektionistische Ansprüche an sich selbst erheben (idealistischer Typ und perfektionistischer Typ); die eher pessimistisch eingestellt und mit sich selbst häufig unzufrieden im Vergleich zu anderen Menschen sind, denen alles leichter fällt, und die in neuen Herausforderungen erst einmal Schwierigkeiten erblicken, die kaum zu bewältigen sind (pessimistischer Typ). Wie sich in Kapitel 3 zeigen wird, sind alle diese Persönlichkeitsmerkmale bei der Personengruppe der Hochsensiblen besonders ausgeprägt: Sie sind sehr empathisch und hilfsbereit, haben hohe Ideale, sind perfektionistisch und sind mit sich selbst oft unzufrieden im Vergleich zu anderen. Anders als Neurasthenie, Depression und Burnout gilt HOCHSENSIBILITÄT zum gegenwärtigen Zeitpunkt nicht als psychische Krankheit oder Störung, sondern als Persönlichkeitsmerkmal. Darin wird ein Grund gesehen, wieso sich in der Gegenwart immer mehr Menschen als hochsensibel «outen», Blogs und Bücher zum Thema schreiben und sich in Selbsthilfegruppen treffen oder Coaching für Gleichgesinnte anbieten. Hochsensibel zu sein klingt viel weniger pathologisch und viel nobler, als nervenkrank oder depressiv zu sein oder ein Burnout zu haben.

Empirische Betrachtung: «Hochsensibilität» – ein bloßer Medienhype?

Da das Thema Hochsensibilität immer mehr öffentliche Aufmerksamkeit auf sich zieht und die Zahlen der sich dazu Bekennenden rasch ansteigen, wird von einer «Modediagnose» oder einem «(Medien-)Hype» gesprochen (vgl. Starostzik, 1; Reichardt, 14; Böttcher, 18). Die Rede von einer Modeerscheinung suggeriert zum einen, es handle sich um eine rein willkürliche, von den Medien aufgebauschte Erfindung des Zeitgeschmacks. Zum anderen hat die Flut an Publikationen zum Thema eine Gegenbewegung von Skeptikern hervorgebracht, denen zufolge immer mehr Menschen auf den neuen Trend aufspringen, ohne wirklich hochsensibel zu sein. Diesen wird unterstellt, sie missbrauchten die neue «Schublade» als bloße Ausrede für ihre mangelnde Leistungsfähigkeit oder gar für ihre Leistungsverweigerung. Fest steht zunächst lediglich, dass immer mehr Menschen mit dem beschleunigten Lebens- und Arbeitstempo nicht mehr mithalten können, sich ausgelaugt fühlen und eine Erklärung und Rechtfertigung für ihr Bedürfnis nach mehr Ruhe und Erholung suchen. Die Popularität des Konzepts verdankt sich also zweifellos diesem Umstand. Immer mehr erhärtet sich aber auch die Annahme, dass Menschen das gleiche Maß an Reizen aufgrund eines anderen Nervensystems unterschiedlich stark wahrnehmen und Hochsensible gleichsam über weniger Filter zwischen sich und der Welt verfügen (vgl. Kap. 2.1). Um Hochsensibilität bei einzelnen Menschen empirisch nachweisen zu können, bräuchte man allerdings erst einmal eine klare Diagnose und valide psychologische Tests. Noch weniger empirisch überprüfen lässt sich die mitunter geäußerte These, gleichzeitig zu den immer stärker auf die Menschen einwirkenden Außenweltreizen würden auf der Innenseite die Menschen immer sensibler, sodass die Schere immer weiter auseinanderklaffe (vgl. Trappmann, 143). Das Problem ist das gleiche wie bei anderen neu «entdeckten» psychischen Abnormitäten wie Burnout oder ADHS, die zuvor einfach noch nicht erkannt und diagnostiziert wurden und daher nicht existiert zu haben scheinen. Daraus lässt sich aber keineswegs schließen, es gebe immer mehr Hochsensible. Vielmehr ist davon auszugehen, dass sie schon zuvor vorhanden waren und mit dem steigenden Stimulierungsniveau und der Informationsflut lediglich in höherem Maß überfordert sind (vgl. Schorr 2020, 14; Medical Academy, 13). Je mehr der Leidenszustand von Hochsensiblen öffentlich thematisiert wird, desto mehr Menschen erkennen sich in der Beschreibung wieder, identifizieren sich mit der neuen Diagnose, melden sich in den Medien zu Wort und werden somit immer sichtbarer. Es handelt sich also eher um eine Zeiterscheinung als um eine Modeerscheinung (vgl. Schorr 2020, 14).

Die tatsächliche Zahl an hochsensiblen Personen zu ermitteln ist schwierig, solange das Phänomen noch nicht hinlänglich erforscht ist. Im Internet kursiert zwar eine Vielzahl verschiedener Fragebögen zur Selbsteinschätzung von Hochsensibilität, die aber nicht alle den wissenschaftlichen Anforderungen an Reliabilität und Validität genügen. Der zurzeit meistgenutzte und diese Mindeststandards erfüllende psychologische Test wurde von der Pionierin und promovierten Psychologin Elaine Aron entwickelt und umfasst einen Fragekatalog von 27 Fragen wie: «Scheinst Du Feinheiten in Deiner Umgebung zu erkennen?», «Beeinflussen Dich die Stimmungen anderer Menschen?» oder «Hast Du ein reiches, komplexes Innenleben?» (vgl. Aron 2017, 21f.; Langosch, 20). Abgesehen davon, dass in populären Versionen für die Beantwortung anstelle der ursprünglichen Sieben-Punkte-Skala nur «Ja» und «Nein» zur Verfügung stehen, sind einige Fragen besonders missverständlich formuliert, z. B.: «Es zählt zu meinen absoluten Prioritäten, mein tägliches Leben so einzurichten, dass ich aufregenden Situationen oder solchen, die mich überfordern, aus dem Weg gehe.» Denn die meisten rationalen Menschen dürften ungeachtet ihrer Sensibilität grundsätzlich Situationen meiden, die sie überfordern. Der Schwerpunkt der Frage liegt jedoch auf der «absoluten Priorität» oder existentiellen Dringlichkeit, die das Vermeiden derartiger Situationen im täglichen Leben hochsensibler Personen hat. Auch aus Fachkreisen gibt es Kritik an Arons Test, weil darüber hinaus unklar ist, bei wie vielen positiv beantworteten Fragen genau die Grenze zwischen «hoch sensiblen» und «normal sensiblen» Personen verlaufen soll (vgl. Langosch, 23). Nach Aron kann man sich auch dann als hochsensibel bezeichnen, wenn nur eine oder zwei Aussagen zutreffen, dafür aber «umso stärker» (vgl. Aron 2017, 24). Zum Zweck einer Selbsteinschätzung wird mitunter empfohlen, für eine gewisse Zeit zu testen, wie sich die eigene Lebensqualität verändert unter der hypothetischen Annahme, man sei hochsensibel (vgl. IFHS; Reichardt, 23–30; Hensel, 13 ff.). Ohne wissenschaftlich geprüfte diagnostische Instrumente und statistische Erhebungen lassen sich aber kaum exakte Angaben über den prozentualen Anteil von Hochsensiblen machen. Häufig stützt man sich auf Arons Angaben eines hohen Prozentsatzes von 15–20 Prozent (vgl. Aron 2017, 30). Frauen erreichten in einigen Studien signifikant höhere Werte, was allerdings auch von kulturellen Idealen abhängen kann (vgl. Aron u. a. 1997, 356 f.; Blumentritt, 20; 119). Andere Forscher wie z. B. der Psychiater Peter Falkai von der Universität München gehen von einem weit geringeren Anteil von lediglich ein bis drei Prozent Hochsensiblen aus (vgl. Starostzik).

Normative Betrachtung: Wozu die Etikette «Hochsensibilität»?

Interessanter als die empirisch-deskriptive Frage nach der genauen Zahl von Hochsensiblen und deren Zunahme in der modernen Welt ist die pragmatisch-ethische Frage, wozu denn die Diagnostizierung von Hochsensibilität überhaupt gut sein soll. Nachteilig könnte sich eine neue Etikette auswirken, weil Hochsensible dann wie bei der Diagnose psychischer Störungen etwa einer Depression oder Schizophrenie stigmatisiert würden und ihre Mitmenschen im Umgang mit ihnen verunsichert wären. Im Unterschied zu physischen Krankheiten oder Behinderungen haben viele Menschen bei psychischen Beeinträchtigungen fälschlicherweise den Eindruck, die Betroffenen wie z. B. die Hochsensiblen seien selbst schuld an ihrem Leid und müssten sich nur – wie alle anderen Menschen auch – zusammenreißen oder sich wenigstens nichts anmerken lassen. In der Öffentlichkeit verbindet man die

Etikette «Hochsensibilität» größtenteils mit überempfindlichen, gering belastbaren und instabilen Personen, d. h. mit Defiziten, Schwäche und Fragilität. Achtet man allerdings nur auf die Begrifflichkeiten, klingt «Hochsensibilität» viel weniger bedrohlich und abwertend als «Depression» oder «Schizophrenie». Ganz im Gegenteil scheint das Präfix «Hoch-» zu implizieren, die Betroffenen seien besser, hochwertiger oder wertvoller als andere und es solle gleichsam eine Vorhut oder «Elitetruppe» installiert werden (vgl. Böttcher, 18). Wer sich dazu bekennt, riskiert daher unter Umständen empörte Ausrufe wie: «Willst Du damit etwa sagen, dass ich unsensibel bin?»! Die Etikette «Hochsensibilität» ist jedoch kontraproduktiv, solange sie nur mit Stereotypen und Vorurteilen verknüpft wird wie den gegensätzlichen überzogenen Vorstellungen von schwachen, gestörten Opfern oder hochbegabten, starken Persönlichkeiten. Hilfreich ist eine solche Ordnungskategorie lediglich in Verbindung mit einem vertieften Wissen über die spezifischen Einschränkungen und Begabungen von Hochsensiblen, das zum Allgemeingut wird und die angesprochene Unsicherheit im Umgang mit Betroffenen reduziert. Für Hochsensible selbst hat das steigende Interesse am Thema in Wissenschaft und Gesellschaft den großen Vorteil, dass sie plötzlich verstehen, wieso sie anders sind, und ihr normabweichendes Verhalten daher anderen gegenüber viel besser erklären können. Der Nutzen der neuen positiv klingenden Etikette ist allerdings bislang beschränkt auf diesen psychischen Effekt der Entlastung, der mit der Erkenntnis und Solidarisierung mit anderen einhergeht. Denn zumindest zum jetzigen Zeitpunkt kann man sich für Hochsensibilität «nichts kaufen» und erhält weder Begünstigungen noch offizielle Unterstützungsangebote (IFHS, 7).

2 Warum ist Anderssein überhaupt ein Problem?

Hochsensible Personen fühlen sich nicht nur meist «anders» als die Menschen um sie herum, sondern häufig auch «verkehrt» und wie aus einer anderen Welt (vgl. IFHS, 2). Immer wieder kommt es zu grundlegenden Missverständnissen zwischen verschieden sensiblen Menschen, weil das Anderssein wechselseitig verkannt wird und zu gegenseitigen unangemessenen Unterstellungen führt: sei es die einer böswilligen Ignoranz des vermeintlich Offensichtlichen oder die einer bloß vorgespielten Wehleidigkeit auf der anderen Seite. Die sich in der deutlichen Minderheit befindenden Hochsensiblen erkennen sich aber auch untereinander nicht immer als Gleiche unter Gleichen, weil auch sie teilweise sehr unterschiedliche Persönlichkeiten ausgebildet haben und die gemeinsame Wesensart der Hochsensibilität auf den ersten Blick nicht in Erscheinung tritt (vgl. Kap. 3). Dieses Kapitel widmet sich daher dem sozialpsychologischen Phänomen des Andersseins im Allgemeinen und untersucht, was genau das Anderssein von Hochsensiblen im Speziellen ausmacht und welche Probleme damit verbunden sein können: In einem ersten Schritt wird der aktuelle Forschungsstand zur Hochsensibilität kurz zusammengefasst und auf die vielen noch bestehenden Forschungslücken hingewiesen (Kap. 2.1). Insbesondere in der Psychologie und den Neurowissenschaften wird versucht, mit empirischen Methoden die Unterscheidungsmerkmale hochsensibler Personen zu ermitteln. Danach wird die Frage aufgeworfen, ob denn nicht überhaupt jeder Mensch als Individuum anders ist als alle anderen (Kap. 2.2). Mit der Gegenüberstellung des Gemeinplatzes «Jeder Mensch ist anders» und der Gegenthese «Alle Menschen sind gleich» wird eine philosophische Ebene erreicht. Bei genauerem Hinsehen entpuppen sich aber «Normalität» und «Anderssein» als soziale Konstruktionen, die gleichfalls kritisch zu hinterfragen sind. Gegenläufig scheinen folgende in gegenwärtigen westlichen Kulturen zu beobachtenden Tendenzen zu sein: Auf der einen Seite steht der

Wunsch, so sein zu wollen wie alle anderen und gesellschaftliche Normalitätsstandards zu erfüllen. Auf der anderen Seite möchten sich viele durch Besonderheit und Alleinstellungsmerkmale von der Masse abgrenzen, wie es im Zuge der Individualisierung erwartet wird (Kap. 2.3). Da alle Menschen in ihrem Streben nach Glück übereinstimmen, sind auch die Auswirkungen eines nicht selbstgewählten Andersseins auf das Glück hochsensibler Personen von großem Interesse (Kap. 2.4). Am Ende des Kapitels wird der Rahmen eines Sachbuchs kurzzeitig gesprengt durch einen autobiographischen Exkurs über mein persönliches Anderssein, weil zur Steigerung der Authentizität als Anschauungsmaterial in Kapitel 3 zahlreiche beispielhafte Erfahrungen aus meinem Leben dienen (Kap. 2.5).

2.1 Das Anderssein von Hochsensiblen

In ihren Pionierarbeiten prägte die amerikanische promovierte Psychologin, Dozentin und Psychotherapeutin Elaine Aron in den 1990er Jahren den englischen Ausdruck *high sensitivity*, genauer *sensory-processing sensitivity*, für das Anderssein, um das es in diesem Buch geht. Im Deutschen wird der Terminus uneinheitlich übersetzt, im wissenschaftlichen Kontext meist als «Hochsensitivität», im allgemeinen Sprachgebrauch als «Hochsensibilität». Gegen die Übersetzung «Hochsensibilität» spricht, dass dieser deutsche Begriff mit hoher emotionaler Empfindlichkeit konnotiert ist (vgl. Schorr 2020, 9; Trappmann, 27): Bei der abschätzigen Rede vom «Sensibelchen» hat man meist die zu emotionalen Dramen neigenden Menschen vor Augen, die sich alles sehr zu Herzen nehmen und die man nur mit Samthandschuhen anfassen darf. Noch stärker mit einer krankhaften neurotischen Fehlentwicklung assoziiert sind die alltagssprachlichen Ausdrücke «Hypersensibilität» und «Überempfindlichkeit» im Sinne von «leicht verletzlich, wehleidig, zimperlich» (vgl. Hensel, 36). Aber keineswegs alle Hochsensiblen weisen eine solche übersteigerte Emotionalität auf, sondern viele sind sehr introvertiert und ziehen sich im Konfliktfall rasch zurück. Der Vorteil der Übersetzung «Hochsensitivität» besteht demgegenüber darin, dass der Begriff als Abkömmling von lateinisch «sentire»: «fühlen, empfinden, denken» auf den ersten Blick weiter gefasst ist und auch das starke Empfinden mittels aller Sinnesorgane umfasst (vgl. Schorr 2020, 10; Trappmann, 27f.). Allerdings bedeutet «sensitiv» im Deutschen gemäß Online-Duden ebenfalls «von übersteigerter Feinfühligkeit, überempfindlich», und in der Psychologie meint ein «sensitiver Charakter» eine «ehrgeizige, selbstkritische, aber innerlich äußerst unsichere und empfindliche Persönlichkeit mit überstarkem Bedürfnis nach Bestätigung und mit Neigung zu Zwängen und Beziehungswahn» (Hillig, 365). Es gehört aber nicht zum Charaktermerkmal von Hochsensiblen, jede Regung anderer Personen oder sogar belanglose Umweltvorgänge in Bezug zur eigenen Person zu setzen. Da also beide Begriffe irreführend, einseitig und emotional vorbelastet sind, wäre für einen sachlichen Diskurs ein neutraler, wertfreier Begriff wie z. B. «Neurosensitivität» wünschbar (vgl. Schorr 2018, 28). Im Folgenden wird gleichwohl der in der öffentlichen Debatte bereits gut etablierte Ausdruck «Hochsensibilität» verwendet, aber definitorisch von solchen Konnotationen abgegrenzt. Damit durchschnittlich Sensible nicht im Gegensatz zu Hochsensiblen als «unsensibel» stigmatisiert werden, wurde zudem die Differenzierung in «Hochsensible» und «Sensible» vorgeschlagen (vgl. Blumentritt, 12).

Hochsensibilität ist eine PERSÖNLICHKEITSEIGENSCHAFT oder CHARAKTERLICHE GRUNDDISPOSITION, die das gesamte Leben der Persönlichkeit prägt. Das allen Hochsensiblen gemeinsame Hauptmerkmal ist eine physiologisch bedingte höhere Empfindlichkeit oder Empfänglichkeit für äußere und innere Reize und eine gründlichere Art der Informationsverarbeitung (vgl. Aron 2017, 30; Blumentritt, 12; Skarics, 14). Diese intensivere Reizverarbeitung führt zu mehr und detailgenaueren Wahrnehmungen und stärkeren und länger nachwirkenden Eindrücken, aber dadurch auch zu einer schnelleren Überreizbarkeit oder Überstimulation, weil das Gehirn nicht mehr alle Informationen verarbeiten kann (vgl. ebd.; Schorr 2020, 15). Die akademische Forschung in Psychologie, Neurowissenschaften und Pädagogik zieht zwar nur langsam hinter der gegenwärtigen Flut an populärwissenschaftlichen Büchern nach, aber es gab bereits einige Vorarbeiten zur wissenschaftlichen Vermessung dieser Persönlichkeitseigenschaft im frühen 20. Jahrhundert. Zu den erwähnenswerten Studien zählen die Versuche des russischen Physiologen Ivan Pawlow um die Jahrhundertwende, bei denen er die Versuchspersonen starkem Lärm aussetzte und ihre Belastbarkeit maß. Ungefähr 15 Prozent der Menschen reagierten schon sehr früh mit gequälter Mimik und zusammengekrümmter Haltung mit den Händen über den Ohren, wohingegen die Mehrheit erst bei einer viel größeren Steigerung der

Lautstärke Schmerzempfindungen zeigte (vgl. Aron 2017, 31; Parlow, 55 f.). In den 1920er Jahren entwickelte der Psychiater C. G. Jung die einschlägige Typologie von introvertierten Menschen, die primär an der eigenen inneren Welt mit Gedanken, Gefühlen und Phantasien interessiert sind, und extravertierten, die in der äußeren Welt mit ihren Ereignissen, Menschen und Aktivitäten aufgehen. Ende des 20. Jahrhunderts untersuchte der Entwicklungspsychologe Jerome Kagan von der Harvard University über einen längeren Zeitraum hinweg, wie Babys und Kleinkinder auf äußere Reize reagieren. Da die Reaktionsweisen unabhängig von verschiedenen Umwelteinflüssen und Lebenserfahrungen konstant blieben, schloss er auf angeborene «Temperamente» oder Charakterdispositionen wie Ängstlichkeit oder «Gehemmtheit» (vgl. Kagan; Aaron 2017, 59 f.). Zur Untermauerung der These eines genetisch bedingten leichter erregbaren Nervensystems stützt sich Aron auf diese Forschungsergebnisse, eigene Studien, Zwillingsstudien mit in unterschiedlichen Umwelten aufgewachsenen Zwillingen sowie Untersuchungen bei höheren Tierarten, bei denen sich gleichfalls eine Gruppe von 15–20 Prozent besonders Sensibler ausmachen ließ (vgl. ebd., 30; 39; Blumentritt, 13).

Einige gegenwärtige Wissenschaftler üben Kritik an der Selbstidentifikation der Hochsensiblen anhand von Fragebögen und an psychologischen Experimenten mit diesen Personen, weil auf diese Weise kein methodisch gesichertes Wissen gewonnen werden könne (vgl. Langosch, 21). Damit der Befund «Hochsensibilität» nach den Kriterien der exakten Naturwissenschaften mit quantitativen Methoden intersubjektiv überprüfbar wäre, müsste er sich auf objektive physiologische Messungen stützen. Wenn das Persönlichkeitsmerkmal der Hochsensibilität eine neurologische Basis hat, müssten in erster Linie neurowissenschaftliche Untersuchungen die andere Funktionsweise des Gehirns nachweisen können. Tatsächlich wurden mittels funktioneller Magnetresonanztomographie die Hirnströme gemessen, während die Versuchspersonen geringfügig veränderte Landschaftsphotographien betrachteten: Hochsensible Personen erkannten zwar nicht mehr subtile Unterschiede als die Mehrheit, es wurden bei ihnen aber andere Hirnregionen aktiviert, sie achteten stärker auf Details und benötigten mehr Zeit für die sensorische Verarbeitung (vgl. Aron u. a. 2010, 231; Blumentritt, 30 f.). Auf der Suche nach genetisch bedingten Unterschieden im Hirnstoffwechsel von Hochsensiblen haben verschiedene Forschergruppen weltweit zehn verschiedene Genorte gefunden, die v. a. für die Konzentration der wichtigen Botenstoffe wie Serotonin und Dopamin im Gehirn zuständig sind (vgl. Hubert; Thviessen). Botenstoffe oder Neurotransmitter sorgen dafür, dass Informationen von einer Nervenzelle zur nächsten übertragen werden können. Zudem beeinflussen sie die Aktivität und Größe einer Hirnregion namens «Amygdala» (Mandelkern), die für das Erfassen der emotionalen Bedeutung von Ereignissen und das Verarbeiten von Emotionen wichtig ist. Studien der Forschergruppe um Michael Pluess von der University of London zeigten, dass Kinder mit einer größeren Amygdala emotional stärker auf die Umwelt reagierten (vgl. Hubert). Auch wenn die genauen neurophysiologischen Vorgänge im Hirn noch unzureichend erforscht sind, scheint der Serotoninspiegel hochsensibler Menschen leichter abzusinken. Vermutlich hemmt das bei der häufigen Überstimulation ausgeschüttete Stresshormon Cortisol das Serotonin, wodurch es zu depressiven Stimmungen kommen kann (vgl. Aron 2017, 307 f.; Skarics, 25; Schorr 2020, 29 f.). Möglicherweise werden irgendwann Psychopharmaka zur gezielten Beeinflussung der für Hochsensibilität typischen Zusammensetzung der Neurotransmitter im Gehirn entwickelt, ähnlich wie bei ADHS («Zappelphilipp-Syndrom») bzw. dem mit Hochsensibilität verwandteren ADS («Träumerchen-Syndrom»).

Eigenes Persönlichkeitsmerkmal und einheitliches Konstrukt?

In der empirischen Forschung ist also noch vieles unklar und es wird sogar bezweifelt, ob Hochsensibilität überhaupt ein eigenes Persönlichkeitsmerkmal oder nicht lediglich eine freundliche Umschreibung des «Big Five»-Persönlichkeitsfaktors «Neurotizismus» darstellt, der sich aus den Teileigenschaften ängstlich, unruhig und besorgt zusammensetzt (vgl. Langosch, 19 f.; Blumentritt, 32). Die meisten bisherigen medizinischen und psychologischen Forschungsarbeiten untersuchten den Zusammenhang zwischen Hochsensibilität und negativen Aspekten wie Ängstlichkeit, Depression und Stress und stellten eine hohe Korrelation fest (vgl. Blach, 2; Blumentritt, 32). Diese Sichtweise auf das Phänomen ist aber einseitig und reduktionistisch, weil dabei andere Dimensionen wie z. B. die Reizverarbeitung und positive Aspekte wie z. B. Kreativität oder intensivere positive Emotionen außer Acht gelassen werden. Des Weiteren bestreitet etwa die Forschergruppe um Kathy Smolewska, dass Hochsensibilität überhaupt ein homogenes Konstrukt darstellt. Aron und ihre Mitstreiter gingen davon aus, dass es sich um eine nicht weiter teilbare Persönlichkeitseigenschaft handelt. In einer neueren Studie wurden aber drei Faktoren gefunden, die nur schwach miteinander korrelierten und auch getrennt voneinander auftreten können: eine niedrige Reizschwelle bei der Sinneswahrnehmung, erhöhte emotionale Erregbarkeit und ästhetische Sensibilität (vgl. Smolewska u. a.). Ein weiterer Streitpunkt ist die Frage, ob zwischen Hochsensiblen und Nicht-Hochsensiblen überhaupt ein grundsätzlicher qualitativer Unterschied oder nur ein gradueller besteht. Neuere Studien deuten auf verschiedene Abstufungen ähnlich wie bei der Verteilung der Intelligenz hin, sodass Hochsensibilität lediglich das Ende eines breiten Spektrums bildete und das Persönlichkeitsmerkmal bei jedem Menschen mehr oder weniger stark ausgebildet wäre (vgl. Blumentritt, 119; Langosch, 21). In Pawlows bereits erwähnten Experimenten zur unterschiedlichen Belastbarkeit von Menschen kam jedoch ein kleiner Teil bereits sehr schnell an den Punkt der akustischen Überstimulation, und dann gab es eine große Lücke, bis die Reaktionen der «Robusteren» bei viel höheren Lautstärken erfolgten. Daraus haben er selbst und Aron geschlossen, das Nervensystem der beiden Gruppen sei fundamental verschieden voneinander (vgl. Aron 2017, 31 f.; Parlow, 55 f.). Die 2012 verfasste Diplom-Arbeit von Franziska Borries stützt diese Annahme einer qualitativen Andersartigkeit von Hochsensiblen, und nach einer Studie von Birgit Trappmann aus dem Jahre 2014 liegt der Grund für den qualitativen Unterschied in einer spezifischen intuitiven Art der Reizverarbeitung (vgl. Borries; Reichardt, 36 f.).

Unterschiedliche wissenschaftliche Methoden

«Wissenschaft» wird häufig auf das Modell der empirischen Wissenschaften und insbesondere der Naturwissenschaften reduziert, die Sicherheit und Exaktheit durch jederzeit wiederholbare Experimente versprechen. Bewusst im Gegensatz zu den exakten Naturwissenschaften wurden jedoch im 19. Jahrhundert die Geisteswissenschaften gegründet, die nicht die Natur erklären, sondern Produkte des menschlichen Geistes wie z. B. ihre Sprachen und Orientierungssysteme sowie den Menschen selbst verstehen wollen. Charakteristisch für sämtliche Formen von Wissenschaften ist 1) Objektivität und Sachlichkeit, d. h. das Ausklammern subjektiver Vorlieben und Vorurteile, 2) eine kritische Haltung gegenüber den eigenen Ergebnissen, 3) die Angabe der Methode des Erkenntnisgewinns und 4) die intersubjektive Überprüfbarkeit oder Nachvollziehbarkeit der Untersuchung. Wissenschaft ist ein fortwährender gemeinsamer Prozess des Austauschens, Zweifelns und Verbesserns von grundsätzlich fehlbaren Erkenntnissen. Zu einem Phänomen wie «Hochsensibilität» gibt es genauso wie zu «Glück» oder «Urteilsfähigkeit» unterschiedliche wissenschaftliche Zugangsweisen, die jeweils verschiedene Aspekte untersuchen und freilegen. Die soeben gestellten Fragen zur Einheitlichkeit und Eigenständigkeit von Hochsensibilität als Persönlichkeitseigenschaft sind empirische Fragen, die am besten Psychologen mit ihren statistischen Methoden wie z. B. der Faktorenanalyse beantworten können. Dieses Buch wirft aber bislang vernachlässigte philosophisch-geisteswissenschaftliche Fragen auf, sodass v. a. PHILOSOPHISCHE METHODEN der Begriffsanalyse, der systematischen Auswertung von Lebenserfahrung und der Prüfung von Argumenten und Voraussetzungen von Annahmen zur Anwendung kommen. Insbesondere Kapitel 3 geht PHÄNOMENOLOGISCH vor im ganz allgemeinen Sinn einer vorurteilsfreien Hinwendung «zu den Sachen selbst»: Das Phänomen der Hochsensibilität soll möglichst genau beschrieben und nach verschiedenen Erscheinungsformen typologisiert werden. Obgleich das Buch interdisziplinär ist und relevante Erkenntnisse aus empirischen Wissenschaften wie Psychologie, Kultur- und Sozialwissenschaften einbezieht, ist das Kernanliegen ein ethisches. ETHIK meint die Disziplin der praktischen Philosophie, die allgemeine Prinzipien oder Beurteilungskriterien für die Bewertung menschlichen Handelns begründet (vgl. Fenner 2020, 18). Die ethische Grundfrage, wie wir handeln sollen, lässt sich dabei entweder auf die persönliche Lebensgestaltung und das Glück der Einzelnen anwenden (Individualethik/Ethik des guten Lebens) oder auf das Zusammenleben der Menschen und soziale Gerechtigkeit (Sozialethik/Moralphilosophie).

2.2 Jeder Mensch ist anders

Die These «Jeder Mensch ist anders» könnte Irritation oder Protest hervorrufen, weil viele die Antithese für richtig halten: «Alle Menschen sind gleich». Auf den ersten Blick scheint es zwar, als bestehe zwischen diesen beiden Allaussagen ein kontradiktorischer Widerspruch, sodass sie sich genauso wie die beiden Sätze «Jeder Schwan hat eine andere Farbe» und «Alle Schwäne sind weiß» gegenseitig ausschließen würden und nur einer von beiden wahr sein könnte. Da aber die beiden Thesen zur Gleichheit bzw. Andersartigkeit der Menschen für eine empirische Überprüfung viel zu allgemein gehalten sind, müsste man erst einmal genauer nachfragen: In welcher Hinsicht sollen denn die Menschen gleich oder anders sein? Auf einer EMPIRISCH-DESKRIPTIVEN EBENE kann kaum ernsthaft bestritten werden, dass es tatsächlich beträchtliche Unterschiede zwischen den Menschen gibt. Denn wenn es keine Differenzen bezüglich der äußeren Erscheinungsmerkmale wie Haar- und Augenfarbe, Gesichtsform und -züge, Figur und Größe gäbe, könnten wir im Alltag unsere Mitmenschen gar nicht auseinanderhalten und es käme ständig zu Verwechslungen. Darüber hinaus unterscheiden wir uns aber auch mehr oder weniger stark hinsichtlich unseres nicht direkt sichtbaren Charakters. «Charakter» oder «Persönlichkeit» meint das einzigartige individuelle Muster von relativ stabilen angeborenen Anlagen und Eigenschaften einerseits sowie im Laufe des Lebens erworbener Ideale, Lebensziele und Selbstbilder eines Menschen andererseits (vgl. Hillig, 61; 287). Diese wesentlichen Charaktermerkmale oder Persönlichkeitseigenschaften bilden den Kern der persönlichen Identität, die ein Individuum erst zu einem Individuum macht und nach außen hin das gesamte Handeln und die Lebensweise eines Menschen prägt. Es ist eine psychologische Binsenwahrheit, dass Menschen eine einzigartige Persönlichkeit haben und sich in ihrem Erleben, Denken und Handeln voneinander unterscheiden (vgl. Becker, 1). Neurophysiologische Erkenntnisse belegen zudem eindeutig, dass Gehirn und Nervensystem der Menschen je andersartig sind und dass sich die Erregungsniveaus ihrer Nervensysteme teils erheblich voneinander unterscheiden (vgl. Aaron 2017, 30): Jeder Mensch hat eine andere persönliche «Behaglichkeitszone» in Bezug auf die verschiedenen Arten von inneren und äußeren Reizen, innerhalb deren er sich wohlfühlt und weder Langeweile noch Überforderung empfindet.

Lenkt man jedoch die Aufmerksamkeit auf andere Merkmale oder Eigenheiten der Menschen, erscheinen plötzlich alle Menschen als gleich. Sobald man im Rahmen einer Gattungsbetrachtung des Menschen aus größerer Distanz auf sämtliche Mitglieder der Gattung oder Spezies Mensch blickt, lassen sich zahlreiche identische Gattungsmerkmale ausfindig machen: Alle Menschen verfügen über das gleiche Genmaterial und entsprechend über die gleichen anthropologischen Merkmale wie z. B. ein großes Hirnvolumen mit einer in bestimmter Weise ausgestalteten Großhirnrinde, frei bewegliche Hände und ausgeprägte Artikulationsorgane. Darüber hinaus lassen sich menschliche Grundbedürfnisse ermitteln, d. h. Mangelzustände, die ein psychophysisches Spannungsgefälle erzeugen und zur Beseitigung eines Mangels antreiben. Weithin unumstritten sind die primären oder biologischen Triebbedürfnisse z. B. nach Nahrung und Flüssigkeit, Schlaf oder Schutz vor Gefahren, deren Befriedigung für die Existenzsicherung notwendig ist. Wenn diese physiologischen Bedürfnisse gestillt sind, können gemäß Abraham Maslows hierarchischem Stufenmodell sukzessive höhere Bedürfnisse nach Sicherheit, Zugehörigkeit und Liebe, Achtung und schließlich nach Selbstverwirklichung in den Vordergrund treten. In der Anthropologie wird nach anthropologischen Konstanten gesucht, d. h. nach gleichbleibenden menschlichen Eigenschaften oder Handlungsmustern, die in der menschlichen Natur oder im Wesen des Menschen verankert sind und unabhängig von individuellen historischen, kulturellen oder ökonomischen Unterschieden vorliegen. Dazu werden z. B. der Gebrauch der Sinne und Glieder, Schmerzfreiheit und Gesundheit, soziale Interaktion und Freundschaft gezählt. Noch etwas abstrakter haben die Anthropologen Max Scheler, Helmut Plessner und Arnold Gehlen das spezifische Verhältnis des Menschen zu seiner Umwelt charakterisiert: Typisch sei für Menschen v. a. ihre Weltoffenheit, weil sie nicht wie Tiere unmittelbar durch ihre Gene und ihre biologische Ausstattung mit Instinkten und Trieben determiniert sind (vgl. Scheler, 38). Statt wie die meisten Tiere mit hochspezialisierten Organen in einen bestimmten Umweltausschnitt eingepasst zu sein, ist der Mensch einer Fülle von Reizen ausgesetzt und leidet tendenziell unter Reizüberlastung. Anders als das Tier lebt er nicht im Hier und Jetzt, sondern steht in einem Zeithorizont gemachter Erfahrungen und vorauseilender Erwartungen. Er muss sich selbst und seine Aufgabe in der Welt vorausschauend und verantwortungsvoll selbst bestimmen und sich zur Entlastung die Kultur als eine Art zweite Natur erschaffen (vgl. Gehlen, 35 f.; 80).

In einem empirisch-deskriptiven Verständnis erweisen sich also These oder Antithese als zutreffend, je nachdem, unter welchen Beurteilungsperspektiven Menschen miteinander verglichen werden. Es liegt lediglich ein scheinbarer Widerspruch zwischen ihnen vor, weil in einer präzisierten und eingeschränkten Form beide korrekt sein können: Bei einer individualisierenden Betrachtung aus der Nähe unterscheiden sich zwar die Menschen teilweise ganz erheblich in ihren Erscheinungsmerkmalen, Persönlichkeitseigenschaften, sozialen Rollen, Berufen etc. voneinander, sodass so gesehen jeder Mensch anders ist. Demgegenüber wird bei einer Gattungsbetrachtung aus größerem Abstand das sichtbar, was allen Menschen gemeinsam ist, wie z. B. Grundbedürfnisse, anthropologische Konstanten oder ein Weltverhältnis der Offenheit und Sachlichkeit dank der menschlichen Vernunft. In diesem Kapitel wird die These «Jeder Mensch ist anders» in erster Linie als empirische Tatsachenaussage in einer individualisierenden Betrachtung verstanden. Dies schließt nicht aus, dass Individuen hinsichtlich der Grundbedürfnisse, anthropologischer Konstanten oder auch in bestimmten konkreten persönlichen Merkmalen miteinander übereinstimmen, indem sie z. B. die gleiche Haarfarbe oder einen ähnlichen Charakterzug aufweisen. Menschliche Grundbedürfnisse geben allerdings immer nur ganz allgemeine und inhaltlich vage Ziele vor, sodass die Art der Bedürfnisbefriedigung und auch die Gewichtung ihrer Dringlichkeit individuell und kulturell sehr unterschiedlich ausfallen können. Häufig wird es durch gesellschaftliche Normen geregelt und während der Sozialisation gelernt, wie Grundbedürfnisse zu konkretisieren, zu hierarchisieren oder auch zu unterdrücken sind. So wurde beispielsweise das Grundbedürfnis nach Sexualität lange Zeit auf den Zweck der Fortpflanzung in der Ehe zwischen Mann und Frau eingeschränkt, wohingegen heute eine immer breiter werdende Palette von sexuellen Orientierungen und Betätigungsformen von Bisexualität über Transsexualität bis hin zur Asexualität akzeptiert wird. Zudem kann die individuelle Bedürftigkeit je nach kultureller Zugehörigkeit oder individueller Anlage und Biographie stark variieren, sodass für die eine Person das Ausleben der Kreativität wichtiger sein kann als die Befriedigung eines schwach ausgeprägten Sexualtriebs.

Wenn in öffentlichen demokratischen Debatten auf die Gleichheit aller Menschen gepocht wird, handelt es sich jedoch in aller Regel nicht um eine empirisch-deskriptive anthropologische Tatsachenbehauptung über eine biologische Grundausstattung des Menschen, sondern um eine normative ETHISCHE SOLLENSAUSSAGE. Die These «Alle Menschen sind gleich» bezieht sich dann nicht auf eine wahrnehmbare und beschreibbare Übereinstimmung der Menschen in ihrem «Sein», sondern auf ein «Sollen» bezüglich ihres Umgangs miteinander. Hinter der nur scheinbar deskriptiven These steht die Handlungsaufforderung, allen Menschen gleich viel Wert bzw. den gleichen «moralischen Status» beizumessen und sie insofern gleich zu behandeln: Aus einer moralphilosophischen oder sozialethischen Perspektive soll allen Menschen mit gleicher Achtung, Wertschätzung, Respekt und Rücksichtnahme begegnet werden. Moralisch unzulässig wäre es hingegen, alle gleich schlecht zu behandeln und sie z. B. in gleicher Weise zu demütigen oder zu instrumentalisieren. Bei den verschiedenen Begründungsstrategien für die Zuschreibung eines intrinsischen Werts oder einer moralischen Schutzwürdigkeit an alle Menschen wird dann allerdings durchaus auf empirisch-deskriptive Tatsachenaussagen Bezug genommen. Ohne weitere Ergänzung unzulänglich ist das Argument, jedem Menschen komme «von Natur aus» oder aufgrund seiner «Natur» eine unantastbare Würde zu. Ein solcher bloßer Verweis auf die gleiche genetische Grundausstattung kann den besonderen Würdestatus des Menschen nicht begründen, weil sich aus empirisch-deskriptiven Eigenschaften wie einem bestimmten Chromosomensatz keine normativ-wertenden Eigenschaften wie «moralisch schützenswert» oder «Würdeträger» ableiten lassen. Dies stellte vielmehr einen in der Ethik verpönten naturalistischen Fehlschluss dar, bei dem die empirisch-deskriptive Ebene auf unzulässige Weise mit der normativ-wertenden vermischt wird. Demgegenüber ist das Argument der Ebenbildlichkeit zu Gott für nichtreligiöse Menschen nicht überzeugend, weil es auf religiösen Grundannahmen basiert. Philosophisch-säkular können die Würde des Menschen und sein hoher moralischer Status jedoch im Anschluss an Immanuel Kant damit gerechtfertigt werden, dass Menschen typischerweise zur vernünftigen und autonomen Selbstbestimmung fähig sind, sich selbst Ziele setzen können und deswegen «Selbstzwecke» mit eigenem Wert darstellen (vgl. Kant, BA 78). Nicht bereits aufgrund ihrer Zugehörigkeit zu einer bestimmten biologischen Gattung, sondern aufgrund der allgemeinmenschlichen Natur der

Vernunftfähigkeit und Selbstzweckhaftigkeit sollen alle Mitmenschen als gleich betrachtet werden, ganz unabhängig von den zwischen ihnen bestehenden sonstigen Unterschieden.

Trotz des allen in gleicher Weise entgegenzubringenden Respekts ist es keineswegs ethisch richtig, alle Menschen gleich zu behandeln. Gerechtigkeit verlangt vielmehr nach einem alten aristotelischen Grundsatz, Gleiche gleich und Ungleiche ungleich zu behandeln (vgl. Aristoteles, 1130bff.). So kann eine Ungleichbehandlung beispielsweise in einer sozialen Verteilungssituation gut begründet und legitim sein, wenn etwa Studienplätze je nach Vorbildung, Motivation und Eignung vergeben werden, wohingegen Hautfarbe, Geschlecht oder Religion als irrelevante Gesichtspunkte keine Rolle spielen dürfen (vgl. Fenner 2020, 214f.). Unabhängig von solchen institutionellen Zusammenhängen erfordert ein moralisches Denken und Handeln ganz allgemein die Einnahme eines unparteiischen Standpunkts: Moralisch richtig ist ein Handeln dann, wenn von einer höheren Warte aus angemessen auf die Bedürfnisse, das Wohl oder die berechtigten Interessen aller Beteiligten Rücksicht genommen wird (vgl. Fenner 2020, 14). Von persönlichen Sympathien und Feindseligkeiten absehend soll man sich gedanklich und gefühlsmäßig in die vom Handeln Betroffenen hineinversetzen und sich die zu erwartenden Folgen für alle Einzelnen vergegenwärtigen. Dafür ist es notwendig zu erkennen, dass Menschen sehr verschieden sind und ganz unterschiedliche Bedürftigkeiten, Verletzlichkeiten, Wert- und Zielvorstellungen haben. Ein Großteil der Probleme im menschlichen Zusammenleben lässt sich auf den grundlegenden Fehler zurückführen, dass wir diese Unterschiede in der Praxis für vernachlässigbar halten und häufig von der eigenen Behaglichkeitszone oder Interessenlage auf diejenige anderer schließen (vgl. Parlow, 11). Das vorliegende Buch betont die Andersartigkeit von sensibleren Personen, um das gegenseitige Verständnis zu verbessern und Missverständnisse auszuräumen: Auf der einen Seite verstehen Normalsensible das Erleben und Verhalten Hochsensibler oft nicht und tun ihnen Unrecht. Auf der anderen Seite unterstellen diese ihnen oft fälschlicherweise eine böse Absicht oder ein bewusstes Nicht-sehen-Wollen von Ungerechtigkeiten (vgl. Schorr 2018, 21). Treffen die unterschiedlichen Wahrnehmungs- und Erlebensweisen von Hoch- und Normalsensiblen in einer Konfliktsituation aufeinander, kommt es zu typischen Anschuldigungen wie: «Du bist so überempfindlich (eine Mimose)!» versus «Du bist so unsensibel (ein Holzklotz)!»; «Du hörst Flöhe husten!» versus «Du bekommst ja gar nichts mit!»; «Du übertreibst mal wieder» oder «Du machst Dir zu viele Gedanken» versus «Du erkennst überhaupt nicht das Problem» (vgl. Hensel, 184). Das Anerkennen des jeweiligen Andersseins bildet die Grundlage für ein respektvolles und gerechtes Zusammenleben (vgl. Kap. 5).

2.3 Normalität und Anderssein im Zeitalter der Individualisierung

Menschen empfinden sich selbst als «anders» oder werden von ihrem sozialen Umfeld als «anders» wahrgenommen, wenn sie sich in einem erheblichen Maß von der Mehrheit der Menschen in ihrer Umgebung unterscheiden. Vorausgesetzt, es wäre tatsächlich jeder Mensch anders, scheint es allerdings so etwas wie einen «normalen» Menschen gar nicht geben zu können. Im Kampf um das Verständnis für Andersartigkeit und das Recht auf Anderssein wird im Zusammenhang mit Hochsensibilität häufig die Kategorie der «Normalität» verworfen oder doch relativiert und umgedeutet. Autoren von Lebenshilfe- und Ratgeberliteratur sind bemüht, hochsensiblen Personen das Gefühl zu geben, «normal» oder «anders und trotzdem ganz normal» zu sein (so der Untertitel von Trappmann). Dabei wird der Begriff «Normalität» kaum je klar definiert. Er weist aber sowohl in der Alltagssprache als auch in den Wissenschaften ein äußerst breites und heterogenes Bedeutungsspektrum auf. Aus einer philosophisch-soziologischen Sicht gilt es dabei mindestens eine deskriptiv-beschreibende (1) und eine normativ-wertende Bedeutungsebene (2) auseinanderzuhalten (vgl. Fenner 2019, 105 f.):

1) NORMALITÄT IM DESKRIPTIVEN SINN wird durch statistische Durchschnittswerte oder Ist-Werte in verschiedenen Lebensbereichen ermittelt. Anhand der Gauß'schen Kurve zur Normalverteilung lässt sich berechnen, wo der mittlere «normale» Bereich beispielsweise in Bezug auf Körpergröße, Blutdruck oder Intelligenzquotienten der Menschen liegt und wer aus diesem Normalbereich herausfällt. Normalität im biologisch-funktionalistischen Sinn stellt eine Unterkategorie dieser Normalität im deskriptiven Sinn dar und bezieht sich lediglich auf biologische Funktionen des menschlichen Organismus: Als nicht normal gelten dann nur diejenigen Abweichungen

von einem statistischen Mittel, die speziestypische physiologische Funktionen z. B. bestimmter Organe verhindern (vgl. ebd., 34). Häufige Abweichungen von einem Normbereich wären beispielsweise Funktionsstörungen des Bewegungsapparates oder der Lungenventilation, die als krankhaft bezeichnet werden. Psychische Abnormitäten oder Störungen werden in diesem Modell als Normabweichungen der psychischen Funktionen der Wahrnehmung, des Denkens, Erlebens oder Verhaltens interpretiert.

2) NORMALITÄT IN NORMATIVER BEDEUTUNG hingegen meint die Übereinstimmung mit den in einer Gesellschaft anerkannten Idealen oder Normen wie etwa den dominierenden Schönheits- oder Leistungsidealen. Bei dieser normativen Bedeutung geht es also weniger um das normale Funktionieren des Organismus als um die Ausrichtung des Handelns und Lebens an bewussten oder unbewussten Orientierungsstandards oder Leitvorstellungen. Dabei setzen sich starke, von einer Mehrheit geteilte Überzeugungen nach und nach durch und werden zu Soll-Werten erhoben. So gilt es in der Gegenwart z. B. als erstrebenswert, das äußere Erscheinungsbild oder seine kognitiven Fähigkeiten nach bestimmten allgemeingesellschaftlichen Idealen zu optimieren. Was zu einer bestimmten Zeit und in einer bestimmten Gesellschaft als «normal» oder «anormal» gilt, ist also sowohl im deskriptiven als auch im normativen Verständnis grundsätzlich veränderlich und gesellschaftlich bedingt, weil es entweder von sich wandelnden Durchschnittswerten oder von Bewertungsmaßstäben abhängt (vgl. Rohrmann, 157 f.). So verändern sich z. B. die deskriptiven Werte der Lebensdauer und des Intelligenzquotienten der Menschen. Insbesondere im psychosozialen Bereich werden die Grenzen zwischen Normalität und Abweichung immer wieder neu verhandelt, indem das Verhalten der Menschen auf verschiedene gesellschaftliche Überzeugungssysteme und Erwartungshaltungen hin beurteilt wird. Während in hochreligiösen Zeiten die angeblich von Dämonen besessenen Menschen und Hexen zu den «Anderen» zählten, sind es im modernen naturwissenschaftlichen Weltbild mit der genau gleichen Selbstverständlichkeit psychisch Kranke oder Behinderte (vgl. ebd.).

Insbesondere gesellschaftliche Vorstellungen vom Anderssein in einer normativen Bedeutung sind aber grundsätzlich kritisierbar und rechtfertigungspflichtig. Auch muss es argumentativ begründet werden, wenn statistische Mittelwerte zur Norm erhoben werden. Denn offenkundig ist beispielsweise ein hoher Alkoholkonsum unter erwachsenen Männern zwar statistisch gesehen normal, trotzdem aber gesundheitsschädigend und damit zumindest individualethisch problematisch. Verbunden mit gesundheitlichen Risiken sind auch die extremen Schwankungen bei den sozial konstruierten weiblichen Schönheitsidealen zwischen den sinnlich-üppigen barocken Rubensfiguren und den heute als attraktiv geltenden Magermodels. Unter NORMALISIERUNG wird in der Soziologie im Anschluss an Foucaults Modell der «Normalisierungsgesellschaft» die Ausrichtung des Lebens an dem, was in der Gesellschaft als «normal» gilt, verstanden. Diese Normalisierung wurde traditionellerweise durch äußeren soziokulturellen Druck, Zwang und Sanktionen erreicht, die Foucault in seiner Studie *Überwachen und Strafen* anhand der Entwicklung moderner Strafsysteme im 18. Jahrhundert schildert. In der Gegenwart erfolgt die Normierung aber weniger repressiv und viel subtiler und meist sogar unbemerkt durch Anreize zur Selbstkontrolle und Selbstdisziplinierung und Versuchungen und verlockenden Bildern z. B. von hochattraktiven und leistungsfähigen Körpern, die in Foucaults späterem Konzept der «Biopolitik» in den Fokus rückten. Die meisten Menschen möchten «normal» sein und den jeweils geltenden Normalitätsvorstellungen möglichst nahe kommen, um ein Teil der Gemeinschaft zu sein und dazuzugehören. Wie gesehen sind die beiden menschlichen Grundbedürfnisse nach Zugehörigkeit und Geborgenheit und dasjenige nach sozialer Anerkennung sehr basal und bilden die Stufen drei und vier in Maslows Bedürfnispyramide (vgl. Kap. 2.2). Aus diesem Grund unterziehen sich die Menschen verschiedenen Diäten oder schlucken Psychopharmaka, um den gesellschaftlichen Idealen von Schönheit oder Leistungsfähigkeit besser zu entsprechen. Negativ gesprochen steht hinter diesem Streben nach sozialer Zugehörigkeit die Furcht vor sozialer Ablehnung oder gar Ausgrenzung.

Infolge verschiedener Individualisierungsprozesse lässt sich heute aber auch ein scheinbar gegenläufiges Streben der Menschen nach Anderssein und Einzigartigkeit erkennen. INDIVIDUALISIERUNG als eine soziologische Kategorie meint die Herauslösung der Individuen aus herkömmlichen orientierungsstiftenden Sozialformen wie Verwandtschaft oder Religionsgemeinschaft und den Aufschwung des modernen Ideals persönlicher Autonomie oder Selbstbestimmung zum höchsten Wert (vgl. Beck, 206). Im 20. Jahrhundert kam es zu einem weiteren starken Individualisierungsschub infolge einer anhaltenden Wohlstandssteigerung, einer Verkürzung der Arbeitszeit und eines gestiegenen Bildungsniveaus und besserer Aufstiegschancen, sodass immer mehr Menschen Zeit zum Nachdenken über sich selbst und ihr Leben gewannen (vgl. Schimank, 1). Im Zeitalter der Individualisierung erschallt der Appell, sich selbst zu verwirklichen und zu optimieren, um sich als unverwechselbares Individuum zu profilieren (vgl. Fenner 2019, 9). Offenkundig liegen dem aktuellen Trend neue gesellschaftliche individualistische Ideale des Andersseins zugrunde: Jeder soll ein Ausnahmemensch, etwas Außergewöhnliches und Einzigartiges sein und sich von der Masse abheben. Dahinter verbergen sich die abstrakten Ideale der Autonomie, Selbständigkeit und Selbstverantwortung des Einzelnen, der alles selbst entscheiden muss. Es ließe sich also durchaus von neuen Normalitätsstandards im normativen Sinn sprechen, die gleichfalls einen gesellschaftlichen Normalitätszwang und sozialen Anpassungsdruck erzeugen können. Es liegt im Trend, sich als «queer», «transgender», Asperger-Autist oder hochsensibel zu outen, und ein volltätowierter und gepiercter Banker oder Diakon wird nach und nach als «normal» empfunden. Aus ethischer Sicht scheint diese sukzessive «Normalisierung» des Andersseins und der individuellen Besonderheiten durchaus zu begrüßen zu sein. Denn in der neuen «Toleranz gegenüber dem Recht auf Differenz» soll und darf jeder Herr seiner selbst sein und ohne Stigmatisierung seine noch so ausgefallenen individuellen Möglichkeiten entfalten (Ehrenberg, 140). Nachdem die Menschen zu Beginn des 20. Jahrhunderts noch unter dem großen Druck der Anpassung an gesellschaftliche Ge- und Verbote litten und Neurosen entwickelten, kapitulieren sie nach Ehrenbergs Analysen seit den 1960er Jahren jedoch zunehmend unter dem Druck der Selbstverantwortung, Eigeninitiative und Selbstwerdung. Sie werden depressiv, erschöpft und ausgebrannt, weil sie den eigenen Ansprüchen und gesellschaftlichen Perfektionsidealen nicht zu genügen vermögen (vgl. ebd., 9, 12).

Genau besehen geht es aber auch beim Gegentrend hin zu individualistischen Idealen letztlich um nichts anderes als um den Kampf um Aufmerksamkeit und soziale Anerkennung, sei es durch erfolgreiche Selbstvermarktung in der realen Welt oder mehr und mehr durch Internetauftritte mit einer möglichst großen Zahl an Followern und in der Hoffnung auf Werbeverträge. Das Streben nach Selbstverwirklichung und Originalität ist zum Scheitern verurteilt, wenn sich die Individuen nicht als arbeitsmarkttauglich erweisen und sich mit ihren Alleinstellungsmerkmalen im Wettbewerb durchzusetzen vermögen. Auf den zweiten Blick ist denn auch durchaus fraglich, ob die Normalisierung von Individualität und der soziale Druck zu Originalität und Andersartigkeit wirklich eine gute Grundlage für die Anerkennung und die Chancengleichheit von Außenseitern und Minderheiten bilden. Insbesondere die Minoritätengruppe der hier im Zentrum stehenden Hochsensiblen scheint von diesem Trend jedenfalls kaum zu profitieren, obwohl sich immer mehr Betroffene in Blogs und Büchern für eine neue, positive Deutungsmöglichkeit ihrer Persönlichkeitsdisposition stark machen. Noch immer wird Hochsensibilität in der Öffentlichkeit als ein sehr unpopulärer Wesenszug wahrgenommen und eingeschätzt (vgl. Schorr 2020, 8). Hochsensible Menschen mit ihrem zurückhaltenden und grüblerischen Charakter, ihrer zurückgezogenen Lebensweise und der schnellen Überlastung durch Geräusche und Menschenansammlungen gelten als ängstlich, vorsichtig, überempfindlich, schüchtern, ungesellig und schwierig oder gar als hysterisch oder neurotisch (vgl. Aaron 2017, 27). Aber selbst in einer möglichst positiven Lesart dieser Persönlichkeitsdisposition, wie sie in der gegenwärtigen Sach- und Lebenshilfeliteratur angeboten wird, scheinen die Alleinstellungsmerkmale hochsensibler Personen zu wenig öffentlichkeitswirksam zu sein, um Respekt und Bewunderung auf sich zu ziehen. Positiv ausgedrückt sind hochsensible Menschen einfühlsam, nehmen detailliert wahr, denken ganzheitlich, sind intelligent, sehr kreativ und haben ausgeprägte Intuitionen und ein reiches Innenleben (vgl. Skarics, 17; Kap. 4.1). Mit diesen relativ unscheinbaren inneren Stärken und Besonderheiten können sie sich im individualistischen liberalen Gesellschafts- und Wirtschaftssystem kaum behaupten. Auch ist ihnen das selbstbewusste Auftreten von Ausnahmemenschen zumeist völlig fremd. Daher zieht zwar das Phänomen der Hochsensibilität als solches immer größere gesellschaftliche Aufmerksamkeit auf sich, nicht aber die bescheiden und zurückhaltend auftretenden hochsensiblen Personen selbst.

Zu beachten gilt außerdem, dass es trotz der Individualisierung und Ausdifferenzierung von Körperbildern, sexuellen Orientierungen, Biographiemustern und Lebensstilen heute neue sekundäre Instanzen der Standardisierung und sozialen Kontrolle gibt (vgl. Beck, 211): Konjunkturen, Moden, Marketingstrategien, angesagte Influencer oder Top-Themen in Blogs etc. geben vor, welche Musik, Ernährungsweise oder Körperform «in» ist. Zudem sind gesellschaftliche Ideale eines optimalen Menschen heute omnipräsent, die auf einer höheren Ebene rangieren als die individualistischen

Ideale des Andersseins und der Selbstverwirklichung: Erwünscht und «normal» in einem normativen Sinn ist «die belastbare Kämpfernatur, die sich ohne Rücksicht auf Verluste und zur Not mit Ellenbogeneinsatz ihren Weg bahnt, die gut zurechtkommt in der rohen, hektischen Umwelt und die rasche Entscheidungen trifft» (Skarics, 17). Der in westlichen Kulturen dominierende IDEALTYPUS DES MENSCHEN ist extravertiert, wettbewerbsfähig, flexibel, anpassungsfähig, belastbar, gesellig und tatkräftig zupackend und versteht es, sich mit seiner außergewöhnlichen Persönlichkeit in individualistischen Gesellschaften zu behaupten (vgl. Parlow, 96f.; Reichardt, 75; Hensel, 184; Ehrenberg, 222). Je näher jemand dieser Idealnorm des Menschen kommt, desto attraktiver ist er für andere, hat bessere Aufstiegschancen und erhält mehr soziale Aufmerksamkeit. Hochsensible Personen weichen von diesen Normalitätsstandards sehr stark ab, wie in den Kapiteln 3 und 4 noch deutlich werden wird. Die kulturelle Bedingtheit dieses Idealtypus Mensch wurde eindrücklich in einer Studie nachgewiesen, die anhand von Schulkindern aus China und Kanada herausfinden wollte, welche Eigenschaften für die Beliebtheit der Kinder bei ihren Mitschülern in diesen Ländern verantwortlich sind: Während in China die schüchternen, ruhigen, sensiblen und verständnisvollen Kinder am beliebtesten sind, rangieren diese in Kanada am unteren Ende der Beliebtheitsskala (vgl. Sun; Aaron 2017, 42f.). Wo Vorstellungen von Kraft und Stärke, «Machertum» und «Powerfrauen» tief verankert sind, d. h. von Energiebündeln, die ihr Leben jederzeit im Griff haben und sich überall gerne profilieren und selbst vermarkten, erscheinen Hochsensible mit ihrer langsamen, bedächtigen Gangart als Inbegriff von «Schwäche», als «Mimosen» oder «Weicheier» (vgl. Schorr 2020, 8). Wer sich zum jetzigen Zeitpunkt als hochsensibel «outet», muss daher angesichts der westlichen Normalitätsstandards mit sozialer Ablehnung und Ausgrenzung rechnen, die tiefe Spuren bis hin zu Traumatisierungen hinterlassen können (vgl. Sellin, 165).

2.4 Glück als Passung zwischen Selbst und Welt

Auch wenn sich jeder Mensch bezüglich seiner individuellen körperlichen und Persönlichkeitseigenschaften von allen anderen unterscheidet, verfolgen doch alle Menschen das gleiche Ziel: Alle wollen sich so entwickeln und ihr

Leben so führen, dass sie glücklich werden. Das Streben nach Glück kann daher zu den anthropologischen Konstanten gezählt werden (vgl. Kap. 2.2). Dabei geht es nicht um ein Glück, das sich auf äußere Umstände bezieht und das wir meinen, wenn wir sagen: «Da habe ich aber Glück gehabt!» Unverdiente, günstige äußere Lebensumstände oder glückliche Zufälle wie z. B. ein Lottogewinn oder das Überleben eines Flugzeugabsturzes können zwar einen großen Einfluss haben auf unser Leben, sind aber etwas ganz anderes als das innerlich empfundene Glück. Während es in anderen Sprachen unterschiedliche Ausdrücke für diese innere und äußere Dimension von Glück gibt wie z. B. im Englischen «luck» und «happiness», fehlen im Deutschen diese Differenzierungen. Darüber hinaus muss beim innerlichen Glück als «happiness» nochmals ein augenblickliches herausragendes Hochgefühl als «episodisches Glück» von einem sich auf das Leben insgesamt beziehenden «übergreifenden Glück» unterschieden werden. Das übergreifende oder LEBENSDAUERGLÜCK ist eine trotz zeitweiliger Trübungen relativ stabile und höchst positive Stimmung, die auf der Beurteilung des eigenen Lebens als «gut» oder «gelingend» basiert (vgl. Fenner 2003, 621). Vorausgesetzt wird dabei ein GUTES LEBEN als eine bestimmte Art der Gestaltung des eigenen Lebens, bei der dieses kognitiv und gefühlsmäßig bejaht werden kann. Als gut oder gelingend kann das Leben dann gelten, wenn es beim aktiven Lebensvollzug im Großen und Ganzen zu einer Übereinstimmung oder Passung von Individuumsfaktoren wie Anlagen, Fähigkeiten, Bedürfnissen oder Wünschen und äußeren Umweltfaktoren kommt. Glück meint daher in einem multifaktoriellen Modell ein harmonisches Verhältnis zwischen dem individuellen Selbst und der Welt da draußen aufgrund eines geeigneten Umgangs mit der Welt, kurz: ein gelingendes Welt-Selbst-Verhältnis (vgl. ebd., 157). Ob ein Welt-Selbst-Verhältnis von den Einzelnen als harmonisch beurteilt wird, hängt aber zudem wesentlich von Vergleichen mit anderen Menschen, von gesellschaftlichen Bewertungsmaßstäben und den im sozialen Umfeld vorhandenen Menschenbildern und Glücksvorstellungen ab (vgl. Kap. 4.3). Gesellschaftliche Normalitätsstandards und Ideale haben einen großen Einfluss auf das persönliche Glück, weil sie die kognitive Interpretation und Bewertung der eigenen Lebenssituation maßgeblich prägen.

Genauso wie bei den Reflexionen im vorangegangenen Kapitel zu den gegenläufigen Bestrebungen nach Erfüllung gesellschaftlicher Normalitätsstandards einerseits und nach Abgrenzung und Originalität andererseits lassen sich auch bezüglich des menschlichen Glücksstrebens diese beiden Tendenzen beobachten (vgl. Kap. 2.2): Auf der einen Seite gibt es in der Gegenwart klare gesellschaftliche Vorstellungen von objektiven Faktoren, die für ein gutes und glückliches menschliches Leben erfüllt sein müssen, z. B. eine anerkannte berufliche und gesellschaftliche Position. In Kapitel 4.2 wird ausführlich geschildert, inwiefern hochsensible Personen häufig Mühe haben bei der Erlangung dieser «Glücksgüter». Auf der anderen Seite kam es seit der Aufklärung zu einer zunehmenden Subjektivierung und Individualisierung des Glücks, weil die individuelle Selbstbestimmung und Autonomie der Menschen immer höher bewertet wurde (vgl. Fenner 2019, 22 f.). Infolgedessen hat insbesondere im 20. Jahrhundert die Vorstellung von Glück als Selbstverwirklichung oder Selbstentfaltung einen großen Aufschwung erlebt: Ein Mensch ist glücklich, wenn es ihm gelingt, sukzessive seine Talente und Fähigkeiten zu entfalten oder seine wichtigsten Wünsche und Ziele zu realisieren. Bei einem radikal innenorientierten Selbstverwirklichungsmodell wird aber häufig die Komponente des «Selbst» im Welt-Selbst-Verhältnis überbetont und der Faktor «Welt» vernachlässigt. Die existentielle Grundsituation des Menschen ist aber keineswegs nur Freiheit im Sinne von Selbstbestimmung, sondern immer auch «Geworfensein» in die vorgefundene Faktizität natürlicher Tatsachen und sozialer Verhältnisse (vgl. Heidegger, 221; Sartre, 833 f.). So stoßen wir bei unserem Selbstverwirklichungsstreben mit unseren Wünschen, Zielen und Lebensplänen ständig auf zahlreiche Widrigkeiten in der Welt (vgl. Wahler, 36): körperliche Unzulänglichkeiten, Krankheiten, Tod, Krieg, Naturkatastrophen, ein autoritäres familiäres und gesellschaftliches Umfeld oder Umweltvergiftungen, die wir nicht selbst gewählt haben und nur in engen Grenzen und höchstens langfristig beeinflussen können. Hochsensible Menschen haben aufgrund der vorgefundenen Bedingungen einer zunehmend lauteren, grelleren und hektischeren Moderne und der von der Mehrheitsgesellschaft definierten Normalitätsstandards einen schweren Stand und müssen viel mehr Anstrengungen für eine gelingende Passung unternehmen. Viele gewinnen im Laufe ihres Lebens den Eindruck, aufgrund ihrer Andersartigkeit nicht kompatibel zu sein mit dem Rest der Menschheit und nicht «in ein System zu passen, das schlicht und einfach nicht für sie gemacht ist» (Westermann, 31; vgl. Parlow, 17).

Um eine optimale Passung zwischen Welt und Selbst zu erreichen, ist eine hinlängliche Kenntnis sowohl der Umwelt- als auch der Individuumsfaktoren unabdingbar. Dabei verdient aber die Selbsterkenntnis insofern vorrangige Aufmerksamkeit, weil die Möglichkeiten des Selbst grundsätzlich viel enger gesteckt sind als die Möglichkeiten in der Welt (vgl. Fenner 2003, 499). Die persönliche Identität oder die Persönlichkeit eines Menschen ist zwar nicht völlig determiniert durch neurophysiologische Tendenzen, genetische Prädispositionen und angeborene Talente, aber auch nicht radikal neu gestaltbar, sondern nur in gewissem Ausmaß formbar. Noch mehr als andere Menschen sind Hochsensible wegen ihres Andersseins gezwungen, sich mit sich selbst auseinanderzusetzen und die Grenzen und Schwächen genauso wie die Vorteile und Stärken von Hochsensibilität kennenzulernen (vgl. Hoof, 16). Da Hochsensible von ihrem Wesen her sehr reflektiert sind und über hohe analytische Fähigkeiten verfügen, neigen die meisten ohnehin zur permanenten Selbstreflexion (vgl. Dinkel, 32; Hensel, 10; Reichardt, 219). Während weniger sensible Menschen mit viel mehr Kraft und Leichtigkeit ein «normales» Leben in der Außenwelt führen, werden sie ständig auf sich selbst zurückgeworfen und müssen intensiv an sich selbst und ihrem Innenleben arbeiten. Mit egoistischer Selbstverliebtheit hat dies nichts zu tun (vgl. Aron 2017, 36; 266). In der populärwissenschaftlichen und Lebenshilfeliteratur wird eine Fülle an Methoden der Selbsttransformation oder eines besseren Selbstmanagements präsentiert, die helfen können, die besondere Eigenart besser mit der Umwelt in Einklang zu bringen (vgl. IFHS, 7). Angesichts einer widerständigen Umwelt brauchen zudem alle Menschen Veränderungs- und Bewältigungskompetenzen, um unliebsame Gegebenheiten auf die eigenen Ziele hin aktiv umzugestalten oder aber unabänderliche Umstände psychisch bewältigen zu können (vgl. Wahler, 249). In der Psychologie werden zwei gegensätzliche Umgangsweisen mit auftretenden Hindernissen unterschieden (vgl. Becker, 209 f.; Brandstädter, 39 ff.): Bei der TENAZITÄT als offensiver, assimilatorischer Bewältigungsstrategie hält man auch bei auftretenden Schwierigkeiten stur an seinen Zielen fest und erhöht die Anstrengungen und den Einsatz an Ressourcen und Kompetenzen, im Sinne von: «Ich neige dazu, auch in aussichtslosen Situationen zu kämpfen». Im Zeichen des defensiven, akkommodativen Stils der FLEXIBILITÄT ist jemand hingegen schnell bereit, sich von schwer erreichbaren Zielen zu lösen und sie abzuwerten, um sich stattdessen neuen Aufgaben zuzuwenden. Er sagt dann typischerweise von sich: «Im Allgemeinen trauere ich einer verpassten Chance nicht lange nach».

Während bei der assimilatorischen Tenazität mehr starke positive Gefühle, nicht aber weniger negative beobachtet wurden, führt offenbar die akkomodative Flexibilität genau umgekehrt zu einer Reduktion der negativen Gefühle, nicht aber zu einer Häufung positiver (vgl. Brandstädter, 39). Lebenspraktisch gesehen scheint Tenazität so lange die bessere Strategie zu sein, wie die Hindernisse überwindbar sind und die Erfolgswahrscheinlichkeit bei der Zielerreichung hoch ist. Sobald sich aber die Ziele als unerreichbar herausstellen, wären das Akzeptieren des Unabänderlichen und eine Drosselung der Ansprüche klüger (vgl. Fenner 2017, 200). In der Psychologie gelten die beiden Einstellungsweisen allerdings als zeitlich relativ stabile Persönlichkeitsdispositionen (vgl. Brandstädter, 39). Als charakterliche Grundhaltung scheint die Tenazität vorzugswürdig, wenn man John Rawls' sogenannten ARISTOTELISCHEN GRUNDSATZ mitberücksichtigt. Diesem zufolge erleben Menschen generell größere Zufriedenheit bei anspruchsvollen Zielen, bei denen sie höhere und differenziertere Fähigkeiten einsetzen und diese optimieren können (vgl. Rawls, 464). Um dank einer kontinuierlichen Weiterentwicklung der eigenen Kompetenzen ein Selbstverwirklichungsglück zu erlangen, suchen sie nach einer Umwelt mit günstigen Lebens- und Arbeitsbedingungen (vgl. Brandstädter, 15). Hochsensible Personen scheinen von ihrer Persönlichkeitsdisposition her eher zur Tenazität zu neigen, weil sie ihr Leben oft an hohen Idealen ausrichten und sich regelrecht an ihren Zielen «festbeißen» (Trappmann, 122). Hingegen sind sie typischerweise unflexibel, durch Veränderungen sehr leicht irritiert und brauchen lange, um sich an eine neue Situation anzupassen (vgl. Parlow, 69). Wie in Kapitel 4.3 noch genauer untersucht wird, scheinen hochsensible Menschen stärker als andere auf günstige Umweltbedingungen angewiesen zu sein, um Glück als Selbstverwirklichung oder Passung zu erlangen. Als vorläufige Hypothese lässt sich formulieren: Unter stabilen und ihren Anlagen und Fähigkeiten entgegenkommenden Bedingungen scheinen hochsensible Menschen mit ihrer größeren Intensität sowohl der positiven als auch negativen Gefühle insgesamt ein größeres Lebensdauerglück erleben zu können als andere Menschen. Denn diese drosseln zwar durch flexibles Reagieren und nach dem «Prinzip des homöostatischen Reagierens» die Intensität ihrer Gefühle, erleben aber diesen homöostatischen Zustand häufig nicht als Glück (vgl.

Fenner 2019, 220 f.). Wenn hochsensible Personen jedoch durch ihre Um- und Mitwelt ständig großen Belastungen ausgesetzt sind oder zu einer entfremdeten Arbeit gezwungen werden, dürfte ihr Unglück größer sein. Diese glückstheoretischen Überlegungen werden in Kapitel 4.3 vertieft.

2.5 Mein persönliches Anderssein

Nach langem Zögern entschied ich mich für einen kurzen autobiographischen Exkurs, weil zur Veranschaulichung im phänomenologischen dritten Kapitel viele Episoden aus meinem Leben herangezogen werden. Bei dem bereits erwähnten Fragekatalog von Aron zur Selbsteinschätzung der eigenen Hochsensibilität lauten bei mir alle Antworten eindeutig «Ja» (vgl. Kap. 1). Die Entdeckung meiner eigenen Hochsensibilität vor zwei Jahren entwickelte eine Wucht und lebensverändernde Kraft, wie sie sonst wohl nur religiösen Offenbarungen eigen ist. Bei der Lektüre und beim Austausch mit anderen Hochsensiblen wurde mir rasch klar, dass bei mir dieses Persönlichkeitsmerkmal in fast allen Aspekten außerordentlich stark ausgeprägt ist. Zudem bin ich als freischaffende Philosophin (Autorin und Dozentin) und Künstlerin in Tätigkeitsfeldern aktiv, für die Hochsensible aufgrund ihrer komplexen Denkweise und hohen Kreativität prädisponiert sind (vgl. Kap. 3.2; 3.3). Auch scheint die gewählte Form der Ausübung, nämlich die Selbständigkeit, dem Wesen hochsensibler Menschen besonders entgegenzukommen (vgl. Kap. 3.5). Wenn Beispiele für hochsensible Personen aufgeführt werden, handelt es sich fast immer um Wissenschaftler und Künstler (vorwiegend Literaten) wie z. B. Einstein, C. G. Jung, Nietzsche, Van Gogh, Thomas Mann oder Kafka (vgl. Brackmann, 41 f.; Trappmann, 20; Klages, 118; 133). Einige hochsensible Dichter schilderten feinsinnig hochsensible Hauptfiguren, so etwa Thomas Mann in vielen Künstlerfiguren wie z. B. Tonio Kröger oder Rainer Maria Rilke in den *Aufzeichnungen des Malte Laurids Brigge*. Prägend für mein Leben ist die von vielen hochsensiblen Autoren geschilderte Erfahrung einer Gratwanderung und Zerrissenheit zwischen den Polen Genie und Wahnsinn, «Fluch und Gabe», «Belastung und Befähigung», «Reizüberflutung und Hochbegabung», «Zusammenbruch und Genialität» oder «Burnout und Ekstase» (Medical Academy, 1; Hensel, 55; Trappmann; Rohleder; Diercks). Die Vielfalt an Persönlichkeiten und Lebensläufen ist aber natürlich unter hochsensiblen Menschen genauso groß wie unter Normalsensiblen. Die Bandbreite reicht von ängstlichen, nervös und labil wirkenden Hochsensiblen bis hin zu kommunikativen, führungsstark und «tough» erscheinenden. Die meisten leben ein angepasstes Leben und stechen von außen nicht als besonders sensibel hervor. Viele leiden unter ständiger Überlastung und Zusammenbrüchen, erleben ihre Hochsensibilität als «Fluch» oder kommen erst über ein Burnout auf die Diagnose. Nicht alle können ihre Fähigkeiten und Talente konstruktiv nutzen, sodass nur Vereinzelte dank ihrer besonderen «Gabe» berühmt werden wie die Erwähnten.

Familienmitglieder und Freunde zeigten teilweise Unverständnis, als ich ihnen von meinem neuen Buchprojekt über Hochsensibilität erzählte. Aus ihrer Sicht sollte ich mich als Ethikerin für die brennenden Weltprobleme einsetzen und von der Anerkennung für meine Stärken profitieren, statt mich mit mir selbst zu beschäftigen. Häufig sind es aber die gleichen Menschen, von denen ich ständig höre: «Du machst aber auch wirklich alles furchtbar kompliziert!», «Mach doch nicht aus der Mücke einen Elefanten!», «Was Du Dir wieder einbildest!», «Mach Dir doch nicht so viele Sorgen und nimm die Dinge so, wie sie sind» oder «Lass Dir endlich ein dickeres Fell wachsen!» (vgl. Hensel, 13; Reichardt, 192; 242; Sand, 28). Jedes Mal ist man tief verunsichert, schämt sich für den eigenen «Makel» oder die vermeintliche Persönlichkeitsstörung und kämpft das ganze Leben lang gegen diese «Schwäche» an. Genauso wie alle anderen ausgeprägt Hochsensiblen fühle ich mich als «anders», «verkehrt» und «nicht normal», seit ich mich erinnern kann (vgl. Reichardt, 13; Trappmann, 30 f.; Böttcher, 244). Man kommt sich vor «wie ein Außerirdischer» oder «wie von einem anderen Stern» und wird von den anderen auch so wahrgenommen (vgl. IFHS). Meine drei Geschwister sind allerdings alle überdurchschnittlich sensibel und wir wuchsen unter nahezu optimalen Bedingungen für Hochsensible auf: Wir verbrachten die Kindheit in großer Naturverbundenheit in einer reizarmen ländlichen Umgebung und erfuhren viel Liebe und Fürsorge. Unsere Feinsinnigkeit wurde regelrecht kultiviert durch eine sorgfältige Anleitung zur einfühlsamen Beobachtung der Natur und zum nuancierten Reflektieren und Verschriftlichen der Eindrücke, und unsere künstlerischen Begabungen wurden vielseitig gefördert. Ich erfand für uns Kinder in jeder Umgebung mit minimalsten vorhandenen Mitteln immer neue Spiele, stellte mich immer auf die Seite der Schwachen und hängte bei Rollenspielen ein

Schild über die Zimmertür mit der Aufschrift: «Seelendoktor». Die Familienidylle wurde allerdings jäh eingetrübt durch die lange Leidensgeschichte und den Tod des jüngsten Bruders mit sechs Jahren infolge eines Hirntumors. Es gibt Hinweise darauf, dass solche belastenden Kindheitserfahrungen oder gar Traumata durch epigenetische Veränderungen des für Stresshormone zuständigen Gens die eigene Hochsensibilität verstärken oder sogar erst hervorbringen können (vgl. Westermann, 29; Parlow, 105; Liesen). Welche Faktoren in der Kindheit welche Wirkungen auf den eigenen Werdegang zeitigten, lässt sich aber wohl im Erwachsenenalter nur schwer rekonstruieren.

Meine Eltern erkannten früh mein Multitalent, auch wenn damals auf dem Land keine Frühförderungsprogramme vorhanden waren. Mit vier Jahren begann ich mit meiner älteren Schwester Geige zu spielen, wechselte mit sieben zum Cello und bekam nach langem Drängen mit 17 endlich noch einen Kontrabass dazu. Mein großer Bewegungsdrang verschaffte sich in Tanzimprovisationen Raum, und als sehr introvertiertes und fast stummes Kind kam ich erst in den verschiedensten Rollen im Schultheater richtig aus mir heraus. Ich zeichnete, malte und modellierte mit allen möglichen Materialien und verfolgte mit enormer Selbstdisziplin und Intensität langfristige selbstgesteckte Ziele wie das tägliche mühselige Schnitzen an einem Baumstamm mit Hammer und Meißel. Meine sprühende Phantasie verlangte nach immer neuem Lesestoff, und Schreiben war von Anfang an eine meiner größten Leidenschaften. Manchmal durfte ich in der Grundschule das Aufsatzheft nachhause nehmen und brachte es am nächsten Morgen vollgeschrieben wieder zurück. Unter meinem Aufsatz beim Übertritt ins Gymnasium hieß es: «Hut ab vor solchen Leistungen!» Die Schule empfand ich jedoch eher als Zeitverschwendung, weil ich einen unbändigen Drang nach Verstehen und Erkennen verspürte und mir selbst zuhause alles viel schneller hätte aneignen können. In meinen ersten Schuljahren bei meinem Vater als Lehrer erkannte dieser zwar, dass ich eigentlich nicht in die Schule müsste oder zumindest ein Jahr überspringen könnte, erachtete aber das soziale Umfeld als wichtig für meine Entwicklung. Er kam mir dann so weit entgegen, dass er mir im Unterricht zugestand: «Wenn Du nicht reden willst, schreibe es auf!» Während meiner Gymnasialzeit in Beromünster war ich dann sehr kränklich und meine Eltern unterschrieben großzügig sämtliche Entschuldigungsscheine, sodass ich gezielt zuhause die Prüfungen vorbereiten konnte. Da ich Klassenbeste war und fast nur für die fehlende mündliche

Mitarbeit Abzüge einkassierte, waren am Ende fast alle Lehrer überrascht und enttäuscht, dass ich nicht ihr Fach bzw. Instrument studieren wollte. Der Titel einer Biographie der von mir verehrten Malerin und Bildhauerin Käthe Kollwitz – *Eine Gabe ist eine Aufgabe* – war für mich früh schon eine Last. Mehr als ein Doppelstudium in Philosophie/Germanistik und Musik in meiner Wahlstadt Basel ließen die Studienordnungen nicht zu. Als Bassistin spielte ich im Schweizer Jugendsinfonieorchester, später im Collegium Musicum Basel und in den Sinfonieorchestern Basel und Aargau. Für das soziale Leben blieb kaum Zeit übrig, und ein Studienkollege charakterisierte mich als «herzig, genialisch, aber etwas verwirrt».

In der ganzen Studienzeit besaß ich weder Telefon noch Internet und begann erst kurz vor dem Abschluss, mich mit hartnäckigem kritischem Nachfragen an den sonst vielfach mauen Sitzungen zu beteiligen und nach sokratischer Manier alle zu verunsichern. Während meiner Forschungsaufenthalte in Paris und Berlin begriff ich, dass ich ohne Kommunikation mit fremden Menschen nicht überlebensfähig war. Mit 32 Jahren hatte ich bereits meine Habilitationsschrift vorgelegt und begann schon vorher mit großem Enthusiasmus, aber ohne Kostenfolge, selbst Seminare an der Universität Basel abzuhalten. Meiner Doktormutter Prof. Annemarie Piper, damals Inhaberin des Lehrstuhls für Ethik an der Universität Basel, verdankte ich die Vermittlung einer Professurvertretung für Prof. Otfried Höffe mit 34 Jahren (2006) an der Universität Tübingen. Inzwischen hatte ich mich auch auf Ethik spezialisiert, was zu Hochsensiblen mit ihrem Engagement für Gerechtigkeit und eine bessere Welt ebenfalls gut passt (vgl. Kap. 3.4). Es ist ein großes Geschenk für mich, dass ich seither in Tübingen und an anderen deutschen Universitäten Lehraufträge für Ethik wahrnehmen und Studierende aus allen Fächern in spannende interdisziplinäre Diskussionen zu aktuellen ethischen Fragen verwickeln und durch meine Moderation ihre ethische Urteilskraft schulen kann. Alle um mich herum dachten, dass ich akademische Karriere mache, aber dazu fehlten mir viele Kompetenzen wie Networking, selbstsicheres Auftreten und Durchsetzungswille. Beim klaren Fokus auf die hohen Werte der Bildung und Kultur in unserer Erziehung lernten wir nicht, wie man sich im Wettbewerb gegen Konkurrenten behauptet und sich flexibel an nicht-ideale Verhältnisse anpasst. Auch wurde mir mehr und mehr schmerzlich bewusst, dass ich viel schneller erschöpft bin als «normale» Menschen, denen das Reisen an Kongressorte, Menschenmengen, lautes und hektisches Treiben gar nichts auszumachen schienen und die überall schlafen konnten. Trotz zahlreicher Lebenskrisen verließ ich mich auf meinen inneren Kompass und kämpfte stets für die nötige Ruhe zum Schreiben. Mich auch in Schauspiel, Sprechkunst und Gesang weiterbildend, brachte ich nach einem früheren Musiktheater zu Schillers Sentenz «Der Mensch ist nur da ganz Mensch, wo er spielt» zusammen mit meiner Schwester (Bratschistin) 2019 mein eigenes Soloprogramm «Die Bassgeige» mit Musik, Theater, Lesung und Videos auf die Bühne. Dank sei meinen Eltern und Freunden, die mich in meinem kunstdurchwobenen «akademischen Prekariat» mit Druckkostenzuschüssen, Wohnmöglichkeiten oder Vermittlung von Vorträgen und Seminaren unterstützten.

3 Dimensionen einer anderen Lebensrealität

Um auch Normalsensiblen ein tiefes Verständnis für das Anderssein von Hochsensiblen zu vermitteln, wird in diesem Kapitel ein phänomenologischer Zugang gewählt. Bei der Beschreibung des Phänomens stütze ich mich nicht nur auf meine eigenen reflektierten Erfahrungen und den ausführlichen Erfahrungsaustausch mit anderen Hochsensiblen, sondern auf eine Fülle von Erfahrungsberichten in Internet-Beiträgen, Interviews und populärwissenschaftlichen Texten und Sachbüchern, deren hochsensible Autoren häufig als Coaches für Hochsensible tätig sind. Das in Kapitel 2.1 mit erhöhter Reizempfindlichkeit und gründlicherer Informationsverarbeitung umschriebene Persönlichkeitsmerkmal der Hochsensibilität findet in verschiedenen psychischen Dimensionen des Wahrnehmens, Denkens, Fühlens und Verhaltens seinen Ausdruck. Beim Versuch einer Systematisierung der vielfältigen Aspekte werden in der Literatur in Anlehnung an Arons Kriterien für Hochsensibilität häufig eine SENSORISCHE KOMPONENTE starker Sinneseindrücke (Kap. 3.1), eine KOGNITIVE KOMPONENTE eines gründlichen Reflexionsvermögens (Kap. 3.2) und eine EMOTIONALE KOMPONENTE einer hohen emotionalen Intensität (Kap. 3.3) unterschieden (vgl. Blumentritt, 13 f.; Schorr 2020, 20; Westermann, 18 f.). Da viele Hochsensible einen Schwerpunkt in einem bestimmten Bereich haben, werden sie bisweilen in verschiedene Gruppen wie die «sensorisch Hochsensiblen», «kognitiv Hochsensiblen» und «emotional» bzw. «empathisch Hochsensiblen» eingeteilt (vgl. Schorr 2020, 20). Wie bei allen Typologien von Persönlichkeiten, Lebens- oder Beziehungsformen handelt es sich bei dieser Dreiteilung aber nur um eine theoretische analytische Unterscheidung, weil die Typen in der Realität kaum in Reinform vorkommen. Zum einen dürften nur wenige Menschen sämtliche Merkmale einer bestimmten Dimension aufweisen, die vielmehr meist mehr oder weniger stark ausgeprägt sind. Zum anderen handelt es sich aber auch nicht um distinkte Kategorien und klar voneinander abgrenzbare

Gruppen von Menschen, weil die einzelnen Erscheinungsformen auch gemeinsam auftreten und sich mischen können. Abgesehen von mir selbst kenne ich zahlreiche andere Menschen, die nicht nur einzelne Komponenten aufweisen und damit partiell hochsensibel sind, sondern in allen Bereichen oder sozusagen allgemein hochsensibel sind. Wenn man von einem einheitlichen Persönlichkeitsmerkmal der Hochsensibilität als neurophysiologischer Basis für sämtliche Erscheinungsformen ausgeht, hätte die Stärke oder Schwäche dieses Persönlichkeitsmerkmals auch einen Einfluss auf die Stärke oder Schwäche der Ausprägungen der einzelnen Komponenten (vgl. Kap. 2.1).

Die großen phänotypischen Unterschiede zwischen hochsensiblen Menschen lassen sich teilweise aber auch darauf zurückführen, dass Hochsensibilität zwar ein sehr grundlegendes und je nach Ausprägung auch absolut dominantes Persönlichkeitsmerkmal darstellt, aber gewöhnlich mit anderen Persönlichkeitsmerkmalen kombiniert ist. Darüber hinaus ist wie bei allen anderen Persönlichkeitseigenschaften auch streng genommen nur die Disposition zur Hochsensibilität angeboren und unveränderlich, sodass sie sich nicht abtrainieren oder wegtherapieren lässt. Eine genetische Veranlagung kann aber generell nur wirksam werden, wenn sie mit geeigneten Umweltfaktoren zusammentrifft und z. B. durch Erziehung oder bewusste Lebensgestaltung gefördert wird. Je nach Umwelteinflüssen, Sozialisation und biographischen Erfahrungen kann sich daher die eigene Hochsensibilität in verschiedenen Lebensphasen verstärken oder abschwächen und sogar bis zu einem gewissen Grad versteckt werden und nach außen hin nicht in Erscheinung treten (vgl. Schorr 2018, 26f.; 44; Westermann, 27f.; Hensel, 21). Von der Forschergruppe um Michael Pluess wurde anhand von Zwillingskonstellationen eine Verteilung von 47 Prozent genetische Ursachen und 53 Prozent äußere Faktoren ermittelt, wobei aber wohl hauptsächlich die emotionale Hochsensibilität untersucht wurde (vgl. Vieweg). Wie die noch junge Wissenschaft der Epigenetik aufwies, kommt es nach der Geburt zu Veränderungen an den Chromosomen, wodurch bestimmte Gene quasi an- oder abgeschaltet werden. Ob sensibel geborene Menschen später durch Probleme schnell gestresst werden oder nicht, hängt z. B. nach einer anderen Studie der gleichen Forschergruppe vom Grad sozialer und ökonomischer Sicherheit im Kindesalter ab (vgl. Hubert). In der folgenden phänomenologischen Beschreibung der verschiedenen Facetten der Hochsensibilität wird über die gängige Systematik hinaus noch die MOTIVATIONALE DIMENSION (Kap. 3.5) beleuchtet, die in der Psychologie neben der sensorischen, kognitiven und emotionalen ebenfalls einen hohen Stellenwert genießt und in einem eigenen Teilfach der Motivationspsychologie untersucht wird. Schließlich wird auch das SOZIALE VERHALTEN (Kap. 3.4) als weitere, in der Sozialpsychologie behandelte zentrale Dimension des menschlichen Lebens extra aufgeführt, auch wenn sich das Anderssein von Hochsensiblen im sozialen Bereich teilweise aus den drei vermögensbasierten Komponenten ableiten lässt.

3.1 Sensorische Hochsensibilität: Reizüberflutung und Beobachtungsgabe

Menschen, die im sensorischen und insbesondere im akustischen Bereich ausgeprägt hochsensibel sind, berichten von schweren Beeinträchtigungen im alltäglichen Leben. Sie erleben ihre starken Sinneseindrücke in einer immer lauteren und grelleren Welt häufig als Folter, weil die Ohnmacht bezüglich des offenkundigen Andersseins in dieser Hinsicht besonders groß ist (vgl. Schorr 2020, 22). Bei der Einwirkung äußerer Sinnesreize wie z. B. Geräusche, Gerüche, Licht oder Luftqualität lässt sich im Alltag und genauso in wissenschaftlichen Versuchsanordnungen wie etwa den von Pawlow durchgeführten Experimenten leicht beobachten, wie verschieden die Grenzen des Ertragbaren verlaufen (vgl. Kap. 2.1). In der HNO-Medizin werden zwei Schwellen zwischen dem Angenehmen und Unangenehmen (1) und zwischen dem Unangenehmen und Schmerzhaften (2) unterschieden, die individuell sehr verschieden sind und letztlich nur über subjektive Selbsteinschätzungen bzw. erkennbares Schmerzverhalten ermittelt werden können. Eindeutig erreicht ist die Schmerzgrenze aus der Innenperspektive dann, wenn der Schmerz einen ganz unmittelbar durchdringt und man wie beim Zahnarzt das Gefühl hat, er trifft direkt auf einen Nerv. Während für die meisten Menschen die Geräusche eines Krankenwagens oder Flugzeugs nur störend und unangenehm sind, verursachen sie bei anderen extreme Qualen und ein Dröhnen im Kopf. Wenn ich mir zu wenig schnell die Ohren zuhalte, kann ich noch Stunden danach keinen klaren Gedanken fassen. Bildlich ausgedrückt verfügen sie über gröbere Wahrnehmungs- oder Reizfilter im Thalamus, also in der Hirnregion, in der sensorische Signale zuerst eintreffen. Aufgrund dieses mangelnden Reizschutzes werden viel mehr Reize als wichtig eingestuft und gelangen ungefiltert ins Gehirn (vgl. Parlow, 21 f.; Starostzik, 1). So gelingt es mir trotz großer Anstrengungen nicht, Hintergrundgeräusche wie z. B. ein laufendes Radio oder ein Stimmengewirr im Zug wie andere einfach auszublenden und mich auf ein Buch oder Gespräch zu konzentrieren. In der Darstellung des Neuropsychologen Klaus Willmes sind bei Hochsensiblen die Neuronenverbände in den Gehirnteilen weniger stark ausgebildet, die für die Dämpfung der Erregungspotentiale zuständig sind, sodass es im reizverarbeitenden Gehirn zu größerer Erregung kommt (vgl. Willmes). Der große Leidensdruck entsteht aber nicht nur durch eine niedrigere Reiz- und Schmerzschwelle, sondern auch durch einen schwächeren Gewöhnungseffekt und ein längeres Nachwirken oder Nachhallen der Geräusche.

Die Intensität der Wahrnehmung der einzelnen Sinnesorgane kann bei Hochsensiblen individuell stark differieren. Helles Licht und direkte Sonneneinstrahlung werden von den meisten Hochsensiblen gemieden (vgl. Medical Academy, 11; Reichardt, 48). Viele empfinden grelles künstliches Licht als sehr unangenehm bis quälend. Meine eigenen Augen blenden und schmerzen bei praller Sonne selbst im Schatten, und ich pflege bis zum vollständigen Einbruch der Dunkelheit im Tageslicht zu arbeiten. Zudem schreibe ich alle meine Bücher mit Bleistift auf Papier, weil die Augen trotz eines großen Bildschirms am heimischen PC rasch schmerzen. Wenn ich vom Lektor ein mit roten Änderungsvorschlägen, gelben Markierungen und rosa Rand-Kommentaren versehenes Manuskript digital zugeschickt bekomme, sehe ich nur noch ein Flimmern sich überschneidender Farbflächen in den Kontrastfarben. Hervorstechende Farben z. B. auf einem Buchumschlag irgendwo im Raum können unglaublich irritieren und die ganze Aufmerksamkeit auf sich ziehen (vgl. Klages, 36 f.). Auch auf Zugluft, Gerüche oder die Luftqualität allgemein wie Dämpfe, Rauch oder Parfum reagieren viele hochempfindlich (vgl. ebd., 26 f.; Parlow, 20 f.). Nimmt beispielsweise die Luftfeuchtigkeit im Sommer oder in beheizten Räumen ab, beginnen meine Augen manchmal mitten in einem Vortrag oder Seminar zu tränen und heftig zu brennen. Aufgrund ihres intensiven Wärmeempfindens schwitzen und frieren die meisten wie ich sehr schnell. Wegen des differenzierteren Tastsinns berichten viele von häufigem Drücken oder Kratzen durch zu enge oder grobe

Kleidung mit störenden Nähten oder Etiketten, und Massage-Schuhe oder andere Wellness-Produkte können nach wenigen Minuten als wahre Folterinstrumente erlebt werden (vgl. Hensel, 26; Aron 2017, 23; Parlow, 25). Aber nicht nur äußere Reize werden intensiver empfunden, sondern auch Reize aus dem Körperinneren: Das Schmerzempfinden setzt bei ihnen oft schon ein, bevor die Ärzte etwas objektiv messen können. Dies liegt teilweise daran, dass andere Menschen solche Körpersignale gar nicht wahrnehmen und sie deswegen den Ärzten unbekannt sind (vgl. Reichardt, 49). Schnell wird man der Hypochondrie verdächtigt. Verstärken sich dann jedoch die Symptome, heißt es, man habe sich die Krankheit durch intensive Einbildung selbst «herbeigewünscht» (vgl. Parlow, 82)! Hochsensible sind auch bekannt für ihre extreme Schreckhaftigkeit, die sich in meinem Fall durch heftiges körperliches Zusammenzucken und unwillkürliches Aufschreien äußert (vgl. Hensel, 55; Klages, 33; Aron 2017, 22).

Reizüberflutung und Überstimulation

Als objektive biologische Auswirkung dieser anderen Art der Reizverarbeitung kommt es leicht zu einer Reizüberflutung durch zu viele oder zu intensive einströmende Reize. Die damit einhergehende Überstimulation des Nervensystems wird von den Betroffenen subjektiv als Stress erlebt, d. h. als vorübergehende emotionale Belastung angesichts einer momentanen Überforderung durch zu starke sinnliche Eindrücke. Sie sind «overloaded», werden sehr nervös, angespannt, unruhig, gereizt, unkonzentriert, fahrig und ungeschickt und können aufgrund des Schwirrens und der Schmerzen im Kopf nicht mehr klar denken und ihre Handlungen koordinieren (vgl. Aron 2017, 29; Hensel, 50 f.; Trappmann, 54). Angesichts des ganzen Chaos im Kopf sind sie nicht mehr Herr ihrer selbst und fühlen sich hilflos der bedrohlichen Situation ausgeliefert. Da sie nicht mehr präsent und aufnahmefähig sind, wirken sie geistig abwesend und ziehen sich teilweise bewusst in ihre Gedanken- und Gefühlswelt zurück. Viele ergreift aber auch Wut, Angst oder Panik, sodass aus einem sanften und einfühlsamen Hochsensiblen leicht ein aggressiver und unbeherrschter werden kann. Vom Außenstandpunkt wird in diesen Fällen geurteilt, dass sie «überdreht» sind oder «überreagieren». Auf der Körperebene schüttet der Organismus in diesem

Alarmzustand zunächst vermehrt Adrenalin aus, was dem Körper kurze Zeit mehr Energie liefert. Bei längerer Dauer der Reizüberflutung wird zusätzlich das Langzeitstresshormon Cortisol produziert (vgl. Parlow, 85). Dabei schaltet das Nervensystem bei Hochsensiblen schon nach wenigen Arbeitsunterbrechungen auf Dauerstress um, wenn man z. B. drei Mal hintereinander durch Telefonanrufe bei der Arbeit gestört wird. Treten die dringend benötigten Erholungspausen nicht ein und kann der Stress nicht abgebaut werden, sind die Energiespeicher schnell leer und die Betroffenen fühlen sich völlig ausgelaugt und erschöpft wie nach einer sportlichen Überanstrengung. Typische kurzfristig auftretende körperliche Symptome sind Beschleunigung von Herzschlag und Atemrhythmus, Muskelverspannungen, Bauch- und Kopfschmerzen (vgl. ebd., 34; Trappmann, 54). Wird der Körper durch Cortisol in Alarmbereitschaft versetzt, kommt man erst recht nicht mehr zur Ruhe, findet keinen Schlaf und ist anfälliger für Infektionen und Funktionsstörungen. Da die Reizschwelle aber in diesem Erregungszustand nochmals herabgesetzt ist, steigt reziprok dazu die Störanfälligkeit weiter an. Bis das Cortisol im Körper wieder abgebaut ist, dauert es mehrere Stunden oder gar Tage, in denen man entweder physisch und geistig sehr reduziert ist oder überhaupt nur noch dahinvegetiert.

Zweifellos trifft die Zeitdiagnose objektiv gesehen zu, dass die beschleunigte moderne Welt für alle Menschen immer lauter, greller und hektischer wird. Trotzdem gibt es persönlichkeitsbezogene Faktoren, die zu großen Unterschieden in der subjektiven Wahrnehmungs- und Erlebnisweise führen (vgl. Kap. 1). So gibt es Menschen, die eine laute, pralle und turbulente Welt lieben und sich gerne jederzeit in das urbane Leben stürzen. Bei anderen, sensibleren Menschen mit ihrer intensiveren Wahrnehmung und Verarbeitung der auf sie einprasselnden äußeren Reize sind hingegen die Aufnahmekapazitäten viel schneller erschöpft, es stellen sich die beschriebenen Symptome einer Überstimulation ein und ein Mensch macht «dicht» (Blumentritt, 15). Daher geraten Hochsensible bereits in ganz «normalen» alltäglichen Situationen an die Grenzen ihrer Belastbarkeit, die für normalsensible Menschen höchstens unangenehm sind: Ein aufdringliches Parfum einer Teilnehmerin kann es beispielsweise einem Geruchssensiblen verunmöglichen, einen Weiterbildungskurs zu besuchen (vgl. Schorr 2020, 22). Ebenso kann der Einkauf im Supermarkt mit seinem unüberschaubaren Warenangebot, dem Mix aus verschiedensten Gerüchen und den Massen an lauten

Menschen mit Handys und quengelnden Kindern zur großen Tortur und Überlastung werden: In der Warteschlange an der Kasse stehend nimmt man z. B. wahr, was die Leute auf das Band legen, und zieht Rückschlüsse auf ihren Ernährungsstil, was sie für einen Geruch ausströmen und ob sie gepflegt oder billig gekleidet sind, und das Piepsen der Scannerkassen vor dem Hintergrund der sich scheinbar zu einem tosenden Wasserfall steigernden Geräusche von Kunden, Kaufhausmusik und Lautsprecherdurchsagen bringt das Fass zum Überlaufen. Wenn ich nach einer langen Bahnfahrt mit mehrmaligem Umsteigen in verspäteten und überfüllten Zügen mit ohrenbetäubendem Stimmengewirr am Zielort ankomme und mich in einer fremden Umgebung mit Millionen neu zu verarbeitenden Eindrücken zurechtfinden soll, schaffe ich manchmal wegen Schwindel, Kopfschmerzen und Muskelkrämpfen nur noch wenige Schritte. Während alle anderen Menschen um mich herum zur Erholung und zum Auftanken in den Urlaub fahren, sind meine Batterien rasch leer und ich brauche selbst nach einem kurzen Wochenend-Städtetrip eine lange mehrwöchige Erholungszeit in meinem stillen Zuhause. Ich fühle mich dann «nicht normal», lebensunfähig und minderwertig, weil ich all die Dinge nicht ertrage, die «normalen» Menschen überhaupt nichts ausmachen, ja ihnen sogar die nötige Energie für das Durchstehen des stressigen Alltagslebens liefern.

Suche nach optimalem Erregungszustand

Noch viel stärker als beim Durchschnitt der Menschen hängen infolgedessen Wohlbefinden und Leistungsfähigkeit bei hochsensiblen Menschen von geeigneten Umweltbedingungen ab. Obwohl Hochsensible sich häufig den Ratschlag anhören müssen, wir sollten uns «abhärten» und uns allem Möglichem «aussetzen», ist bei dieser Disposition keine «Abhärtung» möglich (vgl. Kap. 4.2). Hilfreich ist es jedoch, im Einzelfall die genauen Ursachen der Überstimulation zu eruieren und gezielt künstliche Reizfilter wie Ohrstöpsel oder Kopfhörer im Zug oder Sonnenbrillen und breitrandige Sonnenhüte gegen grelles Licht einzusetzen. Da die Komfortzone, d. h. die Spanne mit dem optimalen Erregungszustand zwischen Überreizung und Langeweile, bei ihnen niedriger liegt und auch schmaler ist, sind sie das ganze Leben lang auf der Suche nach dem richtigen Erregungsniveau und dem passenden Maß an Umweltreizen (vgl. Schorr 2020, 15; Hensel, 52 ff.; Trappmann, 55 f.). Bezüglich akustischer Reize liegt für viele Hochsensible wie für mich selbst die Toleranzgrenze äußerst niedrig, sodass ich oft umgezogen bin wegen Straßenlärm oder lauter Nachbarn, Hotelzimmer teilweise mehrmals wechselte, im Elternhaus vorübergehend zum Schlafen oder Arbeiten in den Keller zog oder mich mit Ohropax und zusätzlichem äußerem Gehörschutz behelfe. Während hohe, gellende Stimmen von Babys und Kleinkindern, quietschende Straßenbahnen oder gurrende Tauben mein Leben zur Hölle machen können, rauben mir schon das Telefonklingeln oder Fernsehgeplapper im Nebenzimmer, das Summen eines Computers, Tropfen eines Wasserhahns, Ticken eines Weckers oder Pfeifen einer Heizung meine Konzentrationsfähigkeit. Akustisch Hochsensible leiden quasi unter ständiger Lärmbelästigung, weil sie Geräusche hören und als störend empfinden, die andere gar nicht wahrnehmen. Bezüglich ihrer feineren Temperaturwahrnehmung geht es hingegen tatsächlich um ein ständiges Austarieren zwischen einem Zuviel und Zuwenig an Wärme, also zwischen zu heiß und zu kalt. So kann man viele Hochsensible beobachten, wie sie den ganzen Tag oder während eines längeren Zusammenseins permanent ihr Mikroklima z. B. durch Öffnen oder Schließen der Fenster, An- und Ablegen von Kleidung, Drehen an den Heizkörpern oder Standortwechseln z. B. mit Blick auf Sonnen- oder Schattenplatz zu regulieren versuchen (vgl. Parlow, 24 f.). Natürlich kann es Hochsensiblen genauso wie weniger Sensiblen in Grenzen gelingen, durch Entspannungstechniken Stress abzubauen und vielleicht sogar die Belastungsgrenzen minimal zu erhöhen.

Detailreiche Beobachtungsgabe und ästhetisches Empfinden

Die gesteigerte Wahrnehmungsfähigkeit hat aber durchaus auch positive Seiten wie z. B. eine sehr gute Beobachtungsgabe und eine detailreiche, subtile Wahrnehmung, die im visuellen Bereich geradezu ein «sezierendes Sehen» ermöglicht (vgl. Sand, 16). Auch gilt es ausdrücklich hervorzuheben, dass hochsensible Menschen dank ihrer stärkeren und differenzierteren Sinneswahrnehmung im Normalbereich des «Angenehmen» mehr sinnliche Freude oder Lust erfahren als weniger Sensible: Aufgrund des intensiven Empfindens und Erlebens können sie sich an Kleinigkeiten wie einer architektonischen Besonderheit, einem Vogelgesang oder dem Duft einer Blume ergötzen und sich ihrer Betrachtung lange genüsslich hingeben. Die meisten Hochsensiblen sind sowohl durch Naturerfahrungen als insbesondere auch durch sinnliche Eindrücke im Bereich der Kunst stark bewegt (vgl. Parlow, 26; Aron 2017, 22). Mir selbst passiert es auch immer wieder, dass ich normal-alltägliche Vorgänge «ästhetisiere», d. h. aus einer gewissen Distanz als Kunst rezipiere und damit bewusster und intensiver wahrnehme. So kann ich z. B. eine spontane Begegnung mit einem originellen Menschen als so aufregend und spannungsvoll erleben «wie im Kino», oder ich höre im Zug atemberaubende minimalistische Musik, wenn zu einem an- und abschwellenden Geräuschpegel der Mitpassagiere ein gleichmäßiges Rattern der Räder, Klappern mehrerer Fenster und Türen in verschiedenen Stimmlagen und diverse Quietschgeräusche hinzukommen. Hochsensible verfügen meist über ein ausgeprägtes Farbgefühl und ästhetisches Empfinden (vgl. Parlow, 23). Bei Kombinationen von Farben und Formen auf einem Bild oder von Tönen eines Musikstücks empfinden sie die Komposition entweder sofort als angenehm, stimmig und harmonisch oder aber erkennen auf einen Blick, welche Farbnuancen, Figuren oder Klänge nicht zusammenpassen und ausgetauscht werden müssten (vgl. Rohleder, 43f.). Einige Hochsensible haben von Geburt an Synästhesien, sodass bei der Reizung eines Sinnes gleichzeitig noch ein anderer miterregt wird (vgl. Reichardt, 116–129; Parlow, 26). So hören sie z. B. Musik und sehen zugleich vor dem inneren Auge bestimmte Farben und Formen, was z. B. für Musiker, Maler oder Graphiker sehr inspirierend sein kann. Bei Wassily Kandinsky etwa war die Farbe Dunkelblau mit den Eigenschaften «weich» und «aromatisch» und dem Klang eines Cellos verbunden, ein grelles Gelb jedoch mit den Eigenschaften «scharf» und «stechend» und hohen Trompetentönen. Häufig ist es aber so, dass wie in meinem Fall die ungewöhnlichen Wahrnehmungsweisen nur in der Kindheit vorhanden sind und später verschwinden.

3.2 Kognitive Hochsensibilität: geistige Überaktivität und komplexes Denken

Hochsensibilität kann sich nicht nur im sensorischen Bereich der Sinneswahrnehmung zeigen, sondern auch im kognitiven, d. h. geistigen Bereich. «Kognitiv» ist eine ziemlich unscharfe Bezeichnung für sämtliche geistigen Prozesse beim Vorstellen, Erinnern, Denken und Erkennen. Wenn bei Hochsensiblen mehr Außenweltreize ungefiltert ins Gehirn gelangen und sie also mehr Details wahrnehmen, erfordert die Verarbeitung der ständig einströmenden Massen an Sinnesdaten zwangsläufig mehr geistige Aktivität. Aber auch unabhängig vom Ausmaß an äußerem Input deuten die ersten durchgeführten neurologischen Untersuchungen auf eine geistige Überaktivität hochsensibler Personen hin (vgl. Kap. 2.1; Hoof, 14; Aron 2017, 30): Es sind mehr Hirnregionen aktiv und es werden mehr Informationen gesammelt und diese länger «verdaut», um sozusagen das Maximum aus ihnen herauszuholen. Genauso wie im sensorischen Bereich ist im kognitiven Bereich für Hochsensible ein langes Nachhallen charakteristisch, d. h. ihre innere Gedankenwelt beschäftigt sich sehr lange und intensiv mit Bildern oder Gesprächen oder einem bestimmten Thema oder Problem (vgl. Schorr 2020, 17). Während bei weniger Sensiblen neue Sinnesdaten relativ schnell verarbeitet und nach einfachen Kriterien abgelegt werden, setzen sich Hochsensible viel intensiver mit allem auseinander, machen feinere Unterschiede und haben sozusagen eine höhere geistige Auflösung. Sie sind fast ununterbrochen mit der differenzierten Analyse ihrer Eindrücke und der Verknüpfung mit bereits vorhandenem Wissen in immer wieder neuen Zusammenhängen beschäftigt (vgl. IFHS, 5). So liefern mir beispielsweise schon ein kurzes Gespräch oder eine Lektüre oder gar eine ganze Tagung oder eine Reise «Denkfutter» für viele Tage bis Monate, und ich könnte ganze Romane darüber schreiben. Während meine Mitmenschen längst einen Haken daruntersetzen, sich rasch wieder anderen Aktivitäten zuwenden und nach neuen Reizen suchen, nimmt bei mir das innere Leben erst zuhause richtig Fahrt auf. Ich kann nichts einfach so stehen lassen, sondern vermag das Gesehene, Gehörte oder Erlebte häufig erst danach in aller Ruhe in seiner Komplexität zu erfassen und voll auszukosten. Kognitiv Hochsensible sind bildlich gesprochen «Wiederkäuer» (Trappmann, 145). Insbesondere wenn emotional aufwühlende Ereignisse oder Konflikte verarbeitet werden müssen, kann dieses Wiederkäuen mitunter über Jahre andauern und einen großen Teil der Energie und Aufmerksamkeit beanspruchen (vgl. Kap. 3.3).

Vor- und Nachdenken

Kognitiv Hochsensible verbringen aber nicht nur sehr viel mehr Zeit mit Nach-Denken als andere, sondern genauso auch mit «Vor-Denken». Anderen erscheint es ziemlich absurd, dass ich schon vor einem einfachen Telefonanruf lange überlege und mir manchmal Notizen mache, wie ich das Gespräch beginnen und strukturieren und im Fall der verschiedenen möglichen Reaktionsweisen der Gesprächspartner weiter vorgehen könnte. Noch viel mehr versuche ich bei anspruchsvollen, schwierigen Projekten oder Aufgaben wie dem Durchführen eines mehrtägigen Seminars, mich aufwändig mit einem riesigen Reservoir an Stoff und Fragestellungen auf alle Eventualitäten vorzubereiten. Viele Hochsensible besitzen wie ich eine so lebhafte Vorstellungskraft oder produktive Phantasie, dass sie ohne viel Anstrengung in jeder Situation immer gleich viele Möglichkeiten erblicken oder eine große Zahl wahrscheinlicher Konsequenzen einer ins Auge gefassten Handlung oder Entscheidung vorwegnehmen und sich bildlich vergegenwärtigen können (vgl. Schorr 2020, 47): Man sieht ganz selbstverständlich und automatisch immer gleich einen ganzen Film vor sich ablaufen und kann sich dem wie von selbst ablaufenden Kopfkino oder bebilderten Gedankenfluss hingeben. Häufig ist man zu einem großen Teil der Zeit in Beschlag genommen durch die eigene Phantasie- und Gedankenwelt, selbst wenn der Blick nach außen auf ein Buch oder reale Ereignisse gerichtet ist. Das Phantasieren und Denken in einem inneren Monolog oder Dialog läuft fast bei allem Tun immer im Hintergrund mit, ohne dass es sich auf eine konkrete, unmittelbar anstehende Aufgabe bezieht (vgl. Trappmann, 189). Wenn man wie ich als Philosophin das Denken zum Beruf gemacht hat, kann sich das Gleiten auf dem Gedankenstrom von einem lustvollen Zeitvertrieb zu einer großen Leidenschaft entwickeln. Nachteilig ist jedoch, dass dieser Strom auch abends mitnichten versiegt und mir schlaflose Nächte beschert oder tagsüber die Aufmerksamkeit für alltägliche Dinge beeinträchtigt und z. B. in der Küche zu verkohlten Spiegeleiern führt! Auch benötigen Hochsensible aufgrund ihres intensiven Vor-Denkens sehr viel Zeit und

Ruhe, um sich gedanklich auf eine neue Situation vorzubereiten. Denn sie müssen erst einmal die gefüllten Zwischenspeicher leeren und dann das bereits vorhandene Wissen und den ganzen Erfahrungsschatz gezielt auf das Bevorstehende hin aufarbeiten. Vor einem anstehenden Termin, auch wenn es sich nur um einen Besuch beim Zahnarzt oder bei Freunden handelt, sind sie entsprechend «zu nichts mehr zu gebrauchen» und können die Zeit nicht wie andere bis zuletzt für andere Aufgaben nutzen (vgl. ebd., 115).

Kurz- und Langzeitgedächtnis

Aufgrund ihres intensiven Vor- und Nachdenkens verlieren Hochsensible viel schneller als andere angesichts disparater Anforderungen und Aktivitäten den Überblick und kapitulieren vor einem vollen Terminkalender, wenn es zu viel Unabwägbarkeiten gibt und nicht alles planbar ist (vgl. Dinkel, 48 f.). Ein schneller Wechsel zwischen verschiedenen Terminen, wie es etwa an der Universität oder im Management in extremer Form unerlässlich ist, kann Hochsensible rasch an ihre Kapazitätsgrenze bringen. Der im Spielfilm *Die Getriebenen* dargestellte Politiker-Alltag der deutschen Kanzlerin Angela Merkel mit pausenlos aneinandergereihten Sitzungen, Auto- und Flugfahrten, Auftritten vor Kameras und dem nebenherlaufenden Entgegennehmen von Meldungen über immer neue unerwartete und unberechenbare Wendungen in der Ereigniskette hat mich zwar tief beeindruckt, aber zugleich schon beim bloßen Zuschauen so verstört, dass ich mittendrin abschalten musste. Das Hin- und Herspringen der Aufmerksamkeit zwischen verschiedenen Aufgaben wie Telefonaten, Besprechungen und Textarbeiten führt bei Hochsensiblen schnell zu einer Überforderung ihres Arbeitsgedächtnisses und einer geistigen Erschöpfung. Aus der Innenperspektive steigt dann mehr und mehr das verzweifelte Gefühl auf, sich auf gar nichts mehr konzentrieren zu können. Sie geraten in einen Zustand von Stress oder milder Verwirrung, in dem sie völlig zerstreut agieren und laufend vergessen, was sie tun wollten. Viele verfügen schon in jungen Jahren über ein schlechtes Kurzzeitgedächtnis (vgl. Parlow, 86; Westermann, 13). Genau besehen handelt es sich aber in den meisten Fällen nicht um eine schlechte Gedächtnisleistung im Sinne einer unzulänglichen Reproduktion des Gewussten. Vielmehr kann das Gehirn wegen der Überstimulation oder der Aufmerksamkeitsstreuung gar nicht erst neue Informationen aufnehmen. So kann ich mir dann beispielsweise an einem Kongress weder Personennamen noch neue wissenschaftliche Fachausdrücke merken und vermag zwar Gedankengänge der Gesprächspartner im Augenblick nachzuvollziehen, habe sie aber sogleich wieder vergessen und kann sie auch unmittelbar danach nicht mehr rekonstruieren. Häufig haben Hochsensible jedoch ein sehr gutes Langzeitgedächtnis und vergessen etwas ein ganzes Leben lang nicht, besonders wenn es sich um etwas für sie Bedeutsames handelt oder sie persönlich involviert waren (vgl. Reichardt, 47; Westermann, 13). Ihr photographisches Gedächtnis kann sich dann an alle Worte, Kleidungen, Gesten und Stimmungen von Personen detailliert erinnern.

Komplexes, multiperspektivisches und holistisches Denken

Hochsensible Personen mit einem Schwerpunkt im intellektuellen Bereich denken aber nicht nur mehr, sondern ihr Denken ist auch anders, nämlich auffallend komplex, vielschichtig und differenziert (vgl. Parlow, 39; Sellin, 118; Westermann, 14). Sie neigen zu einem MULTIPERSPEKTIVISCHEN DENKEN, bei dem verschiedenste Aspekte, Faktoren und Betrachtungsebenen einbezogen und ein Sachverhalt oder ein Ereignis aus verschiedensten Perspektiven beleuchtet wird (vgl. Böttcher, 226; 274; Reichardt, 47). Gemäß Friedrich Nietzsches Philosophie des Perspektivismus gelangen sie auf diese Weise zu einer facettenreicheren und auch «objektiveren», sachlicheren Interpretation der aktuellen Ereignisse oder der Welt, die teilweise im Kontrast steht zu eindimensionalen Deutungen und simplen Weltsichten ihrer Mitmenschen (vgl. Nietzsche, 365). Sie ordnen im Kopf die Fülle an Informationen immer wieder neu an und ziehen aus den verschiedenen möglichen Interpretationsweisen unterschiedliche Schlussfolgerungen. Vielen gelingt es, ohne jede Anstrengung sofort die Standpunkte anders Gesinnter einzunehmen und dem Fluss ihrer Gedankengänge zu folgen, als wären es die eigenen (vgl. Sellin, 119). Beim Moderieren philosophischer Diskussionen kann ich z. B. häufig bruchlos Wörter einwerfen, die jemandem gerade nicht einfallen, oder von einer fremden Position aus eine mäandrierende Argumentation fortführen und auf den Punkt bringen. Eng verwandt mit dem multiperspektivischen Denken ist ein ganzheitliches oder HOLISTISCHES DENKEN, bei dem die vielfältigen Perspektiven in einen Gesamtzusammenhang miteinander gebracht und von der Ganzheit her beleuchtet werden (vgl. Böttcher, 226; 228; Parlow, 38; Reichardt, 172). Kognitiv Hochsensible sehen meist das «große Ganze», stellen die Dinge und Sachverhalte in einen größeren Kontext und ein komplexes Bezugssystem und verschaffen sich rasch eine systematische Übersicht. Dabei suchen sie nach einer übergeordneten Perspektive oder dahinterliegenden Prinzipien, sodass sich vordergründige Widersprüche auf einer höheren Ebene auflösen lassen. Sie stellen unentwegt die „Warum"-Frage und sind getrieben von einem unaufhaltsamen Drang, die tieferen Zusammenhänge oder den Sinn hinter allen Vorgängen zu erfassen (vgl. Parlow, 32; Trappmann, 132; 136). Wegen dieser ausgeprägten Neigung zum Reflektieren und zur instinktiven Beschäftigung mit philosophischen und psychologischen Themen attestiert Birgit Trappmann-Korr einem beträchtlichen Teil der Hochsensiblen mit einem Augenzwinkern ein «Philosophen-Syndrom» (Trappmann, 199)!

Kreatives und intuitives Denken

Diese Art des komplexen, multiperspektivischen und holistischen Denkens ist sicherlich nicht exklusiv und nur bei Hochsensiblen anzutreffen, scheint aber bei diesen besonders ausgeprägt zu sein. Dabei läuft das «Immer-weiter-darüber-Hinausdenken» zu einem großen Teil unbewusst ab, sodass sich das Kopfkino gar nicht nach Belieben wieder abstellen lässt (vgl. Reichardt, 150; Westermann, 15). Es handelt sich um ein weitgehend unbewusstes KREATIVES DENKEN, bei dem meist parallel auf verschiedenen bewussten und unbewussten Ebenen immer neue Querverbindungen, Analogien und assoziative Bezüge hergestellt werden. Im eher metaphorisch zu verstehenden populären Hemisphärenmodell entspricht dies der bildhaften, visuell-räumlichen Denk- und Wahrnehmungsweise, die der rechten Hirnhälfte zugeordnet wird (vgl. Reichardt, 96 f.; Trappmann, 192 ff.). Im Gegensatz zur linken, vorwiegend für Sprache und logisch-begriffliches bzw. auditiv-sequentielles Denken zuständigen Hirnhälfte geht es hier um ein nonverbales, intuitives und ganzheitliches Erfassen in Bildern und Symbolen. So wird man dann ganz plötzlich mitten in der Nacht oder unter der Dusche von einem Aha-Erlebnis überrascht und erkennt das bislang übersehene Missverständnis in komplizierten Interaktionsmustern oder einen innovativen Lösungsansatz für schwierige Problemstellungen. Manchmal verändert sich dadurch der ganze Blick auf die Welt, und nichts ist mehr so wie zuvor (vgl. Böttcher, 255). Dieses kreative Denken wird oft auch als ein «Querdenken», «divergentes Denken» oder «Um-die-Ecke-Denken» bezeichnet. Es kann neue Sichtweisen eröffnen und zu ungewohnten und unerwarteten Lösungen oder dem Auffinden bislang übersehener Handlungsalternativen führen. Gerne hinterfragen Hochsensible die herrschenden gesellschaftlichen Standards, konventionelle Regeln und die oft viel zu undifferenzierten Denkschemata. Die für Hochsensible typische hohe Kreativität im Sinne des Entwickelns von etwas Eigenem ohne Anweisung und Vorlage kann aber keineswegs nur bei künstlerischen Tätigkeiten zur Anwendung kommen, sondern in sämtlichen Lebens- und Arbeitsbereichen wie z. B. beim Erfinden von Spielen für seine Kinder oder beim Entwickeln von Computerprogrammen (vgl. Rohleder, 70f.; Parlow, 32; Hensel, 192). Generell scheint es, dass bei Hochsensiblen die Grenze zwischen Bewusstem und Unbewusstem weniger scharf getrennt und durchlässiger ist, was sich beispielsweise auch in ihren intensiven Träumen zeigt (vgl. Sand, 26). Dieser partielle Kontrollverlust über das eigene übermächtige Denken kann zwar zur Genialität bei kreativen Prozessen führen, aber auch immer wieder an den Rand des Wahnsinns treiben (vgl. Kap. 2.5; 3.5).

Spirituelle Hochsensibilität

Die meisten Hochsensiblen mit ihrem starken Bedürfnis nach dem Verständnis des großen Ganzen und ihrer Suche nach Vollkommenheit und einem tieferen Sinn haben ein starkes Interesse an SPIRITUALITÄT, die in ihrem Leben oft eine bedeutsame Rolle spielt (vgl. Aron 1999, 265; Parlow, 47; Hensel, 64). Sehr viele von ihnen sind unabhängig von einer institutionalisierten Religion überzeugt von einer übersinnlichen Energie oder Instanz, die alles Lebendige im Inneren miteinander verbindet (vgl. Böttcher, 233f.; Sellin, 155; Sand, 26). Einige sind hellfühlig und berichten über paranormale oder übersinnliche Erscheinungen, erhoffen sich Halt und Führung von Engeln, Geistern oder Gott oder vertrauen auf Kartenleser, Astrologen oder Gurus. Damit begeben sie sich auf eine Stufe hoher Vergeistigung und mitunter auch Fremdbestimmung, die ihre psychische Stabilität gefährden kann (vgl. Rohleder, 198 ff.). Es kann auch zu großen Spannungen kommen zwischen dem überaktiven Verstand und solchen höheren spirituellen Einsichten oder religiösen Erfahrungen. Nachdem sich im Zuge der Aufklärung und Säkularisierung wissenschaftliche Rationalitätsstandards durchsetzten und sich wissenschaftliche Methoden der Welterklärung und Problemlösungsstrategien gegenüber traditionellen religiösen als überlegen erwiesen, beschränken sich heutzutage allerdings viele Hochsensible wie ich selbst auf das intersubjektiv überprüfbare Wissen und bezeichnen sich als Agnostiker oder sogar Atheisten (vgl. Parlow, 47; Aron 2017, 322). Obwohl ich als Kind christlich erzogen wurde, einen starken Glauben hatte und mir von einer Freundin meiner Mutter sogar mediale Fähigkeiten zugesprochen wurden, bin ich spätestens seit meinem Philosophiestudium Agnostikerin, halte also die Frage nach der Existenz oder Nichtexistenz einer Sphäre des Übersinnlichen für nicht rational beantwortbar. Intuitionen, Bauchgefühle und noch viel mehr Vorausahnungen oder das Hören von Stimmen sind grundsätzlich irrtumsanfällig und es fehlen klare Kriterien, um richtige von falschen zu unterscheiden (vgl. Kap. 4.1). Wenn man nach langem intensivem Nachdenken und unbewussten Verarbeitungsprozessen plötzlich ein Aha-Erlebnis, eine Eingebung oder gar Vision hat, suggerieren zwar die verdeckten Erkenntnisvorgänge absolute Gewissheit und untrügliche Objektivität. Trotzdem sollte der Verstand prüfen, ob nicht Vorurteile und subjektive Interessen, Hoffnungen und Befürchtungen eingeflossen sind oder entgegenstehende empirische Erkenntnisse einfach ausgeblendet wurden (vgl. Hensel, 192; Sellin, 126).

Nachteile dieser Denkart

Ein Nachteil kann sich auch aus der bei Hochsensiblen besonders ausgeprägten Fähigkeit zum multiperspektivischen Denken und zur Perspektivenübernahme ergeben. Denn das Hin- und Hergerissenwerden zwischen verschiedenen Perspektiven kann Verwirrung und das Gefühl von Ohnmacht auslösen, nicht Herr über das eigene Denken zu sein (vgl. Sellin, 119 ff.). Es fehlt die Zentrierung des Denkens, weil auch scheinbar gegensätzliche Sichtweisen als berechtigt erscheinen und man daher oft große Mühe hat, sich selbst klar zu positionieren (vgl. Schorr 2018, 21). In der Wissenschaft wird es zwar sehr geschätzt, wenn ich auf Hunderten von Seiten sorgfältig und möglichst neutral die Pro- und Kontra-Argumente zu einer ethischen Fragestellung erörtere. Wenn ich aber von den Medien um eine kurze persönliche Stellungnahme gebeten werde, ob man die fragliche Praxis verbieten oder zulassen soll, bin ich blockiert und stehe ratlos und stumm vor dem Mikrophon. Von außen schließt man dann leicht auf fehlendes Wissen oder mangelnde kognitive oder kommunikative Kompetenzen. In meinem Kopf stellt sich aber alles als viel zu komplex oder widersprüchlich dar, als dass ich eine klare Ja-/Nein-Antwort formulieren könnte. Schließlich muss man erst einmal verschiedene Zielsetzungen und Methoden von konkreten kontextgebundenen Handlungsweisen dieser Praxisform sowie unterschiedliche Betrachtungshinsichten und Wertmaßstäbe für die Beurteilung des Einzelfalls unterscheiden, um ein einigermaßen differenziertes Statement abgeben zu können. Die dafür notwendige Komplexitätsreduktion gelingt mir im Grunde nur, wenn ich die gleichen Fragen schon vorab oder mehrmals gestellt bekomme und zwischendurch ausreichend Zeit für ein paar Stichworte oder konzeptuelle Skizzen habe. Auch in Gruppendiskussionen im Freundeskreis oder bei akademischen Veranstaltungen folge ich intensiv den Ausführungen der anderen und versuche ihre Positionen richtig zu erfassen, wobei mein Denken in alle Richtungen geht, sodass ich mich erst einmal an einen stillen Ort zurückziehen und alles systematisch durchdenken müsste. Alles erscheint in meinem Kopf unendlich kompliziert, sodass ich mich über all jene wundere, die ihre Überzeugungen mit großer Vehemenz und Selbstsicherheit vortragen. Meist fällt mir erst lange nachher, manchmal mitten in der Nacht plötzlich ein, was ich an welcher Stelle hätte in die Runde einwerfen sollen. Oft mache ich mir dann Vorwürfe, dass ich mich zu schnell von anderen Meinungen beeindrucken ließ. Die Nichtbeteiligung Hochsensibler an Diskussionen wird ihnen oft fälschlicherweise so ausgelegt, als hätten sie kein Interesse am Thema oder dazu nichts zu sagen (vgl. Trappmann, 189; 245).

Noch weit mehr versagen Hochsensible jedoch im praktischen Alltag, wenn schnell Entscheidungen getroffen werden sollen. In einem Firmen-Meeting verstehen sie gar nicht, wie andere sich sogar unter größtem Zeit- und Terminalruck sofort eine Meinung bilden und Beschlüsse fassen können, da sie sich erst genauer mit der Materie auseinandersetzen müssen und mindestens eine Nacht darüber zu schlafen pflegen (vgl. Sand, 29). Insbesondere wo noch andere Menschen involviert sind, benötigt das Sammeln und Verknüpfen aller relevanten Daten sehr viel Zeit, sodass Hochsensible entscheidungsschwach, übervorsichtig und unflexibel wirken (vgl. Parlow, 39; Trappmann, 131). Da sie die erwartbaren negativen Konsequenzen aller zur Verfügung stehenden Handlungsalternativen für alle vom Handeln potentiell betroffenen Personen durchspielen, kommt es mitunter zu einer völligen Handlungslähmung, was ihnen den Ruf ewiger Pessimisten und Bedenkenträger einbrachte (vgl. Hensel, 191). Viele machen sich mehr Sorgen als andere und haben dadurch häufig einen Hang zum Grübeln, Schwarzsehen und Katastrophendenken, weil sie sich in ihrer Übervorsichtigkeit gerne die schlimmstmöglichen Konsequenzen vor Augen führen (vgl. Blach, 129; Hensel, 217; Sand, 27f.). Wenn ich mich z. B. glücklich in jemanden verliebe und sich beide in einer festen Beziehung befinden, kann ich mitnichten einfach den glücklichen Zufall genießen. Vielmehr kommt es zur totalen Überforderung meiner Denkkapazitäten auf der Suche nach dem «richtigen» Handeln in dieser vertrackten Situation mit den kaum miteinander in Einklang zu bringenden heterogenen Perspektiven und Interessen sämtlicher Betroffener. Da dieses Sinnieren und Hinterfragen sehr viel Kraft und die ganze Aufmerksamkeit erfordert und zu vielen schlaflosen Nächten führt, gerate ich in einen völligen Erschöpfungszustand, während sich der Liebhaber komplett revitalisiert fühlt! Aber schon bei alltäglichen einfachsten Aufgaben kapituliere ich manchmal, weil ich auch diese Probleme gleich wie komplizierte angehe. So stehe ich z. B. vor einem Regal mit Marmeladengläsern und kann mich nicht für eines entscheiden, weil mir keine Rangfolge zwischen den verschiedenen Kriterien wie Geschmacksrichtung, Herstellungsqualität oder Preis gelingt. Auch vor einem Getränke- oder Fahrkartenautomaten sind Hochsensible häufig überfordert und müssen andere um Hilfe bitten, weil ihr multiperspektivisches und holistisches Denken ihnen beim Befolgen simpler technischer Anweisungen hinderlich ist. Ein schwacher Trost mag sein, dass Einstein zwar tiefe Einsichten in das komplexe Universum zu gewinnen vermochte, aber keine Glühbirne einschrauben konnte (vgl. Brackmann, 42)!

Bei der starken Neigung zum philosophischen Reflektieren und Sinnieren kommt es bei kognitiv Hochsensiblen bisweilen zum Nachdenken und Infragestellen des Denkens selbst: Im Rahmen dieses «Meta-Denkens» stellen sich einige von ihnen philosophisch-metaphysische Fragen, etwa nach den Grenzen der Erkenntnis, der Stellung des Menschen in der Welt oder der Freiheit des Willens, und versuchen, dem eigenen Denkapparat beim Überlegen und Assoziieren zuzuschauen (vgl. Parlow, 47; IFHS, 5). Sie sind meist sehr selbstreflektiert und hinterfragen ihr eigenes Denken und Tun permanent oder in regelmäßigen Abständen (vgl. Kap. 1.3; Dinkel, 32). Obwohl Hochsensibilität häufig mit HOCHBEGABUNG in Zusammenhang gebracht wird, handelt es sich zumindest mit Blick auf die gängige Reduktion von Hochbegabung auf kognitive Intelligenz um unterschiedliche Phänomene (vgl. Brackmann, 18f.; Hoof, 19): Als intellektuell hochbegabt gilt nämlich, wer einen Intelligenzquotienten (IQ) von 130 oder mehr Punkten hat. *Per definitionem* sind dann lediglich zwei Prozent der Bevölkerung intellektuell hochbegabt, wohingegen sehr viel mehr Menschen hochsensibel sind und also rein rechnerisch nicht alle hochbegabt in diesem Sinn sein können. Wenn Intelligenz als Fähigkeit definiert wird, Regelmäßigkeiten und Ordnungen erkennen und Probleme oder Herausforderungen in neuen Situationen mithilfe des Denkens lösen zu können, scheinen kognitiv Hochsensible mit ihrem differenzierten, kreativen Denken und dem Erkennen vieler Möglichkeiten und Perspektiven aber über gute Voraussetzungen dafür zu verfügen. Umgekehrt scheinen hochbegabte Kinder gleichfalls mit einem stärker erregbaren Nervensystem auf die Welt zu kommen und viele Persönlichkeitseigenschaften mit Hochsensiblen zu teilen (vgl. Brackmann, 46–55; Reichardt, 106–110): Gefühle des Andersseins, hohe sensorische und emotionale Sensibilität, ausgiebiges Reflektieren, Freude an Perspektivenwechseln, ausgeprägte Phantasie und Kreativität. Auch wird «hochbegabt» in einem alltagssprachlichen Sinn häufig mit künstlerischer Begabung und somit mit besonderer Kreativität in Verbindung gebracht, sodass dann tatsächlich ein Großteil der Hochsensiblen hochbegabt wäre. In klassischen IQ-Tests werden jedoch weder solche Formen des kreativen intuitiven Denkens oder Begabungen wie Musikalität noch auch emotionale oder soziale Intelligenz mit einbezogen. Bei den üblichen IQ-Testverfahren schneiden Hochsensible schon deswegen meist schlecht ab, weil sie sich unter Druck fühlen und ihre Konzentration angesichts all der neuen Räumlichkeiten und anwesenden Personen stark beeinträchtigt ist (vgl. Trappmann, 178).

Kognitive Hochsensibilität als Typus

Wenn man sich den Typus eines kognitiv Hochsensiblen in Reinform vorzustellen versucht und v. a. die emotionale Komponente ausblendet, trifft man auf Intellektuelle, denen man etwa Spitznamen wie «zerstreuter Professor» oder «Mastermind» verpasst: Sie denken sehr logisch, können komplexe Themen oder schwierige Probleme klar analysieren und strukturieren und schnell Lücken in einem System oder Gedankengebäude erfassen (vgl. Schorr 2020, 21 f.; Skarics, 193 f.). Sie wertschätzen ihre eigene Intelligenz sehr und fordern andere Menschen gerne heraus, um ihr Wissen und ihre kognitiven Kompetenzen zu verbessern und überall dahinterliegende Prinzipien zu entdecken. Sie sind äußerst kritisch, skeptisch und hartnäckig, hinterfragen auch alles scheinbar Offensichtliche und haben Spaß am Argumentieren bis zur Haarspalterei. Für alle Beobachtungen und Thesen verlangen sie empirische Belege oder Beweise, stellen auch den eigenen Standpunkt immer wieder in Frage und überarbeiten ihre Konzepte und Pläne ständig. Ihre teils genialen Ideen und Problemlösungsvorschläge sind oft so komplex, dass sie Mühe haben, sie zu kommunizieren. Sie tüfteln gern allein vor sich hin und verfolgen ihre intellektuellen Ziele am liebsten in großer Unabhängigkeit. Ideale Berufe sind Wissenschaftler wie z. B. Mathematiker, Philosophen, Historiker oder Archäologen, alle Berufe im IT-Bereich wie z. B. Software-Entwickler, Netzwerk-Spezialisten oder Controller, aber auch kreative Berufe wie Erfinder, Autoren oder Photographen oder im Gesundheitsbereich Ärzte und Psychologen. Da sie sehr kopflastig sind, zeigen sie ihre Emotionen kaum, und äußerlich zur Schau getragene Emotionalität kann sie sehr irritieren und Ablehnung hervorrufen (vgl. Schorr 2020, 22). Im Umgang mit anderen sind sie daher reserviert, ruhig und eher formal und unpersönlich. Durch das Fehlen von Empathie kann es zu Ähnlichkeiten mit Autisten kommen, die auch häufig ein sehr begrenztes Interesse von außerordentlicher Intensität in einem intellektuellen Bereich entwickeln: Es kommt zu Missverständnissen in der Kommunikation, weil sie nicht auf Gefühle anderer Menschen eingehen und nonverbale Signale oder Bilder nicht verstehen können. Kognitiv Hochsensible sind häufig elitär eingestellt und ungeduldig mit anderen, haben v. a. mit inkompetenten Autoritäten große Mühe und fühlen sich am wohlsten in einer kleinen Gruppe von ausgewiesenen Kollegen oder Experten. Nur wenn die Sprache auf die ihnen am Herzen liegenden Projekte kommt, wärmen sie auf und legen großen Enthusiasmus an den Tag (vgl. Skarics, 190; 194). Außerhalb der Welt der Intellektuellen wirken sie jedoch oft realitätsfremd und unbeholfen.

3.3 Emotionale Hochsensibilität: starke Erregbarkeit und Empathie

Die meisten Menschen verbinden das Thema Hochsensibilität mit der psychischen Dimension des Fühlens und Erlebens, denken dabei aber fälschlicherweise nur an verletzte Gefühle. Emotional hochsensible Menschen sind möglichst neutral beschrieben äußerst feinfühlig und einfühlsam und haben generell mehr, differenziertere und stärkere Emotionen, Stimmungen oder Affekte, die zudem länger nachwirken (vgl. Hensel, 34; 48; Trappmann, 148 f.). Nach Aron, ihren Mitstreitern und Nachfolgern gehört eine stärkere ERREGBARKEIT oder hohe EMOTIONSINTENSITÄT zu den Indikatoren, die zum Feststellen einer hochsensiblen Veranlagung notwendig vorhanden sein müssen (vgl. Aron u. a. 1997; Blumentritt, 13 f.; Schorr 2018, 39; 44). Emotional Hochsensible können ihre eigene Gefühlslage sehr differenziert erleben und beschreiben, sodass sie die simple Frage «Wie geht es Dir?» mitunter in ein Dilemma versetzt: Die Reichhaltigkeit ihres Innenlebens lässt sich kaum auf die erwartete einsilbige Antwort reduzieren, sondern erforderlich wären Ausführungen in epischer Breite (vgl. Schorr 2020, 20). Genauso nuanciert wie den eigenen psychischen Zustand können sie aber auch die Befindlichkeiten anderer Personen wahrnehmen, ganz so, als wären es die eigenen. Angesichts dieser feinen Beobachtungsgabe im emotionalen Bereich spricht man von einem «Röntgen-» oder «Scanblick» (vgl. Parlow, 28; Hensel, 49; Sand, 16): Wenn sie einen Raum betreten, erkennen sie sofort die verschiedenen momentanen Stimmungslagen der Anwesenden und die allfälligen Spannungen in ihren Beziehungen, manchmal noch bevor die Betroffenen selbst sich dessen bewusst sind. Sie lesen bildlich gesprochen immer zwischen den Zeilen, und diese Fähigkeit ruft oft die erstaunte Frage hervor: «Woher weißt Du denn das?». So schätzt man die Grundstimmung der Anwesenden beispielsweise als «schuldbewusst und bemüht», «eitel, aber integer» oder «trauriges Mauerblümchen» ein und erkennt, wo gerade Intrigen gesponnen werden, jemand einen anderen zu übertrumpfen versucht oder ein Liebeskummer getröstet wird (vgl. Parlow, 28). Dieses röntgenartige Scannen von unbekannten Personen löst mitunter starke Gefühle der Begeisterung oder des Unwohlseins aus, die sogar von Körperreaktionen begleitet sein können (vgl. Schorr 2020, 36). Zum großen Teil bewahrheiten sich meine deutlichen ersten intuitiven Eindrücke beispielsweise einer Unverfrorenheit oder Weltfremdheit eines Menschen im Laufe des Kennenlernens. Allfällige Spannungen und Konflikte nehme ich in einer so starken Intensität wahr, dass es mich förmlich zerreißt und ich mich dann kaum mehr auf ein Gespräch oder eine Aufgabe konzentrieren kann.

Aufgrund ihrer hohen emotionalen Intensität weisen emotional Hochsensible eine stärkere EMOTIONALE REAKTIVITÄT auf, d. h. sie reagieren emotionaler auf alle Ereignisse. Dies bezieht sich also sowohl auf unangenehme, unerwünschte Situationen oder Reize als auch auf günstige, erfreuliche, die ebenfalls viel intensiver erlebt werden. Negative Reaktionen können dabei nicht nur durch existentielle Krisen wie Krankheiten oder Verluste ausgelöst werden, sondern teilweise bewirken schon Kleinigkeiten wie ein seltsamer Blick oder ein «falsches» oder hart klingendes Wort, dass der ganze Tag «gelaufen ist» (Trappmann, 149; vgl. Klages, 48). Emotional Hochsensible sind schon von der neurologischen Grundkonstitution her eher angespannt und leicht erregbar, sodass sie in herausfordernden Außenweltkontakten häufig wie «unter Strom» stehen. In Konfliktsituationen bringt ihnen dies häufig den Vorwurf ein, unruhig, nervös, unausgeglichen und reizbar oder gar überdreht zu sein (vgl. Schorr 2018, 39). Trotz einer stabilen positiven Grundstimmung brechen sie schneller in Tränen aus oder sind zu Tränen gerührt. Nachrichten über Naturkatastrophen oder Einzelschicksale z. B. von stark durch die Corona-Krise betroffenen Kindern oder Erwachsenen gehen mir so nahe, dass die Augen selten trocken bleiben. Aber auch im Theater, im Kino oder Konzertsaal bin ich dermaßen gefesselt und in Hochspannung mit Leib und Seele dabei, dass es für den Begleiter neben mir spürbar wird. Filme sehe ich mir bevorzugt zuhause auf DVD an, damit ich mich für meine Ergriffenheit nicht schämen muss und bei Gewaltszenen, die auf mich wie auf viele andere Hochsensible total verstörend wirken, rechtzeitig Augen und Ohren verschließen kann. Selbst bei fiktionalen Vorgängen können intensive positive oder negative Gefühle noch Tage bis Monate einen Nachhall erzeugen (vgl. Parlow, 33). Da sich solche starken erinnerten Gefühle und die Bilder der sie auslösenden Ereignisse häufig unwillkürlich und in störender Weise immer wieder einstellen, verwenden Hochsensible dafür oft den Begriff «Flashback» (vgl. Reichardt, 240). Anders als bei Traumata sind sie sich dabei aber stets bewusst, dass es sich bei diesem «Wieder-Erleben» bloß um Erinnerungen handelt. Unmittelbar fruchtbar machen lässt sich die große Intensität der eigenen Gefühlswelt bei der aktiven Kunstproduktion, besonders in der Musik als der emotionalsten aller Künste. Ihr reichhaltiges Gefühlsleben und die feinen Nuancen ihrer Stimmungen sind für Hochsensible ein faszinierendes Feld zum spielerischen Experimentieren und Erforschen beim Musizieren, Tanzen, Malen oder Filmemachen (vgl. Parlow, 26). Das oft einsame künstlerische Schaffen steigert allerdings zumeist die eigene emotionale Hochsensibilität und Feinsinnigkeit noch (vgl. Aron 2017, 197 f.).

Empathie und Verständnis

Emotional hochsensible Personen verfügen meist über ein hohes Maß an Einfühlungsvermögen oder EMPATHIE, d. h. der Fähigkeit, fremdes Erleben nachzuvollziehen und sich in andere Personen hineinzuversetzen (vgl. Schorr 2020, 20; Trappmann, 265 f.). Während «kognitive Empathie» das kognitive Vermögen meint, den emotionalen Zustand anderer Menschen zu erkennen, bezeichnet «affektive» oder «emotionale Empathie» das Vermögen, selbst mitzufühlen. In ihren eigenen Worten können hochsensible Personen Gefühle und Stimmungen anderer Menschen wie ein Schwamm in sich «aufsaugen», «in sich hineinladen» oder «übernehmen», als wären es die eigenen (vgl. Sand, 21; Hensel, 186; Reichardt, 186). Wenn die empathische Person einen fremden psychischen Zustand in sich entstehen lässt, bleibt ihr dabei die Trennung zwischen sich selbst und anderen in aller Regel bewusst. Im Extremfall kann es jedoch passieren, dass die Grenzen zwischen ihnen und anderen Personen verschwimmen und sie nicht mehr wissen, wo sie selbst aufhören und andere beginnen (vgl. Schorr 2020, 21). Mitmenschen können dann bildlich gesprochen «auf sie abfärben», sodass sie sich selbst danach erst allmählich in einem Rückzug wiederfinden müssen (vgl. Sellin, 43). Da sich emotional Hochsensible meistens mühelos in die Gedanken- und Gefühlswelt anderer Menschen hineinversetzen, können sie sich intensiv auf jeden Einzelnen einstellen und einlassen (vgl. Hensel, 114). Sie werden als feinfühlige Gesprächspartner mit großem Verständnis geschätzt und signalisieren mit ihrer respektvollen Art, auch mit der Verletzlichkeit anderer Menschen behutsam umgehen zu können. Daher werden sie rasch zu einem «Kummerkasten» und sind eine ideale Anlaufstelle für Menschen in einer Notlage. So war es von klein auf meine Rolle in meiner Herkunftsfamilie, stets für alle ein offenes Ohr zu haben und da zu sein, wenn etwas Schlimmes passiert war oder jemand nicht mehr weiterwusste. Im Falle starker negativer Gefühle oder Schmerzen der Mitmenschen kann jedoch die hohe Empathie zum Problem werden, weil Hochsensible diese sofort gleich stark in sich spüren. Gegen fremdes Leid unempfindlich, blind oder taub zu werden ist für sie wohl genauso unmöglich, wie im sensorischen Bereich unempfindlich gegen Lärm oder grelles Licht zu werden (vgl. Kap. 3.1). Um es nicht allzu nahe an sich heranzulassen, mag es eine kluge Strategie sein sich zu vergegenwärtigen, dass dieses Leid das Problem der Person selbst und nicht das eigene ist (vgl. Hensel, 49). Schwerfallen dürfte dies insbesondere im Gesundheits- und im sozialen Bereich, wo man von Berufs wegen zuständig ist für die Verbesserung des Gesundheitszustandes oder der psychosozialen Lage der Mitmenschen.

Hohe ethische Ideale und Zuständigkeitsgefühle

Schlechte Stimmungen, Dissonanzen oder Konflikte im sozialen Gefüge stellen für empathische Hochsensible eine enorme Belastung dar, die sie völlig aus dem Gleichgewicht bringen kann. Typischerweise fühlen sie sich sofort für die Probleme zuständig und verantwortlich dafür, mit allen zur Verfügung stehenden Mitteln für eine Entschärfung der Situation zu sorgen (vgl. Sand, 23; Rohleder, 126 f.). Während die meisten anderen Beteiligten entweder wegschauen oder sich opportunistisch mit Gleichgesinnten zusammenschließen, versuche ich in solchen Fällen Kontakt mit den Konfliktparteien aufzunehmen, alle zu verstehen und sie zur Mitarbeit an einem gemeinsamen Lösungsplan zu bewegen. Dieses Zuständigkeitsgefühl lässt sich auf hohe ETHISCHE IDEALE wie Harmonie, Frieden, Gerechtigkeit, Humanität oder Wahrheit zurückführen (vgl. Blach, 146; Parlow, 40 f.; Hensel, 193; Reichardt, 177). Um den Frieden wiederherzustellen, setzen sich die als harmoniesüchtig geltenden Hochsensiblen für eine faire Lösung für alle Betroffenen mit einer gerechten Verteilung der Nutzen und Lasten ein (vgl.

Trappmann, 149; Parlow, 43; Rohleder, 44). Mit Lügen, die sie manchmal wegen der wahrnehmbaren Angst des Gegenübers zu durchschauen vermögen, können sie aber schwer umgehen (vgl. Reichardt, 44; IFHS, 4; Medical Academy, 28f.). Es empört sie, wenn jemand ihre Bemühungen um Verständnis behindert oder ignoriert, nicht ausreichend kooperiert oder sich aus der Verantwortung zieht. Als in meinen immer schnell ausgebuchten, für Lehramtsstudierende obligatorischen Ethik-Kursen an der Universität Tübingen die Anmeldeverfahren digitalisiert wurden, wollte ich den Algorithmus verstehen, um den abgewiesenen Studierenden die Vergabekriterien des neuen Systems zu erklären. Als mich die System-Administratoren zurechtwiesen, ich sei dafür doch gar nicht zuständig, weil das Online-Verfahren den Dozierenden eben gerade diese organisatorische Arbeit jetzt abnehme, war ich entsetzt und dachte gleich an all die Mitläufer im NS-System. Meine engagierten Vermittlungsbemühungen und insbesondere mein Kampf für die Schwachen in meinem Umkreis sind aber nicht nur kräftezehrend, sondern häufig auch undankbar. Denn die Beteiligten wollen das Problem oft lieber unter den Teppich kehren, sich erfreulicheren Dingen zuwenden und schon gar nicht von der eigenen egozentrischen Sichtweise abrücken. So steht man von außen gesehen plötzlich als vermeintlicher Streithahn oder Nestbeschmutzer da, der die ganzen Probleme erst eigentlich heraufbeschwört. Nachhaltiger Frieden und ein harmonisches Zusammenleben sind aber ohne Bewältigung der schwelenden Konflikte unmöglich.

Liebe und Verliebtsein

Emotional Hochsensible schätzen Intimität sehr, erleben diese intensiver als Nicht-Hochsensible und können schnell zwischenmenschliche Nähe aufbauen (vgl. Aron 2016, 181; IFHS, 6). Viele verlieben sich öfter und stärker als Nicht-Hochsensible, und Liebe ist für sie ein weitaus erschütternderes und grundlegenderes Erlebnis (vgl. Aron 2013, 31; Parlow, 165ff.). Während «normale» Menschen im Fall eines erwiderten Verliebtseins höchst beglückt sind, fühlen sich manche Hochsensible aber wie von einer inneren Flut weggespült. Da sowohl die eigenen als auch die beim Gegenüber wahrgenommenen starken Gefühle der Zuneigung sie auslaugen und überfordern, ergreifen viele Hochsensible trotz der Sehnsucht nach Intimität vor dem

Feuer der Liebe die Flucht (vgl. Medical Academy, 35; Schorr 2020, 40). Selbst solche im Grunde positiven Gefühle können für Hochsensible auch deswegen Stress, Belastung und Überstimulation bedeuten, weil sie schon von Anfang an intensiv mit Vor-Denken beschäftigt sind und sich viele Bedenken einstellen: Liebesbeziehungen können bekanntlich nicht nur ein bereicherndes Sich-Begleiten und gegenseitige wohlwollende Unterstützung bedeuten, sondern bringen auch Gefahren der Enttäuschung, Vereinnahmung oder Zurückweisung mit sich. Bisweilen gründen die Bindungsängste von Hochsensiblen auch in der Befürchtung, die falsche Wahl zu treffen (vgl. Aron 2013, 135). Viele kontrollieren ihre überwältigenden Gefühle daher gewohnheitsmäßig, warten ihr Abklingen nach einigen Wochen ab und werden vom Gegenüber manchmal sogar als zurückhaltend, hölzern, trocken oder gefühlskalt erlebt (vgl. Böttcher, 227; Trappmann, 150; Brackmann, 49). Wenn sich jemand in mich verliebt, heißt es schnell, ich sei unnahbar oder hätte ein Problem mit Nähe und Distanz! Der persönliche Bindungsstil hängt zwar anders als das angeborene Charaktermerkmal der Hochsensibilität von den eigenen Bindungserfahrungen zu den ersten Bezugspersonen in der frühen Kindheit ab (vgl. Hensel, 76 ff.; Parlow, 163). Aufgrund ihrer größeren Angst vor Verletzungen und tiefer Selbstzweifel dürften bei Hochsensiblen aber unsichere ängstliche und vermeidende Beziehungsstile überdurchschnittlich häufig vorkommen. Hinsichtlich der Sexualität sind Hochsensible oft Spätentwickler oder sogar bewusst enthaltsam, können Sex von Liebe weniger gut trennen und sind extrem schnell abgelenkt, weshalb sie sich nicht einfach in ein natürliches Geschehen fallen lassen können (vgl. Aron 2013, 314 f.; Parlow, 46; Klages, 58). Wird der Geschlechtsakt als mechanisch-biologischer Vorgang vollzogen und nicht in ein Spiel von Zärtlichkeiten als Fest der Empfindungen eingebettet, erleben sie ihn als zu grob oder gar schmerzhaft (vgl. Medical Academy, 36).

Stimmungsschwankungen und Neigung zu Depressionen

Angesichts der höheren Intensität ihrer Gefühle überrascht es nicht, dass Hochsensible häufig hin- und hergerissen sind zwischen Hochstimmungen und Stimmungstiefs: Sie werden mal von euphorischen Gefühlen der Begeisterung über neue Projekte vorangepeitscht und stürzen dann wegen Enttäuschungserlebnissen bei der Realisierung oder radikalen Selbstzweifeln in die tiefsten Niederungen ab und sind am Boden zerstört (vgl. Trappmann, 159). Dieses Auf und Ab ist mir wohlvertraut aus all meinen kreativen Prozessen beim Bücherschreiben oder Konzipieren von Theaterstücken. Insbesondere unter Schriftstellern sind manisch-depressive Erkrankungen um ein Vielfaches zahlreicher als bei der Durchschnittsbevölkerung (vgl. Bengsch; Kap. 4.1). In psychologischen Studien wurde generell eine hohe Korrelation zwischen Hochsensibilität und Ängstlichkeit, Depression und Stress festgestellt, ohne dass allerdings klar wäre, was genau Ursache und Wirkung ist (vgl. Blach, 2; 128). Wie an späterer Stelle noch genauer erläutert wird, trägt die erhöhte emotionale Reaktivität zu einer erhöhten VULNERABILITÄT bei, d. h. einer größeren Anfälligkeit für psychische und psychosomatische Krankheiten (vgl. Kap. 4.4). Viele Hochsensible sind im Laufe ihrer Biographie von stressbedingten Problemen wie Depression, Erschöpfung und Burnout betroffen und ziehen sich viel schneller psychosomatische Beschwerden wie Essstörungen, Tinnitus oder Migräne zu (vgl. Hoof, 16; Harke; Hensel, 183). Dabei scheint das Ausmaß an emotionalen Stressreaktionen und den sich infolgedessen entwickelnden psychischen Problemen zusätzlich noch stark von negativen Erfahrungen in der Kindheit abzuhängen (vgl. Hubert; Aron 2017, 114; Hensel, 80). Viele haben aber schon wegen einer drohenden Überlastung mehr Ängste und machen sich mehr Sorgen, um eine solche in jedem Fall zu vermeiden (vgl. Kap. 3.2; Blach, 129). Hochsensible Menschen verfügen im Allgemeinen über mehr Selbstzweifel und einen geringen Selbstwert, weil sie im sozialen Vergleich ständig feststellen müssen, dass sie schneller überfordert und deutlich weniger belastbar sind als alle anderen um sie herum (vgl. Blach, 144; Schorr 2018, 23; Parlow, 14). Ihr Röntgenblick und ihre Emotionsintensität führen dazu, dass sie enttäuschte und ablehnende Reaktionen von Mitmenschen auf ihr Anderssein viel intensiver erleben und sich dadurch leichter verunsichert und gestört fühlen (vgl. Parlow, 16f.; Sellin, 38). Bei einigen kommt es infolge des niedrigen Selbstwerts zu einem raschen Wechsel zwischen einem Sich-Geringschätzen und einem Sich-Überschätzen, und einige versinken regelmäßig alle paar Jahre in tiefe Verzweiflung und Lebenskrisen (vgl. Sand, 37 ff.; Klages, 114 f.).

Copingstrategien und Humor

Hochsensible sind jedoch ihren starken Stimmungsschwankungen und ihrer Neigung zu depressiven Verstimmungen keineswegs ohnmächtig ausgeliefert. Vielmehr entwickelte insbesondere die kognitive Verhaltenstherapie hilfreiche Methoden zur Emotionsregulation (vgl. Blach, 147; Reichhardt, 235 f.; Sand, 21; 109 ff.): Unter der Voraussetzung einer kognitiven Gefühlstheorie, dass Gefühle durch kognitive Interpretationen oder Bewertungen einer Situation konstituiert werden, lassen sie sich durch eine Veränderung dieser Gedanken bestenfalls entschärfen. Statt sich z. B. bei einer wahrgenommenen Disharmonie verrückt zu machen mit der Frage, was die Person gegen einen hat und was man falsch gemacht hat, könnte es vielleicht der Realität angemessener und psychisch entlastender sein anzuerkennen, dass sie einfach sehr gestresst und frustriert ist. Wenn man seine Stelle verliert, hat dies häufig nichts mit persönlichem Versagen oder Gerechtigkeit zu tun, sondern z. B. mit einem konjunkturellen Abschwung oder wirtschaftlichen oder gesellschaftlichen Umstrukturierungsprozessen. In der Gegenwart sind die Bedingungen jedoch so ungünstig für Hochsensible, dass sie trotz großer Anstrengungen bei der Lebensgestaltung und der Vermeidung unangemessener Deutungsmuster oft Mühe haben, ihre Stärken zur Geltung zu bringen und ein darauf gegründetes gesundes Selbstbewusstsein zu entwickeln (vgl. Kap. 4.3). Weitere Copingstrategien zur Verringerung einer hohen Vulnerabilität und zur Förderung der Resilienz etwa durch Sport oder Medikamente werden an späterer Stelle erwähnt (vgl. Kap. 4.3; 4.4). Helfen kann hochsensiblen Personen aber auch ihr sehr eigener Humor. Über Witze in geselligen Runden können sie zwar selten lachen, zumal wenn darin Menschen oder Tiere bloßgestellt oder ungerecht behandelt werden und man sich über deren Schaden freut. Viele schätzen aber Wortwitz, Ironie und leisen Sarkasmus, sind voller Selbstironie und können herzhaft über sich selbst und ihre Missgeschicke lachen (vgl. Reichardt, 44). Hinzu kommt bei mir ein sehr feines Gespür für Situationskomik in unbedeutendsten Alltagsepisoden wie z. B. in der Schlange an der Kasse im Supermarkt genauso wie in einem philosophischen Seminar, sodass ich häufig mit kleinen ironischen und überraschenden, subtil-verqueren Kommentaren wildfremde Menschen oder eifrige Seminarteilnehmer zum Lachen bringen kann. Hochsensible scheinen aufgrund ihrer anderen Weltwahrnehmung zu einem etwas «anderen» absurden, schrägen, subtilen und schwarzen Humor zu neigen (vgl. ebd.; Trappmann, 39; 73; Brackmann, 101).

Emotionale Hochsensibilität als Typus

Auch bei der emotionalen Hochsensibilität soll am Ende noch versucht werden, sich diese Ausprägung in Reinform vorzustellen, wobei diesmal v. a. von der kognitiven Komponente abstrahiert werden muss. Wie mir scheint, gelangt man dabei zum Bild eines leicht erregbaren und verletzlichen «Sensibelchens» bzw. einer «Mimose» oder «Diva», an die viele Menschen beim Ausdruck «hochsensibel» in erster Linie denken (vgl. Kap. 2.1). Solche emotional Hochsensiblen leben ganz aus ihrem Gefühl heraus und nehmen ihre innere Welt voller starker Bilder, Vorstellungen und Emotionen als «wirklich» an (vgl. Schorr 2020, 21): Ihre Phantasien und Stimmungen entwickeln eine so starke innere Kraft, dass sie mit der äußeren Realität verwechselt werden. Ein falsches Wort oder das Heraushören eines kritischen oder herabwürdigenden Untertons können dann genügen, um eine Krise oder ein emotionales Drama auszulösen. Die eigene Stimmungslage kann von einem Moment auf den anderen kippen, und das Wahrnehmen stark aufwallender eigener Emotionen führt zu unmittelbaren und heftigen Reaktionen. Sie stellen gleich all ihre Kompetenzen oder ihr ganzes Leben in Frage, zweifeln an ihrem Selbstwert oder werfen das Handtuch hin. Häufig wenden sie sich mit schweren Vorwürfen gegen außen an die Adresse der vermeintlichen Aggressoren, die als grobe, egoistische Rüpel beschimpft werden. Sie können dann selbst sehr verletzend sein und sich wie Unsensible verhalten, ohne sich ihrer Wirkungen auf andere bewusst zu sein. Dabei droht ein Realitätsverlust bzw. eine Realitätsverzerrung, weil die emotional Hochsensiblen die subjektunabhängig existierende Wirklichkeit aus dem Auge verlieren, buchstäblich die Flöhe husten hören und aus der Mücke einen Elefanten machen. Um solche Überreaktionen zu vermeiden, müsste die Vernunft zwischen Gefühl und Reaktion treten und die möglicherweise inadäquaten subjektiven Deutungen der komplexen Interaktionsprozesse kritisch prüfen. Häufig entspringen emotionale Ausbrüche früheren Verletzungen oder Traumata oder einem niedrigen Selbstwert und haben mit der aktuellen Situation wenig zu tun (vgl. Schorr 2018, 40). Emotional Hochsensible müssen also lernen, zwischen einer Reaktivierung negativer Erfahrungen aus der Vergangenheit und einer im Hier und Jetzt stattfindenden Herabwürdigung oder Verletzung persönlicher Wertvorstellungen zu unterscheiden. Wie bereits betont, sind auch sie aufgrund ihrer Vernunftfähigkeit prinzipiell in der Lage, durch geeignetes Training die Welt sachlich wahrzunehmen und situationsadäquat zu reagieren. Viele von ihnen sind sehr kontrolliert, zurückhaltend und kommunizieren am liebsten schriftlich, um starken Emotionen aus dem Weg zu gehen.

3.4 Soziale Hochsensibilität: Rückzugsbedürfnis und Unabhängigkeitsstreben

Die für Hochsensible typische Art und Weise des Wahrnehmens, Denkens und Fühlens hat auch Auswirkungen auf den sozialen Bereich. Da die meisten nervenerregenden Reize im gewöhnlichen Alltagsleben von unseren Mitmenschen ausgehen, unterscheiden sich hochsensible Menschen auch in ihren interpersonalen Beziehungen deutlich von weniger Sensiblen: Die meisten meiden größere Menschenansammlungen, haben ein ausgeprägtes RÜCKZUGSBEDÜRFNIS und brauchen viel Zeit für sich selbst (vgl. Schorr 2020, 38f.; Parlow, 90; 149; Medical Academy, 49f.). Sobald mehr als vier Personen zusammenkommen und womöglich noch durcheinanderreden, ist dies für viele Hochsensible sehr anstrengend und sie fühlen sich schnell müde, erschöpft und ausgelaugt. Wenn sie überflutet werden von all den akustischen, optischen und olfaktorischen Eindrücken, können sie nur mit großer Anstrengung den Hintergrund so weit ausblenden, um genügend Aufmerksamkeit aufzubringen und einem Gesprächsfaden halbwegs folgen zu können. Während andere sich lange vorher auf Partys oder mehrtägige akademische Kongresse freuen, stellen sie für mich jedes Mal eine Tortur dar. Manchmal kann ich mich dazu überwinden, weil es ideale Gelegenheiten zum Kennenlernen interessanter Menschen sind und akademische Stellen fast nur über das Networking an Symposien vergeben werden. Da ich aber schon beim Betreten der unbekannten Räumlichkeiten mit dem Studium der Architektur und der Einrichtungsgegenstände ziemlich absorbiert bin und nebenher noch die Menschengruppen zu sondieren versuche, droht das Gehirn angesichts der einströmenden Informationsmenge bald zu explodieren. Es dominiert mehr und mehr der eine Gedanke: «Nichts wie weg!» (vgl. dazu auch Rohleder, 29 f.; Hensel, 47). Die inneren Gegenstimmen, die dazu ermahnen, im Gedränge zielstrebig auf die wichtigen Personen zuzugehen und endlich etwas Kluges zu sagen, um die Aufmerksamkeit auf mich zu lenken, weichen dem Ringen um eine akzeptable Begründung der unaufschiebbaren Flucht. Und wieder sind keine neuen Beziehungen geknüpft! Wenn sie die meisten Einladungen zu Partys, Abendessen oder Tagungen ohnehin von vornherein absagen und lieber zuhause bleiben, wird dies Hochsensiblen fälschlicherweise oft als Ausdruck von Überheblichkeit oder gar Sozialphobie ausgelegt. Hochsensible haben aber lediglich ein Sozialleben, das sich in Umfang und Qualität vom durchschnittlichen oder normalen unterscheidet. Der Rückzug ist für sie keineswegs ein «Luxus verwöhnter Geschöpfe», sondern eine physische und psychische Notwendigkeit zur Vermeidung einer Überstimulation (vgl. Schorr 2020, 38).

Introversion versus Extraversion

Allgemein wird angenommen, dass es sich bei dem von C. G. Jung in die Persönlichkeitspsychologie eingeführten Gegensatzpaar «Introversion»/«Extraversion» um separate Wesenszüge handelt. Die Unterscheidung hilft aber gleichwohl zum Verständnis des sozialen Verhaltens hochsensibler Menschen (vgl. Trappmann, 118 f.; Reichardt, 78 f.): EXTRAVERTIERTE MENSCHEN leben aus einer positiven und unbedenklichen Haltung zur Umwelt heraus, sind gesprächig, gesellig und angepasst, reagieren unmittelbar und rasch und beziehen Anregungen und psychische Energie aus der Interaktion mit Mitmenschen (vgl. Jung, 9 ff.; 451 ff.). INTROVERTIERTE MENSCHEN hingegen haben keinen unmittelbar positiven, sondern einen vorbedenklichen, zurückhaltenden und passiv beobachtenden Bezug zur Um- und Mitwelt, versuchen sich deren Einfluss weitestmöglich zu entziehen und konzentrieren sich stattdessen auf die innere Welt ihrer Gedanken und Phantasien, von denen sie zehren und ihre Energie beziehen. Während das Leben von Extravertierten durch ihre Beziehungen zu anderen Menschen bestimmt wird und sie daher stark vom sozialen Umfeld abhängig sind, genießen Introvertierte das Alleinsein und orientieren sich nicht an äußeren, sondern inneren selbstgesetzten Kriterien und Wertmaßstäben. Nicht nur ist eine große Mehrheit, rund 70 Prozent der Hochsensiblen, introvertiert, sondern viele Hauptcharakteristika der Introversion als Persönlichkeitsdisposition wie Nachdenklichkeit, Rückzugsbedürfnis und reiches Innenleben stimmen mit denjenigen von Hochsensibilität überein (vgl. Aron 2017, 159). Diese Parallelität scheint auf die Ähnlichkeit im Nervensystem zurückzuführen zu sein, da der Persönlichkeitspsychologe Hans J. Eysenck eine neurophysiologische Erklärung für die Unterschiede Introversion/Extraversion liefert (vgl. Eysenck): Die Reizschwelle für eine Aktivierung des Neuronengeflechts im Gehirn liegt bei Introvertierten viel niedriger, sodass ihr Gehirn viel schneller aktiv wird und sie daher weniger Stimulation durch soziale und andere äußere Reize benötigen als erlebnishungrige Extravertierte. Mittels tomographischer Aufzeichnungen der durchbluteten Gehirnregionen zeigte sich später, dass Introvertierte mehr Informationen in eine Problemlösung mit einbeziehen und mehr Zeit zum Nachdenken brauchen als Extravertierte (vgl. Johnson). Sie haben genauso wie Hochsensible Mühe, viele Reize und Informationen gleichzeitig zu verarbeiten, sodass sie in Sitzungen oder Diskussionen mit mehreren Teilnehmern nicht schnell genug zu reagieren vermögen (vgl. Bergengruen, 5). Sie können hingegen Befriedigungen gut hinausschieben und an Projekten dranbleiben, die eine lange Zeit der Entwicklung benötigen (vgl. ebd., 8).

Es drängt sich angesichts dessen die Annahme auf, dass sich das Persönlichkeitsmerkmal der Extraversion bei Hochsensiblen auf die soziale Dimension beschränkt. Im Sinne der SOZIALEN EXTRAVERSION fühlen sie sich wohl in größeren Gruppen, können auch bei eher oberflächlichen Gesprächen gut entspannen und haben einen größeren Freundeskreis. Es wird vermutet, dass sozial extravertierte Hochsensible in einer großen, geselligen und liebevollen Familie oder in sicherer Nachbarschaft aufgewachsen sind und stark durch diese Erfahrungen geprägt wurden (vgl. Aron 2017, 159; Sand, 32). Auch extravertierte Hochsensible brauchen aber wegen ihrer Feinfühligkeit und Nachdenklichkeit ebenso viel Zeit und Ruhe wie Introvertierte, um ihre Eindrücke verarbeiten zu können. Sie befinden sich offenbar in einem Dilemma, weil sie zwar viel Anregung und Kontakt brauchen, aber durch den Austausch relativ schnell erschöpft sind und sich wieder zurückziehen müssen (vgl. Schorr 2018, 29). Die Wertschätzung der Grunddispositionen Introversion und Extraversion hängt genauso wie die der Hochsensibilität von kulturellen Idealen und der Mehrheit in einer Gesellschaft ab, die im Westen eindeutig extravertiert ist. In Finnland oder Japan ist Stille etwas Positives und ruhige Menschen sind angesehen, wohingegen Introvertierte in Deutschland oder noch viel mehr in den USA oft den Vorwurf hören, zu ruhig und zu sachlich zu sein und mehr aus sich selbst herauskommen zu müssen (vgl. Bergengruen, 7). Während der hochsensible Jung ein positives Bild von Introvertierten zeichnet, charakterisiert sie der eher extravertierte Eysenck negativ als unschlüssig, reserviert, schüchtern und emotional labil im Kontrast zu den offenen und emotional intelligenten Extravertierten (vgl. Parlow, 53; Stangl). Introvertierten wird genauso wie Hochsensiblen häufig zu Unrecht Schüchternheit oder sogar Sozialphobie unterstellt, weil sie ein zurückgezogenes Leben führen. Auch wenn zu beidem eine gewisse Neigung besteht, können gesunde introvertierte Menschen Sozialkontakte durchaus sehr genießen, aber eben nur in beschränktem Maß. Eine krankhafte soziale Hemmung, jemanden anzusprechen oder von jemandem etwas zu wünschen, gründet nicht in der Angst vor Überstimulation, sondern in der Angst vor sozialer Zurückweisung und geht meist auf frühere Enttäuschungserfahrungen zurück. Introvertierte sind keineswegs immer schüchtern, wie die Beispiele der Politiker Al Gore und Angela Merkel oder des Schauspielers Matthias Brandt zeigen (vgl. Bergengruen, 6). Auch ich selbst bin zwar introvertiert, kann aber angstfrei und mit großer Leidenschaft vor großem Publikum eine vorbereitete Rede oder Performance präsentieren.

Notwendigkeit eines Schutzraumes

Für Hochsensible ist es zur Vermeidung einer Überlastung wichtig, klare Grenzen eines persönlichen Schutzraumes zu ziehen (vgl. Trappmann, 227). Dies gilt insbesondere beim Zusammensein mit den sich in der Überzahl befindlichen Extravertierten, die ständig auf der Suche nach aufregenden, intensiven Reizen sind. Häufig erleben Hochsensible soziale Kontakte auch deswegen als auslaugend und ihre Mitmenschen als «Energieräuber», weil sie sich mit ihrer hohen Einfühlsamkeit ganz und gar auf ihre Gesprächspartner einlassen und sie im Innersten verstehen wollen (Sellin, 99). Während man sich in unvermeidlichen Menschenansammlungen eine Käseglocke, Blase oder Mauer um sich herum bildlich vorstellen kann, sind im Zeichen einer «Umfeldhygiene» Menschen mit offen ausgedrückter Ablehnung und anhaltend negativen Gefühlen zu meiden (vgl. Rohleder, 102). Ein weiterer Grund für klare Außengrenzen ist jedoch das starke UNABHÄNGIGKEITSSTREBEN Hochsensibler (vgl. ebd., 50f.). Traditionell vorgesehene starre Paarbeziehungen, in denen man die ganze Freizeit als Pärchen verbringt und den Partner für jeden Alleingang um Erlaubnis bitten muss, wären für mich allzu beengend. Hochsensible scheinen eine Vorliebe für Wochenendbeziehungen, getrennte Wohnungen oder zumindest eigene Rückzugsräume zu haben (vgl. Hensel, 150ff.). Auch wenn der Wunsch nach getrennten Schlafzimmern in anderen Beziehungen ein Alarmsignal darstellt, kann es bei hochsensiblen Paaren eine Voraussetzung für langfristige Harmonie sein (vgl. Parlow, 176). Ihr Bedürfnis nach Rückzug und Autonomie wird fälschlicherweise oft als mangelnde Liebe oder Desinteresse an der Partnerschaft interpretiert (vgl. Schorr 2020, 39). In Nahbeziehungen zu anderen hochsensiblen Menschen mit ähnlichem Aktivitätsniveau ist zwar das alltägliche Konfliktpotential geringer und es entstehen tiefe Gefühle der Verbundenheit und Seelenverwandtschaft. Aber auch eine Beziehung mit einem so widerstandsfähigen, frustrationstoleranten und freiheitsliebenden Partner wie meinem eigenen bringt viele Vorteile mit sich, indem sich die unterschiedlichen Stärken in vielen Bereichen ergänzen (vgl. Aron 2013, 197ff.). Einige Hochsensible entscheiden sich wie ich bewusst gegen Familie mit Kindern, weil es dann mit Ruhe und Rückzug vorbei wäre und eine 24-stündige Hingabe an ein hilfloses Wesen erforderlich wäre. Hochsensible Mütter kommen rasch an ihre Belastungsgrenzen, fühlen sich in die Enge getrieben oder werden völlig aus der Bahn geworfen (vgl. Schorr 2020, 40; Parlow, 177; Sand, 101ff.). Statt an der eigenen Liebesfähigkeit zu zweifeln, sollte versucht werden, möglichst viel Unterstützung durch den Partner oder Außenstehende zu bekommen.

Qualität statt Quantität

Das Bedürfnis nach Sozialleben der meisten Hochsensiblen lässt sich auf die knappe Formel bringen: Qualität statt Quantität (vgl. Parlow, 158; Aron 2017, 159; Medical Academy, 9)! Ich staune immer wieder, wie sich extravertierte Menschen mit den verschiedensten Menschen anfreunden und in der Freizeit ständig Leute treffen, die nach ihren eigenen Angaben alle irgendeine Saite in ihnen zum Klingen bringen. Denn ich selbst fand seit meiner Kindheit stets nur ganz wenige Vertraute, was mir allerdings wie den meisten introvertierten Hochsensiblen im Grunde auch reicht (vgl. Reichardt, 78; Trappmann, 118; Sellin, 146). Da diese engen Freunde oft weit entfernt wohnen, telefonieren, skypen oder treffen wir uns in ruhigen Lebensphasen manchmal nur einmal jährlich, um sämtliche Veränderungen in zwei Stunden gemeinsam durchzusprechen und kritisch zu beleuchten. In solchen intensiven und tiefgründigen existentiellen Gesprächen geht es nicht um Dinge oder Vorgänge auf dieser Welt, sondern um ganz persönliche Erfahrungen und Erkenntnisse, die aktuelle Lebenssituation und die eigene Grundeinstellung zum Leben und zur Welt. Durch das aktive Zuhören und wechselseitige Nachfragen und Kommentieren werden bestenfalls auf beiden Seiten persönliches Wachstum und innere Reifung angestoßen. Stellt sich in einer Freundschaft infolge auseinanderdriftender biographischer Entwicklungen und Wertorientierungen eine Entfremdung ein und geht ein bestimmter Grad an Intensität und Tiefe verloren, ist dies für mich ein Grund für einen Kontaktabbruch. Wenn introvertierte Hochsensible aufgrund ihres Sozialverhaltens als Einzelgänger oder Außenseiter gelten, weil sie nicht überall mitmachen, sondern den größten Teil der Zeit allein verbringen, lässt sich dies also nicht immer auf die schnelle Überreizbarkeit zurückführen. Hochsensible stellen an sich selbst und an andere oft sehr hohe Ansprüche, die schwer zu erfüllen sind und bisweilen zu einem problematischen, respektlosen Verhalten gegenüber ihren Mitmenschen und zu verletzenden Beziehungsabbrüchen führen (vgl. Schorr 2020, 36 ff.). Je intensiver die Erfüllung in sozialen Beziehungen mit tiefen Gesprächen und echtem Interesse aneinander erlebt wird, desto mehr scheinen die Ansprüche an die Kommunikationspartner zu steigen. Es könnte aber auch der Aphorismus des Sonderlings Arthur Schopenhauer etwas Wahres treffen, der das Verhältnis eines Menschen mit einer «überwiegenden Nerventätigkeit» zu seinen Mitmenschen so charakterisiert: Je mehr jemand «an sich selber hat, desto weniger er an ihnen finden kann» (53).

Während also Hochsensible qualitativ hochwertige Dialoge sehr schätzen, fühlen sie sich mit Ausnahme der extravertierten Minderheit unwohl in größeren Gruppen. Wenn die Gespräche dann nicht in Zweiergespräche zerfallen oder strukturiert geführt werden, sondern alle Anwesenden um Aufmerksamkeit heischen, ist dies selbst vielen extravertierten Hochsensiblen ein Gräuel (vgl. Parlow, 158). Es kommt dabei nämlich weniger darauf an, was gesagt wird, sondern dass etwas gesagt wird und dass es möglichst unterhaltsam und witzig zum Besten gegeben wird. Viele Hochsensible hegen eine tiefe Abneigung gegen den sogenannten Smalltalk, empfinden diese Art Kommunikation bisweilen als reine Zeitverschwendung und werden mit zunehmender Dauer innerlich immer verzweifelter und frustrierter (vgl. ebd., 159; Reichardt, 50; Schorr 2020, 52). Sobald ich über ein angeschnittenes Thema wie z. B. Ernährung, Urlaub oder neuste Kinofilme zu reflektieren begonnen habe und nach einem passenden Moment für meinen Redebeitrag suche, ist die Runde längst beim nächsten Thema angelangt. Meist geht es ohnehin um für mich Belangloses wie Autos, neuste Handymodelle oder Erziehungsfragen. Introvertierte Hochsensible fühlen sich selten so einsam, fremd und innerlich leer wie an sogenannten Massenveranstaltungen mit substanzlosem Geplauder, sodass sie nach außen entsprechend hölzern und angespannt wirken. Es gelingt mir einfach nicht, an der Oberfläche zu bleiben und zu allem locker etwas einzuwerfen, sondern ich beginne in völliger Selbstverständlichkeit immer gleich nachzufragen und nachzubohren – was in gewissen Kontexten als völlig unpassend empfunden wird. Die Strategien des verabscheuten Smalltalks und Networkings zu erlernen kann sich gleichwohl für einen gezielten Einsatz lohnen, weil sie je nach Tätigkeitsbereich für ein berufliches Fortkommen unerlässlich sind (vgl. Aron 1999, 148 f.; Parlow, 190). Denn nur wer mit möglichst vielen Menschen in Kontakt steht, wird zum richtigen Zeitpunkt am richtigen Ort sein und Karriere machen. Die verkürzte Formel «Qualität statt Quantität» meint also konkret: Je kleiner die Gruppe, desto größer ist die Chance, ein für alle lohnenswertes gemeinsames Gesprächsthema zu finden und vertiefen zu können, und desto geringer ist gleichzeitig die Gefahr einer Überforderung durch zu viele Reize. Anders als die Mehrzahl der Menschen sind Hochsensible sehr gerne allein, ohne sich dabei einsam zu fühlen, fühlen sich aber oft sehr einsam unter vielen Menschen. Man sollte sich daher von niemandem einreden lassen, man sei «nicht richtig verankert» in der Welt und habe es versäumt, einen richtigen Freundeskreis aufzubauen.

Introvertierte und extravertierte soziale Hochsensibilität als Typen

Da die große Mehrheit der Hochsensiblen introvertiert ist, wird auch ihr Sozialleben viel häufiger thematisiert als dasjenige extravertierter Hochsensibler. Es fällt nicht schwer, sich Extremformen sozialer Introversion wie Einzelgänger und Sonderlinge vorzustellen. Häufig scheint bei diesem Typus eine besondere Ausprägung im kognitiven Bereich vorhanden zu sein, weil auch z. B. die in Kapitel 3.2 geschilderten Typen eines zerstreuten Professors, Masterminds oder Computer-Spezialisten bestens in diese Kategorie passen. Es zählen aber auch andere in höchstem Maß idealistische und unpraktische Typen dazu wie «Ethiker», «Humanisten» oder «Lyriker» (vgl. Skarics, 181; 184). Sie alle sind auffallend nachdenklich, reserviert, sprechen leise, öffnen sich nur ganz wenigen Menschen und drücken sich am liebsten schriftlich aus. Sie sind extrem sensibel und fühlen sehr tief und beißen sich gerne an langfristigen Projekten fest, die ihnen als sehr wertvoll erscheinen, helfen aber auch anderen gerne als typische «Berater» (vgl. ebd., 181). Im Gegensatz dazu sind Menschen vom Typus sozialer Extraversion viel stärker nach außen orientiert, gesprächiger, geselliger und angepasster, haben weniger Mühe mit Smalltalk und sind häufig ausgesprochen gute Unterhalter. Sie sind sehr offen, spontan, neugierig, charmant und optimistisch, knüpfen leicht neue Kontakte und fühlen sich anderen Menschen schnell persönlich verbunden (vgl. ebd., 196; 199). Anders als die am liebsten allein arbeitenden Introvertierten blühen sie auf in einem Team mit anderen kreativen Menschen, und Beziehungen zu anderen Menschen genießen in ihrem Leben einen hohen Stellenwert. Als Idealisten sprühen sie genauso wie introvertierte vor originellen Ideen und verstehen es, mit ihrer gewinnenden, enthusiastischen und mitreißenden Art und ihren außerordentlichen kommunikativen Fähigkeiten überall Harmonie zu schaffen. Hier trifft man daher auf den Typus des geborenen «Diplomaten», auch «Mentor» oder «Optimist» genannt (vgl. ebd., 196). Die Gefahren bei diesem Typus liegen zum einen darin, dass Entscheidungen spontan und unüberlegt auf der Grundlage ihrer Gefühle gefällt werden, sie schlecht Prioritäten setzen können und sich leicht an verschiedene Projekte oder Unternehmungen verzetteln. Zum anderen birgt ihr großes Harmoniebedürfnis die Tendenz, Konflikte um jeden Preis zu vermeiden und Probleme unter den Teppich zu kehren (vgl. ebd., 198). Im Unterschied zu introvertierten Hochsensiblen kämpfen sie auch mit dem

Dilemma, dass sie zwar viele soziale Kontakte und Aktivitäten in der Außenwelt brauchen und Beziehungen und Familie für sie sehr wichtig sind, sie aber gleichwohl schnell erschöpft und ausgelaugt sind.

3.5 Motivationale Hochsensibilität: Selbständigkeit und intrinsische Motivation

Neben den sensorischen, kognitiven, emotionalen und sozialen Dimensionen des menschlichen Lebens lässt sich außerdem noch eine motivationale unterscheiden, die sich auf die Handlungsbereitschaft der Menschen bezieht. Der Sammelbegriff MOTIVATION meint die zu Investitionen und Aktivitäten antreibende Ausrichtung des Lebensvollzugs auf einen als positiv bewerteten Zielzustand (vgl. Rheinberg, 13). In der Motivationspsychologie werden zwei Phasen dieses Aktivierungsprozesses unterschieden: In der «motivationalen Phase» werden die spontan auftauchenden persönlichen Wünsche auf ihre Realisierbarkeit und die zu erwartenden Folgen ihrer Realisierung geprüft. Demgegenüber geht es in der darauffolgenden «volitionalen (willentlichen) Phase» nach dem Entschluss zu einem bestimmten Ziel um die Umsetzung dieser Absicht oder Intention in Handlungen (vgl. ebd., 168 f.). Die bisherigen Ausführungen insbesondere zur kognitiven Hochsensibilität und zur Introversion lassen vermuten, dass die Motivation zum Aktivwerden in der Außenwelt bei Hochsensiblen durchschnittlich schwächer ausgeprägt ist als bei weniger Sensiblen (vgl. Kap. 3.3; 3.4). Denn sie sind grob vereinfacht «Denker», die in Möglichkeiten denken, im Unterschied zu den «Praktikern», die in Fakten denken (vgl. Reichardt, 38 f.): Hochsensible haben eine stark ausgeprägte Vorstellungskraft oder produktive Phantasie (vgl. Hensel, 57; Sand, 25; Parlow, 36). Robert Musil spricht in seinem Hauptwerk *Der Mann ohne Eigenschaften* von einem «Möglichkeitssinn». Im Unterschied zu Menschen mit einem ausgeprägten «Realitätssinn» interessieren sie sich weniger dafür, wo was geschieht, sondern für das, was geschehen könnte oder sollte. Sie kommen häufig auf innovative Ideen, sei es z. B. der Ausbau eines unbenutzten Dachbodens oder das Entwerfen eines Theaterstücks. Dabei sehen sie sofort den idyllisch eingerichteten Dachboden oder die komplette Inszenierung des Theaters auf der Bühne plastisch und in bunten Farben vor sich, erleben die Hochgefühle bei der Zielerreichung und sind hochmotiviert. Beim Schwärmen für den imaginierten Idealzustand verlieren die Denker oder Phantasten aber leicht den Boden der Tatsachen aus den Augen und bleiben bei wonnevollen Träumen oder Gedankenspielereien. Wenn sie in praktischen Angelegenheiten wie z. B. dem Ausbauprojekt die erforderlichen mühseligen Schritte zur Zielerreichung und den enormen zeitlichen und finanziellen Aufwand gewahr werden, bricht die Motivation rasch in sich zusammen. Aus dem Wunsch wird also häufig kein Ziel mit konkreten Handlungsstrategien, sodass auf die Motivationsphase keine Volitionsphase folgt.

«Denker» statt «Macher»

Viele Hochsensible verfügen aber nicht nur über eine schöpferische Phantasie, die sie leicht in einen Zustand der Erfüllung versetzt und dadurch ihre Handlungsbereitschaft vermindert. Die sich in der großen Mehrzahl befindlichen Introvertierten haben wie gesehen einen genuin vorbedenklichen und passiv beobachtenden Bezug zur Außenwelt, sodass sie nicht wie Extravertierte unmittelbar aus einer positiven Einstellung in die Welt hineinwirken (vgl. Kap. 3.4). Während Extravertierte durch ein starkes Verhaltensaktivierungssystem zum Zugehen auf Dinge und Personen angetrieben werden, ist die Handlungsmotivation bei introvertierten Hochsensiblen durch ein dominantes Verhaltenshemmsystem gedämpft (vgl. Aron 2017, 16 f.; Parlow, 65 f.). Es handelt sich um eine Art Frühwarnsystem, das Menschen wachsam und vorsichtig macht und nach der Devise «Stopp und schau!» spontanes, unbekümmertes Handeln verhindert. Nach Aron lassen sich die Menschen entsprechend in zwei sehr unterschiedliche Arten einteilen: in die auf Expansion, Macht und Ruhm ausgerichteten «kriegerischen Könige» einerseits und die «priesterlichen Ratgeber» andererseits, die über die Beweggründe der Krieger und Führer nachdenken und sich um Gerechtigkeit und das Wohl der Menschen sorgen (vgl. ebd., 46 f.). Hochsensible sind ihr zufolge besonders geeignet für die zweite Rolle der Berater, z. B. als Historiker, Philosophen, Richter, Therapeuten oder Lehrer. Sie sind das Gegenteil von Machern, die Dinge aggressiv, unerschrocken und ohne Zögern in die Hand nehmen, reagieren defensiv und entsprechen eher dem Bild eines Tagträumers. Wie fast alle Hochsensiblen berichten und ich aus eigener Erfahrung bestätigen kann, kehrt sich allerdings das Verhältnis der beiden motivationalen Typen in Extremsituationen um (vgl. Parlow, 102 f.; Sellin, 116; Trappmann, 276): In akuten Krisen- oder Gefahrensituationen geraten diejenigen, die im Alltag viel entscheidungsfreudiger und handlungsfähiger sind, an die Grenzen ihrer psychischen Belastbarkeit und laufen wie aufgeschreckte Hühner durcheinander. Die sonst im Hintergrund stehenden stillen Bedenkenträger jedoch sind plötzlich wie ein Fels in der Brandung und behalten den Durchblick. Sie übernehmen sogar spontan die Führungsrolle, um die anderen zu den erforderlichen Maßnahmen anzuleiten und ihnen Trost zu spenden. Dieses scheinbar gefühlskalte rationale Funktionieren lässt sich womöglich darauf zurückführen, dass Hochsensible auch im Alltag mit viel stärkeren Emotionen und Belastungssituationen zu kämpfen haben (vgl. Trappmann, 277). Nachdem die Krise überstanden ist, erfolgt dann allerdings der totale Zusammenbruch.

Die Handlungsbereitschaft von Hochsensiblen ist aber nicht nur durch die geistige Überaktivität und ein Verhaltenshemmsystem im Gehirn herabgesetzt, sondern auch durch die ständige sensorische und emotionale Überstimulation. Wie erläutert sind ihre Energiespeicher aufgrund der intensiveren Eindrücke und ihrer tieferen Verarbeitung schnell leer, sodass sie nicht mehr zu klaren Entscheidungen und zielgerichtetem Handeln in der Lage sind (vgl. Kap. 3.1; 3.2). Um ihre Handlungsfähigkeit aufrechtzuerhalten, brauchen sie viele Ruhepausen und Auszeiten zur Reizverarbeitung. Vor einer anspruchsvollen Tätigkeit wie z. B. einem Seminar oder einer Theatervorstellung muss ich mich schon Tage davor zurückziehen und Konzentration sammeln. Dasselbe gilt auch für allfällige Pausen zwischendurch, in denen ich mich eher auf der Toilette einschließe, als mit den anderen Kaffee zu trinken. Das Gehirn von Hochsensiblen kann immer nur für kurze Zeit Höchstleistungen vollbringen und ist für Dauerbelastungen ungeeignet (vgl. Rohleder, 137). Zwischen zwei «Außeneinsätzen» muss ich entsprechend zwei Wochen Erholungszeit einplanen, wodurch mein Spielraum an Handlungsmöglichkeiten drastisch eingeschränkt ist. Dies liegt allerdings auch an meinen erheblichen Schlafproblemen, die unter Hochsensiblen häufig vorkommen und das allgemeine Aktivitätsniveau und Motivationspotential natürlich zusätzlich heruntersetzen (vgl. Aron 2017, 49; 54 f.; Parlow, 49 f.): Überstimulation führt bei vielen zu quälender Schlaflosigkeit, weil man physisch zwar völlig erschöpft ist, aber das Cortisol einen wach hält und der

Kopf ohne Unterbruch all die Eindrücke und emotionalen Spannungen verarbeiten muss. Unwillkürlich tauchen immer wieder starke Bilder auf und ich sehe mit einem Mal ganz konkret vor mir, was ich in einer misslichen Lage hätte tun oder lassen sollen. Zudem versetzt jedes Geräusch wie Schnarchen, Türeschließen oder Vogelzwitschern meinen Körper wegen der niedrigen Reizschwelle endgültig in Alarmzustand. Von Dauer und Ausmaß der Stressphase hängt auch die äußerst schwer zu ertragende «vegetative Phase» danach ab, in der ich buchstäblich herumvegetiere und höchstens zu Routinearbeiten oder leichter Lektüre in der Lage bin (vgl. Sand, 55). Das Gehirn arbeitet aber an solchen motivationalen Tiefpunkten auf bewusster und v. a. unbewusster Ebene sehr viel, sodass die Zeit so gesehen nicht völlig verloren ist. Manchmal sehe ich inmitten eines quälenden nächtlichen Hin- und Herwälzens oder am Morgen danach plötzlich eine Lösung für ein Problem, eine umfassendere Gesamtinterpretation oder kreative Ideen für neue Projekte vor meinen Augen, mit denen ich am nächsten Tag weiterarbeiten kann.

Notwendigkeit günstiger Arbeitsbedingungen

Hochsensible Menschen sind infolgedessen mehr als widerstandsfähige auf günstige Arbeitsbedingungen angewiesen, um eine hohe Arbeitsmotivation aufrechtzuerhalten, d. h. um ohne Ablenkung und mit ganzem Einsatz ihre Ziele erreichen zu können (vgl. Kap. 4.5). Aufgrund ihrer sensorischen Hochsensibilität brauchen sie erst einmal einen ruhigen, reizarmen Arbeitsort. Das Arbeiten in Großraumbüros mit künstlicher Beleuchtung, verschiedenen Gerüchen und akustischer Dauerbelästigung durch Stimmengewirr, Kopiergeräte, Klimaanlagen etc. wird ihnen hingegen rasch zur Qual (vgl. Parlow, 191 ff.; Reichardt, 157 ff.). Schon lange Arbeitswege können sie überfordern, sowohl in öffentlichen Verkehrsmitteln mit dem ganzen Gedränge und Lärm in den Menschenmassen als auch im eigenen PKW wegen der raschen Folge optischer Reize vorbeiflitzender Fahrzeuge. Ideal ist stattdessen Heimarbeit im Homeoffice oder als Freelancer, weil viele introvertierte Hochsensible wie ich in Ruhe und Einsamkeit am produktivsten sind. Von Pablo Picasso ist die Äußerung überliefert: «Ohne Einsamkeit lässt sich nichts vollbringen. Ich habe um mich herum eine Einsamkeit geschaffen, die niemand je ahnen würde» (nach Klages, 109). Werden Hochsensible jedoch ständig durch Konferenzen, Meetings oder Anrufe aus ihrer Arbeit herausgerissen und sollen sich immer wieder rasch auf neue Aufgaben einstellen, werden sie fahrig, vergesslich und verwirrt. Genauso ist es für viele eine Belastung, am Arbeitsplatz als Teil eines sozialen Gefüges all die Launen und zwischenmenschlichen Spannungen zu registrieren und in einer konfliktgeladenen Atmosphäre arbeiten zu müssen. Während Wettbewerbssituationen, Anfeuern unter Kollegen oder die Aussicht auf Belohnungen normalsensible Mitarbeiter zu besseren Leistungen motivieren mögen, dämpfen oder lähmen sie die Arbeitsmotivation Hochsensibler. Unter Kontrolle von außen durch Vorgesetzte oder Kollegen leisten diese weniger als beim Halten an der langen Leine, weil sie allein schon durch das Beobachtetwerden unkonzentriert werden (vgl. Parlow, 204; Reichardt, 169). Unter Zeit- und Leistungsdruck verlieren sie schnell den Halt und reagieren mit heftigen Emotionen wie Angst oder Verzweiflung (vgl. Medical Academy, 43). Ihre Motivation ist also da am größten, wo viele andere in Trägheit und Faulheit versinken würden: in einem möglichst ruhigen, selbstkontrollierten Umfeld ohne Aufsicht und Termindruck (vgl. Parlow, 54; 192).

Intrinsische versus extrinsische Motivation

Genauso wie die Konzepte Introversion und Extraversion aus der Persönlichkeitspsychologie viel zum Verständnis des sozialen Verhaltens von Hochsensiblen beitragen, hilft die Unterscheidung zwischen «intrinsischer» und «extrinsischer Motivation» aus der Motivationspsychologie zum Verständnis ihrer motivationalen Grundeinstellung. Zwar kann sich die Motivlage bei allen Menschen je nach situativem Kontext ändern, und wie bei allen Typologien lassen sich auch die Motivtypen im Einzelfall unterschiedlich kombinieren. Auch ist davon auszugehen, dass die meisten Menschen grundsätzlich beide Anreiztypen berücksichtigen. Gleichwohl scheint es individuelle Vorlieben für die intrinsische oder extrinsische Motivation zu geben, die über verschiedene Situationen hinweg zeitlich relativ stabil bleiben (vgl. Rheinberg, 18; 134): EXTRINSISCH MOTIVIERTE (1) werden aufgrund äußerer Anreize aktiv, weil sie sich von der Tätigkeit gewisse Belohnungen erhoffen oder aber drohende soziale Sanktionen vermeiden wollen. INTRIN-

SISCH MOTIVIERTE (2) hingegen handeln aus innerem Antrieb und ziehen aus der Tätigkeit oder Aufgabe selbst ihren Gewinn. Bei beiden Motivationstypen lassen sich nochmals zwei Arten von Motivationsquellen a) und b) unterscheiden, wobei die zweite sich jeweils eher auf das Selbstverständnis der Personen bezieht. Damit ergeben sich vier Motivationsformen, die im Folgenden kurz erläutert und auf ihre Bedeutung im (Arbeits-)Leben hochsensibler Personen hin beleuchtet werden.

1) Extrinsische Motivation

Bei der extrinsischen Motivation, abgeleitet vom englischen «extrinsic»: «äußerlich, nicht wirklich dazugehörend», hat die Handlung als bloßes Mittel zur Zielerreichung mit dem dabei anvisierten Ziel thematisch nichts zu tun. Dieser Zweck wird einer Handlung vielmehr «äußerlich» hinzugefügt und steht in einer willkürlichen Beziehung zu ihr (vgl. Rheinberg, 134; 136).

1a) Instrumentelle Motivation

Die häufigste Form der extrinsischen Motivation ist die instrumentelle Motivation (1a), bei der man sich von einer Handlung bestimmte konkrete Vorteile oder Belohnungen erhofft. Extrinsisch Motivierte arbeiten, weil sie dafür einen Lohn bekommen oder sie sich davon eine Beförderung auf der Karriereleiter versprechen. Meist geht es um materielle Anreize, häufig aber auch um die Ausweitung der Macht (Machtmotiv). Bei vielen Hochsensiblen ist eine solche extrinsische instrumentelle Motivation eher schwach ausgeprägt, weil für sie die Frage nach dem Sinn einer Arbeit viel wichtiger ist (vgl. unten). Sie streben häufig weder nach höherer Bezahlung noch nach der Erlangung hochrangiger Positionen (vgl. Rohleder, 101; Hensel, 187). «Karriere» im Sinne des Erklimmens einer vorgezeichneten Laufbahn hat für sie im Gegenteil beinahe etwas Anrüchiges (vgl. Parlow, 194). Einige leiden sogar unter Erfolgsangst, weil sie die vielen mit einer Karriere verbundenen schwer absehbaren Veränderungen in ihrem Leben genauso wie den steigenden Erwartungsdruck von außen fürchten. Bei Job-Angeboten ist das Gehaltsniveau oft ein nachrangiges Kriterium, weshalb manche bei Bewerbungen oder Engagements nicht einmal nach Gehalt oder Honorar fragen und in Preisverhandlungen von vornherein das Minimum akzeptieren (vgl. ebd., 193; 213f.). Als freischaffende Philosophin und Künstlerin gehöre ich zur

Gruppe der freiwilligen Selbstbegrenzer oder modernen Asketen, die in selbstgewählter Bescheidenheit «von nichts» leben und sich an die Devise eines zeitgenössischen Musikers halten: «Das Einkommen ist nicht eine Frage der Einnahmen, sondern der Ausgaben». Beliebte Fragen von außen wie «Kann man denn von Philosophie leben?» oder «Ist Philosophie für Dich Arbeit oder Hobby?» befremden mich, weil dabei quantitative materielle Maßstäbe im Vordergrund stehen. Wenn angesichts des hohen ideellen Werts eines philosophischen Buchs als Resultat jahrelanger Arbeit nach dem materiellen Gewinn gefragt oder gar mein Stundenlohn errechnet und mit demjenigen einer Putzfrau verglichen wird, erscheint mir dies als kleinlich und deplatziert. Natürlich kenne ich wie alle Menschen ohne festes Einkommen und ohne Sicherheitsnetz Existenzängste, und nach Schätzungen leidet ein großer Teil der Hochsensiblen unter ihrer Armut und einem unsicheren Lebensunterhalt (vgl. ebd., 209). Es sind vielfach hochqualifizierte Fachleute, Künstler oder Berater, die sich wie ich den Arbeitsbedingungen in den ursprünglich angestrebten Berufen nicht gewachsen fühlen und sich über Jahre oder Jahrzehnte vergeblich abstrampeln, um sich über Wasser zu halten.

1b) Externes Selbstverständnis

Die zweite Motivationsquelle innerhalb der extrinsischen Motivationsform betrifft das externe Selbstverständnis, das sich vorwiegend an äußeren gesellschaftlichen Bewertungsmaßstäben und Idealvorstellungen orientiert: Bei allem Tun verfolgen extrinsisch Motivierte das Ziel, die Anforderungen und Rollenerwartungen in ihrem sozialen Umfeld zu erfüllen und Lob, Anerkennung oder Wertschätzung zu bekommen. Als Mitglied z. B. eines Orchesters oder einer Mannschaft wollen sie ihren Beitrag zum Gelingen der gemeinsamen Sache oder der kollektiven Zielsetzungen leisten. Anstelle des Machtmotivs wie bei der instrumentellen Motivation steht hier das Zugehörigkeitsmotiv im Vordergrund. Insbesondere introvertierte hochsensible Menschen sind jedoch eher Einzelkämpfer als Teamplayer, weil sie ihre Probleme nicht primär im Austausch mit anderen, sondern durch eigenes Nachdenken und Recherche lösen (vgl. Kap. 3.4; Trappmann, 120 f.). Gemäß der in der Forschung zurzeit dominierenden Belohnungstheorie sprechen

Introvertierte generell viel weniger auf Belohnungen an, weshalb sie unabhängiger sind von sozialer Anerkennung (vgl. Bergengruen, 8 f.). Das Zugehörigkeitsmotiv dürfte bei ihnen daher eine untergeordnete Rolle spielen. Nichtsdestotrotz brauchen natürlich auch sie ein gewisses Maß an sozialer Anerkennung, um das positive Selbstwertgefühl und den Glauben an den Wert des eigenen Schaffens auf lange Sicht nicht zu verlieren. Ideal für mich und andere mir bekannte Hochsensible ist eine kontinuierliche begleitende Unterstützung langfristiger Projekte durch eine oder mehrere selbst ausgewählte qualifizierte und geschätzte Personen, die in regelmäßigen Abständen z. B. einzelne Kapitel begutachten und mit konstruktiver Kritik voranbringen. Die meisten Hochsensiblen interessieren sich aber nicht dafür, wer der Beste ist, sodass es für sie kein motivationaler Anreiz darstellt, sich mit anderen zu messen und der Beste sein zu wollen. Es fehlen den meisten Kampfgeist und Ellenbogenmentalität und viele haben eine wettbewerbsfeindliche Einstellung, sodass ihnen in Wettbewerbssituationen wie z. B. denjenigen um die wenigen freiwerdenden Philosophieprofessuren rasch die Motivation abhanden kommt (vgl. Reichardt, 179; Hensel, 187; Sellin, 25). In der Berufswelt können sie sich nicht dazu überwinden, um der Karriere oder sozialer Belohnung willen bei Machtkämpfen, strategischen Spielchen oder unehrlichen Selbstdarstellungen mitzumachen (vgl. Rohleder, 130 ff.).

2) Intrinsische Motivation

Bei der intrinsischen Motivation, abgeleitet vom englischen «intrinsic»: «innerlich, eigentlich, wahr», stimmt das Ziel der Handlung thematisch mit der Handlung überein. Anders als bei extrinsischem Handeln ist das Ziel also weder zeitlich noch kausal vom Tätigkeitsvollzug abgetrennt und ihm «äußerlich», sondern liegt «innen» in der Tätigkeit selbst oder ist ihr «inhärent» (vgl. Rheinberg, 138 f.; 141 f.). Allerdings gibt es verschiedene Deutungsweisen dessen, was genau dabei «innen» sein soll. Wenn eine Person «intrinsisch» oder «aus eigenem Antrieb» handelt, kann entweder gemeint sein, dass sie die Tätigkeit um ihrer selbst willen ausführt oder dass sie bei der Tätigkeit bestimmte selbstgesetzte Ziele oder persönliche Ideale verwirklicht. Diese Aspekte schließen einander freilich nicht aus, weil das Ziel der Handlung auch beim Verwirklichen eigener Idealvorstellungen im sukzessiven Handlungsvollzug realisiert wird und die Handlung insofern einen Selbstzweck darstellt. Genau gesehen liegen auch bei den meisten um ihrer selbst willen ausgeführten Tätigkeiten wie beim Musizieren, Wandern, philosophischen Nachdenken oder moralischen Handeln meist konkrete Ziele wie ein Konzert, ein Wanderziel, eine philosophische Abhandlung oder ein moralisch besserer Endzustand vor. Diese Ziele stehen durchaus abtrennbar am Ende des Prozesses und könnten deswegen als «extrinsisch» wahrgenommen werden. Solange dieses Resultat aber von gleicher Art ist wie die Tätigkeiten selbst und z. B. das Musizieren oder Wandern durch bestimmte Zielsetzungen sogar erst ermöglicht oder intensiviert wird, behalten sie ihren intrinsischen Charakter. Das Üben und das Spazieren verlieren daher ihren Wert auch nicht, wenn das Konzert ausfällt oder die Wanderung wegen Unwetters abgebrochen werden muss. Bei einem weiten Verständnis von «intrinsisch» im Sinne von «tätigkeitszentrierter Motivation» im Gegensatz zur «zweckorientierten Motivation» darf das Ergebnis des Handelns durchaus einen Anreiz ausüben, sodass die Aktivität nicht rein um ihrer selbst ausgeführt werden muss. So wird auch ein Leistungshandeln «intrinsisch» genannt, wenn es dabei vorwiegend um das Lösen einer Aufgabe oder das Erproben und Verbessern der eigenen Kompetenzen geht. Während sich extrinsisch Motivierte wie von außen gesteuert vorkommen, fühlen sich intrinsisch Motivierte selbstbestimmt und autonom (vgl. ebd., 140). Während für Hochsensible wie erwähnt die extrinsische Motivation eine untergeordnete Rolle spielt, arbeiten sie am liebsten selbstmotiviert bzw. intrinsisch motiviert (vgl. Parlow, 203; Hensel, 190).

2a) Prozessmotivation

Bei der Prozessmotivation als der ersten Quelle intrinsischen Handelns kommt die Motivation aus einer bestimmten Tätigkeit oder Aufgabe heraus. Ein regelmäßiges Gehalt oder das Vorhandensein einer Nachfrage auf dem Arbeitsmarkt reichen für die Arbeitsmotivation von Hochsensiblen meist nicht aus, sondern sie müssen die Tätigkeit selbst als sinn- und wertvoll erachten (vgl. Parlow, 202; Reichardt, 169; Trappmann, 77). SINN in einer normativ-wertenden Bedeutung kommt einer Tätigkeit immer dann zu, wenn sie auf ein wertvolles, lohnenswertes Ziel ausgerichtet ist (vgl. Fenner 2007, 83 f.). Wenn Hochsensible nicht vom Wert einer Arbeit überzeugt sind, wird ihnen eine berufliche Beschäftigung auf Dauer unerträglich (vgl.

Skarics, 98). Routinearbeiten oder sich wiederholende, auf die immergleichen Ziele ausgerichtete Arbeitsabläufe fühlen sich für viele wie Frondienst an (vgl. Hensel, 188). Da sie alles im größeren Zusammenhang betrachten, sollte eine wertvolle Aufgabe zudem in einen größeren Kontext eingebettet sein und möglichst die ganze Menschheit bzw. grundlegende menschliche Bedürfnisse betreffen (vgl. Parlow, 202; Skarics, 184). In dieser globalen Perspektive verfolgen viele Hochsensible z. B. bei helfenden, pädagogischen oder beratenden Tätigkeiten humanistische Ideale oder Ziele wie diejenigen, das Leid der Menschen zu mindern bzw. ihr Leben oder ihre Lebensbedingungen zu verbessern oder für soziale Gerechtigkeit zu kämpfen (vgl. Aron 2017, 199; Hensel, 201; Rohleder, 178). Andere Hochsensible verschreiben sich der Kunst und hoffen, auf eher indirekte Weise zu mehr Menschlichkeit beizutragen (vgl. Kap. 4.1). Viele beißen sich förmlich fest an lohnenswerten Zielen und handeln aus Begeisterung für die Sache selbst, ohne nach Vorteilen und Belohnungen zu fragen (vgl. Trappmann, 122; 125). Bei einer solchen Prozessmotivation mit einem vollständigen Aufgehen oder Versinken in der Tätigkeit erfahren hochsensible Menschen häufig auch Flow, geraten also in einen Zustand eines zeitlosen, beglückenden Fließens (vgl. Trappmann, 160). Äußere Bedingungen für das Flow-Erleben sind v. a. das Vorliegen klarer, herausfordernder, aber mit ganzer Kraft gerade noch erreichbarer Ziele und unmittelbarer Rückmeldungen über ihre sukzessive Realisierung (vgl. Rheinberg, 142 ff.; Csikszentmihalyi, 74 f.). Hochsensible mit ihrem Sinnbedürfnis, ihrer Kreativität, hohen Aufmerksamkeit für Feinheiten und großer Freude an unmittelbaren Erlebnissen scheinen prädestiniert zu sein, das Ziel einer Tätigkeit selbst zu sehen und sich dieser um ihrer selbst willen hingeben zu können, sodass sie möglicherweise leichter Erfüllung oder Flow erfahren (vgl. Skarics, 211).

2b) Intrinsisches Selbstverständnis

Die zweite Motivationsquelle intrinsischen Handelns betrifft das intrinsische Selbstverständnis, das sich im Unterschied zum extrinsischen stark an internen Wertmaßstäben orientiert. Quelle der Motivation ist dann nicht die zu bewältigende Aufgabe, sondern die Person selbst, die ihre persönlichen Werte und Ziele verwirklichen will. Da auch die Prozessmotivation (2a) wie gesehen vom Handelnden selbst als wertvoll erachtete Ziele voraussetzt und diese meist Teil ihres Selbstverständnisses sind, vermischen sich allerdings die Motive. Hochsensible brauchen Sinn und Stimmigkeit auch nach innen, d. h. die Tätigkeit muss im Einklang stehen mit den persönlichen Werten und ethischen Überzeugungen (vgl. Skarics, 117). Die meisten Hochsensiblen suchen nicht nach einem Beruf, sondern nach ihrer BERUFUNG, d. h. einer Tätigkeit, die ihre «Bestimmung» ist und für die sie sozusagen geboren sind (vgl. ebd., 10; Aron 2016, 161; Reichardt, 172; Trappmann, 247). Oft ringen sie sich erst in der zweiten Lebenshälfte zu einer Art Befreiung durch, in der sie sich lossagen von allen äußeren Erwartungshaltungen und Vorstellungen von außenorientiertem Erfolg. Sie stellen sich dann grundsätzliche Fragen wie: «Was tue ich in der Welt?», «Wozu bin ich da?», «Was ist der Sinn meines Lebens?» (Parlow, 207; vgl. Aron 2017, 190). Dabei geht es ihnen mehr um persönliches Wachstum und Entfaltungsmöglichkeiten als um materiellen Gewinn und Aufstiegsmöglichkeiten (vgl. Böttcher, 245; 248 f.; Hensel, 187). Im Zentrum steht somit die Wachstumsmotivation, d. h. die Entfaltung angeborener Entwicklungspotentiale, Fähigkeiten und Talente im Sinne bestmöglicher Reifung und Bildung der Persönlichkeit (vgl. Fenner 2007, 39; 93 f.). Bei der Verfolgung sinnhafter Lebensziele möchten viele Hochsensible ihre Kreativität einfließen lassen und die Originalität ihrer Ideen zum Ausdruck bringen können (vgl. Skarics, 182; 185). Wo die Erfüllung einer sinnvollen Lebensaufgabe viel Raum für Selbstgestaltung und Weiterentwicklung der eigenen Kompetenzen lässt, stellt sie zugleich auch eine Selbstverwirklichung dar. Viele Hochsensible erleben am meisten Erfüllung, wenn sie dank ihrer Phantasie und Kreativität in typischen «schöngeistigen» selbstverwirklichenden Berufen als Künstler, Erfinder oder Wissenschaftler ohne äußeren Druck etwas Eigenes entwickeln und schaffen können (vgl. Rohleder, 162 ff.; Aron 2017, 197). Anstelle des Macht- und Zugehörigkeitsmotivs dominiert bei dieser Motivationsquelle das Leistungsmotiv, sofern «Leistung» als Verwirklichung eigener Ideen oder Bestätigung der eigenen Talente oder kontinuierliche Kompetenzerweiterung verstanden wird.

Vermutlich liegt unter Hochsensiblen der Prozentsatz derjenigen, die in ihrem Beruf unglücklich sind, noch höher als unter Normalsensiblen. Denn sie leiden aufgrund ihres Sinnbedürfnisses viel stärker darunter, nicht ihre Berufung gefunden zu haben und einer Beschäftigung nachgehen zu müssen, die ihrem Wesen und ihren Werten nicht entspricht (vgl. Skarics, 9). Viele

Berufswege sind sehr steinig und einige Hochsensible sind Wanderer, die immer wieder Ausbildung, Beruf oder Arbeitsstelle wechseln und das ganze Leben lang nach dem richtigen Beruf suchen (vgl. Reichardt, 170; Parlow, 183; Schorr 2020, 48). Dies liegt zum einen daran, dass sie häufig ein sehr breites Interessenspektrum und viele Talente haben, eher Generalisten als Spezialisten sind und von ihrem starken Wissensdrang und ihrer Neugierde zum Fortschreiten angetrieben werden. Zum anderen klaffen persönliche Ideale und Wirklichkeit oft extrem weit auseinander, sodass die Enttäuschungserfahrungen groß sind. Dies gilt insbesondere für pädagogische und helfende Berufe, auch wenn z. B. die Pflege kranker Menschen eine enorm wichtige und sinnvolle Arbeit darstellt. In einem Krankenhaus oder Pflegeheim können die starren Hierarchien, die viel zu eng bemessenen Zeitstrukturen und die durchgetakteten Abläufe mit viel Bürokratie dazu führen, dass sich der eigentlich «ideale» Beruf nach ein paar Jahren wie Frondienst anfühlt (vgl. Schorr 2020, 51). Bei den erwähnten schöngeistigen selbstverwirklichenden Berufen hingegen besteht das große Problem darin, dass es sich meist um «brotlose Künste» handelt. Obwohl seit Aristoteles die große Bedeutung vollzugsorientierter Tätigkeiten für ein gutes und glückliches Leben bekannt ist, werden sie daher meist auf den Freizeitbereich zurückgedrängt. Zudem weisen introvertierte Hochsensible nach Jungs Beschreibung einen so eklatanten Mangel an praktischen Fähigkeiten und eine so große Abneigung gegen Reklame auf, dass sie ihre Produkte einfach in die Welt setzen und sich dann ärgern, wenn sich das Wahre, Gute oder Schöne nicht selbst den Weg bahnt und Anerkennung findet (vgl. Jung, 525)! Obwohl sich viele Hochsensible nach leidvollen und stressigen Erfahrungen im «normalen» Arbeitsleben für die Selbständigkeit entscheiden und sich z. B. als Coach, Trainer oder Dozent selbständig machen, kann dies leicht am mangelnden Profit- und Machtstreben und dem Unterschätzen des großen Anteils an Selbstvermarktung im Wettbewerb scheitern (vgl. Skarics, 202 f.; Schorr 2020, 54 f.). Die freie Gestaltung der Arbeitszeit, Arbeitsbedingungen und Kooperationsbeziehungen und die hochmotivierte Umsetzung ihrer kreativen Ideen und Visionen entsprächen hingegen optimal dem Wesen Hochsensibler.

Gewissenhaftigkeit und Perfektionismus

Da Hochsensible meist sehr reflektiert, selbstkritisch und intrinsisch motiviert sind, legen sie häufig eine bemerkenswerte Gründlichkeit und Gewissenhaftigkeit an den Tag (vgl. Sand, 22 f.; Hensel, 57; Rohleder, 47 ff.). Sie wollen ihre Arbeit unter allen Bedingungen gut machen und haben ein ausgeprägtes Pflichtbewusstsein, wobei sie sich an ihren eigenen Wertmaßstäben und hohen ethischen Idealen orientieren (vgl. Kap. 3.3). Dank ihrer differenzierten Beobachtungsgabe verfügen sie über eine hohe Fehlersensibilität bzw. einen Blick für Fehler sowohl bei sich selbst als auch bei anderen und ärgern sich meist maßlos über Inkorrektheiten (vgl. Parlow, 41 f.; Hensel, 190; Schorr 2018, 87). In einem Team, in Meetings oder einem Orchester erscheint ihre große Vorsicht und Sorgfalt den anderen bisweilen als überkritisch, unsinnig oder pedantisch, wenn sie wieder einmal alles kritisch in Frage stellen und überall Risiken, Fehler, Probleme oder Verbesserungsmöglichkeiten entdecken. Sie neigen auch zum Perfektionismus in einem negativen Sinn, weil ihre kaum erfüllbaren hohen Standards zu großen Selbstzweifeln bis hin zur totalen Verzweiflung führen und die Handlungsfähigkeit blockieren können (vgl. Hensel, 190; Parlow, 48; Reichardt, 46). Indem sie nach Fehlerfreiheit und Vollkommenheit streben, sind sie aber häufig auch übermotiviert und messen ihre Arbeit möglicherweise an viel höheren Qualitätsstandards als ihre Arbeitgeber. Weil sie sich schnell für Probleme und Missstände zuständig fühlen, übernehmen sie häufig Aufgaben, die mit ihrer Arbeit eigentlich nichts zu tun haben oder die von den zuständigen Personen nicht mit gleicher Gewissenhaftigkeit erledigt würden (vgl. Sellin, 137; Kap. 3.3). Bei wissenschaftlichen und kreativen Einzelprojekten oder sonstiger selbständiger Arbeit kann diese Gründlichkeit von großem Vorteil sein und zu eigenständigen, herausragenden Resultaten führen. In den von Hochsensiblen sehr häufig gewählten betreuenden, helfenden oder beratenden Berufe nehmen sie aber häufig die Nöte der Hilfsbedürftigen so intensiv wahr und vergleichen die Missstände mit ihren abstrakten Idealen, dass sie sich verausgaben und bei einem Vollzeitjob in diesen Bereichen noch viel gefährdeter für ein Burnout sind als andere (vgl. Reichardt, 168; Aron 2017, 199; Hensel, 185). Aber auch die in hohem Maße selbstbestimmte und intrinsische selbständige Tätigkeit birgt die große Gefahr, dass sie übermotiviert oder aus Angst vor dem wirtschaftlichen

Bankrott insbesondere in den Anfangsjahren buchstäblich «selbst und ständig» arbeiten und Arbeit und Freizeit zusammenfallen (vgl. Hensel, 223).

4 Sollen sich Hochsensible der Gesellschaft anpassen oder umgekehrt?

Die detaillierten Erörterungen der verschiedenen Dimensionen von Hochsensibilität in Kapitel 3 haben den Eindruck bestätigt, dass hochsensible Menschen für eine immer lautere, grellere und hektischere Welt schlechter gerüstet sind als weniger sensible: Sie haben in modernen, auf Effizienz und Produktivität hin ausgelegten Leistungsgesellschaften einen schweren Stand. Als Grundlage für die philosophischen Reflexionen in diesem Kapitel sollen hier nochmals die auffallendsten Persönlichkeitseigenschaften von Menschen mit der charakterlichen Grunddisposition Hochsensibilität zusammengefasst werden, die beim Bemühen um eine erfolgreiche Anpassung an die modernen Arbeits- und Lebensbedingungen zum Hindernis werden können. Dabei wird davon abstrahiert, dass die Schwerpunkte der einzelnen Hochsensiblen teilweise in verschiedenen Bereichen liegen und daher nicht alle in vergleichbaren Situationen unter den gleichen Schwierigkeiten oder Einschränkungen leiden:

1. Hochsensible sind sehr geräuschempfindlich und auch durch andere sensorische Reize wie grelles Licht oder starke Gerüche schnell überstimuliert, werden dann fahrig, verwirrt und unkonzentriert und geraten mehr und mehr in einen Zustand nervlicher Erschöpfung.

2. Ständig suchen sie nach der bei ihnen sehr schmalen Spanne des optimalen Erregungsniveaus zwischen Übererregung und Langeweile und benötigen für die Verarbeitung intensiver Erfahrungen lange Ruhe- und Auszeiten.

3. Um überhaupt konzentrations- und arbeitsfähig zu sein, sind sie auf Stille und speziell bei der Arbeit auf ein Einzelbüro oder Heimarbeit angewiesen, ohne permanente soziale Ablenkung und Kontrolle und schnel-

len Wechsel zwischen verschiedenen Anforderungen, mit möglichst wenig Termin- und Leistungsdruck.

4. Konkurrenzdenken, Ellenbogenmentalität, strategische Machtkämpfe und Selbstdarstellungen sind den meisten zuwider und verzehren rasch ihre ganze Energie, weshalb viele in Wettbewerbssituationen versagen.

5. Sozial gesehen erleiden viele in größeren Menschenansammlungen rasch eine Reizüberflutung und haben daher ein starkes Bedürfnis nach Rückzug, Unabhängigkeit und Alleinsein, wobei die 70% der introvertierten Hochsensiblen ungesellig ist und Smalltalk verabscheut.

6. In emotionaler Hinsicht sind sie leicht irritierbar, verwundbar und beeinflussbar, fühlen insbesondere bei negativen Stimmungen anderer zu stark mit und haben Probleme mit der Abgrenzung.

7. Hochsensible sind sehr selbstkritisch, neigen zu Selbstzweifeln und haben häufig einen geringen Selbstwert, weil sie im Vergleich mit Normalsensiblen viel weniger belastbar und leistungsfähig sind und unter ihrem Anderssein, dem Nichtverstandenwerden und der sozialen Ausgrenzung leiden.

8. Aufgrund ihrer geringen Belastbarkeit führen Druck und Erwartungshaltungen von außen schneller zu Stress und Ängsten, sodass sie häufiger Symptome wie Muskelverspannungen, Migräne, psychosomatische Beschwerden wie Essstörungen oder Tinnitus sowie psychische Störungen wie Angsterkrankungen, Depressionen oder Burnouts entwickeln.

9. Da sie sich über alles viele Gedanken und Sorgen machen, Vorhaben stets kritisch hinterfragen und bis in die letzten Konsequenzen durchdenken und auf Risiken prüfen, gelten viele als kompliziert, zögerlich, entscheidungsschwach, übervorsichtig und unflexibel.

In Kapitel 4 wird zu klären versucht, ob sich Hochsensible trotz dieser Eigenheiten an die gegebenen Bedingungen einer für sie ungünstigen Umwelt und einer auf Flexibilität, Belastbarkeit, Schnelligkeit und äußere Leistungen ausgerichteten modernen Gesellschaft anpassen können und ob sie dies überhaupt tun sollen. Es wird zwar in der Literatur über Hochsensibilität häufig behauptet, die Menschheit oder insbesondere moderne Gesellschaften «brauchen» hochsensible Personen. Diese Behauptung gilt es aber erst einmal genauer zu prüfen, indem die einzelnen Argumente für diese These kritisch analysiert werden (Kap. 4.1). Im nächsten Schritt wird nach der ethischen Legitimität des sozialen Anpassungsdrucks gefragt, der auf hochsensible Individuen meist in Unkenntnis ihrer Veranlagung ausgeübt wird. Die dabei als Bewertungsmaßstab dienenden gesellschaftlichen Normalitätsstandards, Menschenbilder und Glücksvorstellungen sind nämlich wie in Kapitel 2 bereits erwähnt grundsätzlich kritisierbar und rechtfertigungspflichtig (Kap. 4.2). Diese Überlegungen führen direkt zur Anschlussfrage, ob Hochsensible unter den für sie ungünstigen Umweltbedingungen mit einem enorm beschleunigten Arbeits- und Lebenstempo überhaupt glücklich werden können. Von welchen inneren und äußeren Faktoren hängt es ab, dass es den Einzelnen besser oder schlechter gelingt, sich an die Bedingungen der Moderne anzupassen (Kap. 4.3)? Medizinisch gesehen ließe sich vielleicht ähnlich wie bei ADHS ein Psychopharmakon zur Beeinflussung der normabweichenden Konzentration der Neurotransmitter im Gehirn hochsensibler Menschen entwickeln, um ihnen auf diese Weise gleiche Startbedingungen und damit gleiche Chancen auf Glück oder Wohlergehen zu ermöglichen. Ob eine solche Therapie überhaupt wünschbar ist oder was dagegenspricht, müsste aber bereits *vor* der Entwicklung einer sogenannten Anti-Hochsensibilitäts-Pille öffentlich diskutiert werden (Kap. 4.4). Statt die hochsensiblen Individuen an die modernen Lebens- und Arbeitsbedingungen anzupassen und möglicherweise dann nicht mehr von ihren spezifischen Stärken profitieren zu können, ließe sich auch eine Veränderung der Um- und Mitwelt in Erwägung ziehen: Was könnte die Gesellschaft aus Gründen der Gerechtigkeit ganz konkret für die bessere Inklusion von Hochsensiblen tun – um damit möglicherweise für alle Menschen menschenwürdigere Bedingungen zu schaffen (Kap. 4.5)?

4.1 Braucht die Gesellschaft Hochsensible?

Der Büchermarkt wird derzeit überschwemmt von einer Flut an Lebenshilfe- und Ratgeberliteratur von hochsensiblen Autoren für hochsensible Leser, in der implizit oder explizit diese Frage stets dezidiert bejaht wird: Ja, die Gesellschaft oder «die Welt» braucht uns Hochsensible mit unserer hohen Empfindlichkeit (vgl. Parlow, 78; Sellin, 18)! Denn – so lautet die allgemeinste und gängigste Begründung – Hochsensibilität ist eine gute und wertvolle Veranlagung, «die für alle von Nutzen ist», also für das einzelne Individuum genauso wie für die gesamte Gattung Mensch (Aron 2016, 12;

vgl. Schorr 2020, 11). Nun besteht natürlich die genuine Aufgabe solcher Ratgeber oder entsprechender Coaching-Angebote in der Anleitung ihrer Zielgruppen, besser mit dem eigenen Leben und den je spezifischen Anlagen zurechtzukommen und bestenfalls ein gutes und glückliches Leben führen zu können. Grundlegende Voraussetzung für eine gelingende Lebensgestaltung ist es aber zweifellos, seine eigene, genetisch bedingte und nur in Grenzen veränderbare psychische Disposition anzunehmen. Neben praktischen Tipps zum Umgang mit Hochsensibilität geht es daher bei all dieser programmatischen Hilfe zur Selbsthilfe zunächst einmal darum, die eigene Wesensart besser zu verstehen und anzunehmen und ihr gegenüber darüber hinaus sogar dankbare Achtung und Wertschätzung zu entwickeln (vgl. Parlow, 12; Medical Academy, 1 f.; Sand, 13). Auf diese Weise sollen Hochsensible mehr Selbstvertrauen und ein größeres Selbstbewusstsein erlangen. Dies wiederum soll dazu verhelfen, die Potentiale hoher Sensibilität ausschöpfen und die eigenen Ressourcen optimal nutzen zu können (vgl. Schorr 2020, 35). Statt kontraproduktiv bei den mit einer hohen Sensibilität verbundenen Nachteilen verhaftet zu bleiben, soll man sich auf seine mannigfaltigen Stärken besinnen (vgl. Skarics, 149). Nicht anders als in den meisten gegenwärtig auf den Markt drängenden Titeln und Beratungsangeboten zur Selbstoptimierung wird für ein positives Denken und ein optimistisches Selbstverhältnis geworben und daran appelliert, aus sich selbst und seinem Leben das Beste zu machen.

Genau besehen kann die Gesellschaft also von hochsensiblen Menschen nur diejenigen «brauchen», die beim individuellen Projekt der Selbstoptimierung erfolgreich sind. Entsprechend wird die These vom allgemeinen Nutzen von Hochsensiblen bisweilen präzisiert: Ein Nutzen für die Gesellschaft ergebe sich erst dann, wenn sich das einzelne Individuum mit seinem Wesenszug aussöhnt und die nützlichen Seiten der hohen Empfindlichkeit erkennt und in sein Leben integriert (vgl. Schorr 2020, 11). Wenn dies hochsensiblen Menschen trotz oder gerade wegen ihrer neurologisch bedingten Grunddisposition gelingt, könnten sie «stolz sein» auf die eigenen Begabungen und «das Wunder, was man ist» (vgl. Aron 2017, 49; Medical Academy, 2). Der Ball wird damit also gewissermaßen den Hochsensiblen selbst zugeworfen, die durch positives Denken und eine geeignete Lebensgestaltung ihren Nutzen für die Gesellschaft unter Beweis stellen sollen. Auch seien sie selbst schuld an dem einseitigen und ungünstigen Bild von nicht belastbaren, fragilen und instabilen «Sensibelchen» in der Öffentlichkeit, sodass sie dieses Zerrbild jetzt korrigieren und andere Menschen von den Stärken dieser Veranlagung überzeugen müssten (vgl. Schorr 2018, 11; 15). Diese Position und Vorgehensweise ist zweifellos insofern gut begründet und sinnvoll, als individualethisch gesehen das Jammern über unveränderliche dispositionale Nachteile das eigene Unglück nur vergrößert. Zudem sollten sich sozialethisch gesehen alle Gesellschaftsmitglieder um eine gelingende gesellschaftliche Integration bemühen, die wiederum eine Voraussetzung für ein gelingendes und glückliches Leben darstellt. Da es sich aber beim vorliegenden Buch nicht um einen Ratgeber für Hochsensible handelt, liefert es keine konkreten Rezepte, wie die Einzelnen ihre Potentiale optimal entfalten und am besten zum Nutzen der Gemeinschaft beitragen können. Vielmehr soll auf einer abstrakt-allgemeinen Ebene geklärt werden, inwiefern denn gerade Hochsensible mit Blick auf die in Kapitel 3 erläuterten typischen Wesenszügen für die (moderne) Gesellschaft unverzichtbar sein sollen. Die Frage, ob die Gesellschaft Hochsensible braucht, wird in diesem Kapitel also aus einem Erkenntnisinteresse heraus und möglichst unvoreingenommen, ergebnisoffen und unprätentiös gestellt, ohne z. B. aus pragmatischen Gründen auf mehr Mut und Selbstbewusstsein hochsensibler Menschen abzuzielen. Methodisch werden die häufigsten Argumente, die zur Stützung der These in der Sachbuch- und Lebenshilfeliteratur angeführt werden, mit philosophischen Mitteln der Reflexion und Begriffsanalyse auf ihre Konsistenz, logische Folgerichtigkeit und ungenannten Hintergrundannahmen hin untersucht.

Argument der Natürlichkeit von Hochsensibilität

Die Frage, ob die Gesellschaft bzw. die Menschheit Hochsensible braucht, wird häufig ganz allgemein mit einem Verweis auf die Natur bejaht. Dabei steht der Begriff der «Natur» im allgemeinen Sprachgebrauch für alles, was nicht vom Menschen hervorgebracht wurde und ohne Zutun des Menschen im Rahmen der Naturgesetze geschieht. Das NATÜRLICHKEITS-ARGUMENT besagt, dass sich das von Aron in ihren Untersuchungen ermittelte und seither in der Literatur weithin übernommene Verhältnis von 15–20 Prozent Hochsensiblen und 80–85 Prozent weniger Sensiblen in über 100 verschiedenen Gattungen als evolutionär sinnvoll erwiesen hat (vgl. Aron 2017, 33; Böttcher, 20). Wenn nicht nur bei den Menschen, sondern auch bei allen höheren Tierarten wie etwa Mäusen, Katzen, Hunden, Pferden und Affen ein derart hoher Prozentsatz hochsensibel ist, könne es nicht sein, dass so viele Nervensysteme von Natur aus «falsch», fehlerhaft oder genetisch defekt sind (vgl. Aron 2017, 12). Vielmehr wird daraus der scheinbar untrügliche Schluss gezogen, dass dieser Anteil an Hochsensiblen der Gattung «nützt», und zwar «in vielen verschiedenen Situationen» (vgl. Parlow, 73; Schorr 2020, 11). Worin genau und in welchen Situationen dieser evolutionäre Nutzen bestehen soll, wird bei dieser evolutionistischen Argumentationsstrategie nur vage angedeutet und geht in die Richtung des Seismographen-Arguments, das weiter unten zur Diskussion steht: Hochsensible Tiere seien für das Überleben und die Orientierung einer Herde wichtig, weil sie Gefahren wie Unwetter oder Erdbeben viel früher voraussehen oder Wasserstellen leichter aufspüren können (vgl. Böttcher, 21). Dieses Erklärungsmodell ist allerdings nur auf Herdentiere anwendbar, nicht aber beispielsweise auf Katzen, die als Einzelgänger oder in polygamen Familienverbänden leben (vgl. Parlow, 73). Die Gefahren der heutigen globalisierten, hochkomplexen menschlichen Zivilisation scheinen ohnehin von ganz anderer Art zu sein als die eben geschilderten Probleme im unmittelbaren Umgang mit der Natur. Meist dürfte für ihre Voraussage mehr Expertenwissen als intuitiver Spürsinn vonnöten sein, sodass die Übersetzbarkeit des Arguments in die Moderne fraglich ist. Teilweise wird denn auch eingestanden, dass wir «leider noch nicht wissen», worin genau der Nutzwert von hochsensiblen Lebewesen besteht und wieso sich dieser Prozentsatz eingependelt hat (vgl. ebd., 67).

Wie bereits an früherer Stelle angemerkt, gibt es aber auch Zweifel an der hohen Prozentzahl von 15–20 Prozent hochsensibler Menschen, die von Aron und ihrem Mann anhand der von ihr entwickelten «Highly Sensitive Person Scale» gemessen wurde (vgl. Kap. 1). Diese Zahlenangaben müssten also zunächst auf einer rein deskriptiven Ebene in repräsentativen Bevölkerungsstichproben empirisch überprüft werden (vgl. Blumentritt, 144). Unterzieht man Natürlichkeits-Argumente einer philosophisch-ethischen Analyse, erweisen sie sich auf einer normativen Ebene generell als sehr schwache oder ungültige Argumente. Um schwache Argumente handelt es sich, sofern der Naturbegriff normativ aufgeladen wird wie bei metaphysischen Kosmos- oder Schöpfungsvorstellungen. Obschon in der neueren Naturethik immer noch zahlreiche idealisierende Naturmetaphern z. B. von der Natur als «natürlichem Gleichgewicht» oder einer auf ein Ziel hin geordneten («teleologischen») sinnvollen Ordnung anzutreffen sind, ist der seit Galilei und Kepler vorherrschende entmystifizierte neuzeitliche Naturbegriff mit dem Verständnis der Natur als normativer Maßstab kaum vereinbar. Denn sachlich und nüchtern betrachtet ist die Natur keineswegs an sich gut oder gerecht, sondern konfrontiert unschuldige Menschen und Tiere immer wieder mit gewaltigen Naturkatastrophen oder Pandemien wie die aktuelle Corona-Pandemie und ließ beispielsweise in den Eiszeiten ganze biologische Arten aussterben. Zudem herrschen in der Natur evolutionäre Gesetze wie das Prinzip des Fressens und Gefressenwerdens, das Recht des Stärkeren und ein Gleichgewicht des Schreckens, die in ihrer Brutalität wenig gemein haben mit einem Garten Eden oder einer gerechten Naturordnung. Nur weil etwas «natürlich» ist, ist es also noch lange nicht «gut», wie etwa auch durch Giftstoffe in der Tier- und Pflanzenwelt oder Pädophilie unter Menschen klar widerlegt wird. Eine Identifikation von «evolutionär nützlich» und «gut» ist aber bereits aus rein formallogischen Gründen unzulässig und wird in der Ethik als naturalistischer Fehlschluss gebrandmarkt. Dabei werden nämlich die empirisch-deskriptive und die normativ-wertende Ebene vermischt, die in der neuzeitlichen Ethik streng auseinanderzuhalten sind (vgl. Fenner 2020, 128 f.): Nach George Moore ist es logisch unzulässig, eine empirische Eigenschaft wie «evolutionär nützlich» mit der ethischen Eigenschaft «gut» gleichzusetzen.

Eine konkretere Ausgestaltung des Natürlichkeitsarguments besagt, die Diversität der Arten sei für das ökologische Gleichgewicht gut und die Verschiedenheit der Mitglieder innerhalb einer Art für die jeweilige Art nützlich. Es wird davon ausgegangen, dass «jede natürlich vorkommende Variante des Gehirns und des Nervensystems für eine bestimmte Umgebungsbedingung optimal» ist (vgl. Böttcher, 22). Nützlich sei die Vielfalt, insofern die verschiedenen Qualitäten oder Persönlichkeitstypen das Überleben der Art sichern, eine Bereicherung und gegenseitige Ergänzung darstellen und eine breite Palette von gesellschaftlichen Nischen abdecken können (vgl. ebd.; Specht, 70). Mit dem Schlagwort der Biodiversität als genetische Vielfalt innerhalb von Arten sowie von Arten im Ökosystem wird gegenwärtig in vielen öffentlichen Diskussionen für den Schutz der Natur geworben. Dabei gilt die biologische Artenvielfalt als ein Wert an sich. Dies ist aber genau genommen nicht der Fall, weil nicht alle Arten erwünscht sind und einen bedeutsamen Beitrag zur Erhaltung des Ökosystems leisten. Zu denken ist z. B. an Krankheitserreger wie die sich in der aktuellen Pandemie über den Globus verbreitenden Corona-Viren mit ihren vielfältigen Mutationen. Gleichwohl wird aus biologischer Sicht argumentiert, dass eine möglichst breite Vielfalt an Arten und Genen ganz allgemein eine bessere Grundlage für Anpassungsfähigkeit darstellt und damit das Risiko des Aussterbens minimiert. Übertragen auf gesellschaftliche Gruppen scheint es in ähnlicher Weise plausibel zu sein, dass bei verschiedenartigen und z. B. auch unterschiedlich sensiblen Menschen die Fähigkeit der gesamten Gruppe steigt, unterschiedliche Situationen und Aufgabenstellungen zu bewältigen (vgl. Skarics, 155). Analog zur Biodiversität in umweltethischen Debatten gewinnt daher in der Unternehmenskultur das Schlagwort der Diversität immer mehr an Bedeutung. Aber auch hier wäre im Einzelfall empirisch zu prüfen, welche Unterschiede z. B. in Herkunft, kulturellem Hintergrund, Erfahrungen, Qualifikationen etc. für die Bewältigung bestimmter Problemstellungen wünschbar und welche vielleicht eher hinderlich sind für die Zusammenarbeit. In Bezug auf die hier im Fokus stehenden hochsensiblen Menschen müsste also geklärt werden, für welche Aufgaben in welchen Kontexten Hochsensible mehr oder anderes einbringen können als Normalsensible. Das Natürlichkeits- bzw. Diversitäts-Argument allein ist zu schwach und zu vage, um die Nützlichkeit verschieden sensibler Menschen für die Gesellschaft begründen zu können.

Argument der Einzigartigkeit jedes Menschen

In vielen populären Sachbüchern und Ratgebern findet man neben dem Hinweis auf die «Natürlichkeit» dieses Merkmals noch eine andere pauschale Rechtfertigung der Bedeutung und Daseinsberechtigung Hochsensibler. So heißt es etwa ganz allgemein: «Jeder Mensch ist ein Original, einzigartig und wundervoll» (Hensel, 11). Und schon etwas spezifischer an Hochsensible adressiert liest man: «Ihr Merkmal macht Sie wirklich einzigartig» (Aron, 35). Es könnte hinter solchen Äußerungen zur Einzigartigkeit jedes Menschen oder speziell der Hochsensiblen eine konservative oder religiöse Grundeinstellung zum Menschen und zum Leben stehen, wie sie auch in der

Selbstoptimierungsdebatte bei Gegnern dieses gesellschaftlichen Trends häufig zum Ausdruck kommt (vgl. Fenner 2019, 325): Menschen sollen ihre je einzigartigen Muster von angeborenen Eigenschaften und Dispositionen in Demut und Dankbarkeit anerkennen und schätzen lernen, statt sie perfektionieren und im Wettstreit mit anderen Menschen verbessern zu wollen. Plausibel sind solche Argumente aber nur vor dem Hintergrund metaphysischer Vorstellungen von der Welt als strukturierter kosmischer oder göttlicher Ordnung, die an sich schon vernünftig und sinnvoll ist und jedem Ding und jedem Menschen seinen Platz und seine Aufgabe im Kosmos zuweist. In modernen säkularen Gesellschaften lehnen jedoch viele Menschen eine religiöse Gesamtinterpretation der Welt und einen von außen vorgegebenen normativen Orientierungsrahmen für das menschliche Handeln ab, weil ihnen der Glaube an metaphysische Instanzen fehlt. In das von mir aus der Stadtbibliothek ausgeliehene Exemplar von Ulrike Hensels Buch über Hochsensibilität hat denn auch ein kritischer Leser den oben zitierten Satz, jeder Mensch sei einzigartig und wundervoll, mit Bleistift unterwellt und am Rande hingekritzelt: «Hitler?». Die Einzigartigkeit von Menschen ist also sicherlich kein brauchbares Kriterium, um die Bedeutsamkeit oder Unverzichtbarkeit von einzelnen normabweichenden Individuen für die Gesellschaft auszuweisen. Aron relativiert ihre oben zitierte optimistische Aussage über die Einzigartigkeit von Hochsensiblen denn auch an späterer Stelle: «Ich hoffe, dass Sie Ihre Sensibilität mittlerweile in einem positiven Licht sehen. Am besten betrachtet man diesen Wesensvorzug als neutral. Er wird erst dann zum Vor- und Nachteil, wenn man in ganz bestimmte Lebenssituationen gerät» (2017, 37).

Argument konkreter Stärken hochsensibler Personen

Nachdem die beiden allgemeinen Argumente der Natürlichkeit und Einzigartigkeit in ihrer Pauschalität nicht zu überzeugen vermochten, muss der Fokus auf die spezifische Eigenart von Hochsensiblen gelegt werden: Eine allgemeine Beantwortung der Frage, wieso die Gesellschaft gerade hochsensible Menschen besonders braucht, erfordert die Nennung spezifischer wertvoller Charaktereigenschaften oder Vorteile von Hochsensiblen. Rückblickend seien daher hier nochmals die markantesten Stärken oder Befähigungen hochsensibler Personen zusammengetragen, die in Kapitel 3 neben den Schwächen und Nachteilen beschrieben wurden (vgl. dazu auch Aron 2017, 35 f.; Hensel, 57 f.):

1. In hinreichend ruhiger Umgebung sind sie höchst aufmerksam und konzentriert, können detailgenau beobachten und haben einen Sinn für Ästhetik.

2. Kognitiv Hochsensible sind zu einem tiefgründigen, komplexen Denken fähig, sehen alles aus verschiedenen Perspektiven und in einem größeren Zusammenhang und können sich rasch einen umfassenden Überblick über verwickelte Situationen verschaffen oder Unstimmigkeiten in einem System erkennen.

3. Ihr großenteils unbewusstes und auf verschiedenen Ebenen ablaufendes Denken verhilft ihnen zu hoher Kreativität, immer neuen Ideen und Intuitionen, sodass Hochsensible oftmals originelle Sichtweisen entwickeln und innovative Lösungsansätze entdecken.

4. Hochsensible sind wissbegierige, vielseitig interessierte und oft auch vielseitig begabte Generalisten und bleiben bis ins hohe Alter lernfreudig, weshalb sie sich immer neue Wissensgebiete und Tätigkeitsbereiche erobern.

5. Sie arbeiten gewissenhaft, pflichtbewusst und gründlich, sind sprachgewandt und haben eine große Fehlersensibilität und hohe Ansprüche an die Qualität ihrer Arbeit.

6. Emotional Hochsensible sind sehr empathisch und verständnisvoll, «saugen» die Gedanken- und Gefühlswelt anderer Menschen wie ein Schwamm in sich auf, können als Friedensstifter zwischen zerstrittenen Parteien vermitteln und damit integrativ und ausgleichend wirken.

7. Typischerweise orientieren sie sich an hohen ethischen Idealen wie Humanität, Gerechtigkeit und Wahrheit, fühlen sich deswegen rasch für Vorgänge und Konflikte in ihrem Umfeld zuständig, übernehmen soziale Verantwortung und sind Lastenträger.

8. Hochsensible können sich dank ihrer lebhaften Vorstellungskraft die vielfältigen weitreichenden Konsequenzen eines (in Erwägung gezogenen) Handelns bildlich vergegenwärtigen, sodass sie oft Gefahren und Risiken vorhersehen können.

9. Mit ihrem Denken und Empfinden vom großen Ganzen her sind sehr viele Hochsensible auf einen transzendenten, spirituellen Bereich ausgerichtet, wobei einige von ihnen sogar hellfühlige Propheten und Warner sind.

Diese Fähigkeiten und Eigenschaften sind sicherlich bemerkenswert und vermitteln einen vagen Eindruck vom möglichen gesellschaftlichen Nutzen von Hochsensiblen: Gewissenhaftes, gründliches und pflichtbewusstes Arbeiten (Punkt 5) ist zweifellos in der Arbeitswelt überall willkommen, solange es nicht in einen Perfektionismus mit einem übertriebenen Fehlervermeidungsverhalten mündet und infolgedessen Arbeitsabläufe verlangsamt oder blockiert (vgl. Kap. 3.5). Allerdings ist hier wie bei den anderen «Stärken» sehr fraglich, ob sie exklusiv nur bei Hochsensiblen vorliegen und die Gesellschaft deswegen Hochsensible «braucht». Die meisten anderen Fähigkeiten wie beispielsweise die genaue Beobachtungsgabe, die Fähigkeit zur Analyse komplexer Systeme oder die Sprachgewandtheit zählen zu den sogenannten *soft skills* oder *soft factors*, die schwer messbar und quantifizierbar sind und erst allmählich von immer differenzierteren, bei der Personalauswahl verwendeten Persönlichkeitstests erfasst werden können (vgl. Skarics, 45). Dies ist ein plausibler Grund dafür, dass die Qualitäten von Hochsensiblen in der modernen Arbeitswelt bislang kaum wahrgenommen werden. Kreativität und Innovativität sind jedoch in vielen Berufen z. B. in der Wissenschaft, Computertechnologie, Kommunikations- und Medienbranche und nicht zuletzt im Kunstbereich unverzichtbar, welcher beim letzten «Argument besonderer Fähigkeiten im Kunstbereich» ins Zentrum rücken wird (vgl. unten). Selbst in diesen kreativen Berufen muss die Begabung zum kreativen Finden von Ideen oder innovativen Lösungen aber wohl nur in einem bestimmten hinlänglichen Maß vorhanden sein und kann weniger Sensiblen sicherlich nicht pauschal abgesprochen werden.

Wenn behauptet wird, manche Berufe könnten ohne Hochsensible «gar nicht existieren», werden an erster Stelle aber nicht IT-Spezialisten, Schauspieler, Tänzer, Photographen, Designer etc. aufgeführt, sondern meist Psychologen, Berater, Therapeuten, Pflegepersonen, Mitarbeiter in der Hospizbewegung und Hebammen (vgl. Schorr 2020, 8). Es liegen meines Wissens keine Zahlen dazu vor, wie groß der Anteil hochsensibler Personen in diesen Berufen tatsächlich ist. Mutmaßlich ist er in helfenden Berufen tatsächlich sehr hoch, und hier sind auch Qualitäten und Fähigkeiten gefragt, die bei Hochsensiblen besonders stark ausgeprägt sind: Ihre große Empathie und das Verständnis für Menschen in schwierigen Lebenslagen, die integrative, friedensstiftende Funktion in Konfliktfällen und ihr hohes Verantwortungsbewusstsein (Punkte 6 und 7). Sie haben ein enormes Gespür für das

Leid anderer und erkennen meist intuitiv, was andere Menschen in einer bestimmten Situation genau brauchen (vgl. Aron 2017, 199). Gleichwohl sind Hochsensible für einige Sozialberufe im Dienst anderer wenig geeignet, namentlich für die Arbeit an der sogenannten Front (vgl. ebd.; Skarics, 155). Denn wenn sie das Leid anderer in sich aufsaugen und zutiefst betroffen sind, sich schnell für alles verantwortlich fühlen und zu Lastenträgern werden, brennen sie viel schneller aus als weniger Sensible. Besser zur Geltung bringen können sie ihre Potentiale demgegenüber in individuellen Beratungssituationen etwa in der Psychotherapie, im Coaching-Wesen oder Service-Bereich. Dies bedeutet aber kaum, dass diese als für Hochsensible besonders geeignet gekennzeichneten Branchen ohne hochsensible Personen «gar nicht existieren könnten», da zweifellos auch Normalsensible diese Berufe kompetent ausüben. Ein faktisch bereits bestehender Personalmangel in diesen Bereichen könnte auch durch schlechte Arbeitsbedingungen und unangemessene Entlohnung verursacht sein.

Argument der Seismographen der Gesellschaft

Aron und viele ihrer Nachfolger teilen die Menschen in zwei Gruppen ein: die draufgängerischen, aggressiv-unerschrockenen «Praktiker» oder «Macher» einerseits, von ihr metaphorisch «Könige» genannt, und die bedächtigen, rücksichtsvollen und warnenden «Denker» oder «Ratgeber» andererseits, zu denen die meisten Hochsensiblen zählen (vgl. Aron 2017, 46 f.; Parlow, 74 f.). Offenbar hat sie selbst tatsächlich ihre ganze Familie vor dem Tod in den Flammen gerettet, als sie in einer unheilvollen Nacht schon beim leisesten Flackern des Feuers in ihrem Haus hellwach wurde. Für diese Rolle von Ratgebern und Warnern scheinen Hochsensible tatsächlich prädestiniert zu sein aufgrund ihrer niedrigeren Reizschwelle bzw. intensiveren Reizverarbeitung und der v. a. für Introvertierte typischen vorbedenklichen und beobachtenden Grundhaltung zur Außenwelt sowie folgender oben aufgelisteter spezifischer Stärken von Hochsensiblen: die hohe Aufmerksamkeit und differenzierte Beobachtungsfähigkeit (Punkt 1), das vielschichtige, komplexe, multiperspektivische und differenzierte Denken und intuitive Erfassen komplexer Zusammenhänge und Erkennen von Unstimmigkeiten in einem System (Punkte 2 und 3) sowie ihre lebhafte Vorstellungskraft, mittels der sie sich leicht mögliche Folgen einer Handlung imaginieren und mögliche Gefahren und Risiken voraussehen können (Punkt 8). Spirituell Hochsensible können sogar hellfühlige oder hellsehende Propheten oder Warner sein (Punkt 9). Aron zufolge hat sich dieser Wesenszug Hochsensibler für die Allgemeinheit bereits dann gelohnt, wenn sie dank ihrer extremen Feinfühligkeit auch nur einen einzigen Menschen vor Leid, Verlust oder sogar vor dem Tod bewahren können (vgl. ebd., 32). Da sie Probleme und Fehlentwicklungen in einer Gesellschaft bewusster wahrnehmen oder intensiver erleben als andere, wird ihnen die Funktion von Seismographen zugetraut, die traditionellerweise der Kunst bzw. den Künstlern attestiert wurde: «Denn sie sind es, die es als Erste merken, wenn etwas ungerecht ist oder nicht stimmig. Sie erkennen als Erste, was fehlt. Und oft sind sie die Vorreiter, die zuerst die Auswirkungen zu spüren bekommen, wenn die Menschlichkeit zu kurz kommt» (Sellin, 17; vgl. auch Schorr 2018, 40). In ihrer Beraterrolle seien Hochsensible «die Stimme der Vernunft, der Vorsicht und der Bedächtigkeit, die Mahnung zur Sanftheit, zur Langsamkeit und zum Frieden» (Parlow, 75). Noch pathetischer heißt es, die stärkere Präsenz von Hochsensiblen auf der Welt könne diese «zu einem sicheren und lebenswerteren Platz für alle Menschen machen» (Sellin, 18).

Aron selbst gibt allerdings zu, dass Hochsensible wie die Feuerwehr auf jeden Alarm reagieren – und also in den meisten Fällen auf Fehlalarm (vgl. 2017, 32)! Die Intuitionen und insbesondere die aus einer übersinnlichen Sphäre stammenden Prophezeiungen medial begabter Hochsensibler sind genauso irrtumsanfällig wie diejenigen anderer Personen. Denn auch wo sie sich nicht einem intersubjektiv kaum überprüfbaren Zugang zu einer transzendenten Wirklichkeit verdanken, basieren sie meist nicht nur auf Sachkenntnissen bezüglich konkreter Situationen oder gesamtgesellschaftlicher Entwicklungen. Vielmehr speisen sie sich oft auch aus teils unbewussten subjektiven Wünschen, Ängsten, Interessen oder Vorurteilen (vgl. Hensel, 192; Sellin, 126). Es fehlen klare Unterscheidungskriterien zwischen wahren und falschen Intuitionen, sodass Einschätzungen und Prognosen Hochsensibler nicht per se einen höheren Anspruch auf Wahrheit erheben können als diejenigen von Normalsensiblen und insbesondere Fachexperten. Viele Hochsensible haben Mühe, Wichtiges von Unwichtigem zu trennen, und machen «aus der Mücke einen Elefanten» (vgl. Kap. 3.3). Je nach ihren persönlichen biographischen Erfahrungen, die sich im Laufe ihres Lebens angesammelt haben, neigen einige zu Dramatisierungen, zu Katastrophendenken und Alarmismus. Nur die unter günstigen Umweltbedingungen lebenden, ausgeglichenen, besonnenen, reflektierten und realitätsorientierten Hochsensiblen scheinen qualifiziert zu sein für die Rolle als Berater und Warner. Hochsensiblen wird aber bisweilen schon deshalb mehr Bewusstsein zugetraut, weil sie aufgrund ihrer Disposition im privaten und beruflichen Alltag viel mehr mentale Arbeit leisten müssen, um sich nicht in innere und äußere Konflikte zu verstricken (vgl. Sellin, 17; Aron 2016, 12). So setzt man in sie die Hoffnung, als Protagonisten oder Pioniere ein gesellschaftliches Umdenken, einen «Werte- und Bewusstseinswandel» anstoßen zu können, bevor es zu spät ist (vgl. Böttcher, 21). Angesichts der von Aron eingestandenen hohen Fehlerquote des hochsensiblen Frühwarnsystems müssten aber die Visionen oder Kassandrarufe von Hochsensiblen generell erst einmal einem sorgfältigen Faktencheck unterzogen werden. Zwar gilt es, die Stimmen Hochsensibler ernst zu nehmen, aber sie müssen sich wie alle anderen auch der Kritik der Öffentlichkeit und dem Rechtfertigungs- und Reflexionsdruck moderner demokratischer Gesellschaften aussetzen.

Argument besonderer ethischer Qualifikationen

Eine weiteres Argument lautet, dass hochsensible Personen über besondere ethische Qualitäten verfügen und somit aus ethischen Gründen hohe Bedeutung für die Gesellschaft haben: Niemand könne besser einen wertvollen und wichtigen Beitrag zu «mehr Menschlichkeit» leisten als Hochsensible. Denn die meisten von ihnen seien vom «tiefen Wunsch beseelt, die Welt menschlicher zu gestalten», und auch bereit, das Ihre dazu zu leisten (Sellin, 17f.). Es steht außer Frage, dass herausragende ethische Qualifikationen im humanitären und Umwelt-Bereich höchst willkommen sind in einer Zeit, in der sich soziale Ungleichheit und ökologische Krisen zunehmend verschärfen. Der Bedarf an Moralität steigt angesichts immer globalerer Handlungsverflechtungen und weitreichenderer Handlungsfolgen durch moderne Technologien stetig an. «Ethik bzw. ein Leben nach ethischen Grundsätzen» soll für fast alle Hochsensiblen in irgendeiner Weise «ein wichtiges Thema» sein, und die meisten sollen «idealistisch veranlagt» sein und ihr Denken und Leben an hohen Idealen ausrichten (Parlow, 40; vgl. Westermann, 15; Skarics, 23).

Als sehr auffallend werden immer wieder der sich schon im Kindesalter bemerkbar machende ausgeprägte Gerechtigkeitssinn sowie die Ideale globaler Gerechtigkeit, Wahrheit oder Frieden genannt (vgl. Parlow, 41; Rohleder, 49; Reichardt, 177). Die spezifischen ethisch relevanten Eigenschaften oder Fähigkeiten, die Hochsensible für die Verbesserung der Welt besonders qualifizieren könnten, sind neben den hohen ethischen Idealen das starke Harmoniebedürfnis und Verantwortungsbewusstsein (Punkt 7), die große Empathie und das vorauseilende und vernetzte Denken hochsensibler Personen (Punkte 6 und 2). Wenn sie wahrnehmen, dass irgendwo etwas nicht in Ordnung ist, haben Hochsensible aufgrund ihrer ausgeprägten Sucht nach Harmonie das starke Bedürfnis, diesen Zustand so schnell wie möglich zu beseitigen (vgl. Trappmann, 39). Obgleich die Mehrheit der Hochsensiblen aus Furcht vor einer Überstimulation Konflikte meidet und die sozialen Gestaltungsmöglichkeiten dadurch reduziert sind, liegt ihnen viel an einer Lösung, bei der alle Beteiligten gewinnen (vgl. Parlow, 43). Ulrike Hensel resümiert in ihrem Sachbuch: «Mit viel Idealismus und einem Kanon von Werten gehen Hochsensible an ihre Aufgaben heran. Neben Werten wie Authentizität und Integrität haben sie einen ausgeprägten Sinn für Fairness und Gerechtigkeit, stellen Missstände fest, nehmen und fordern Rücksicht auf Schwächere, setzen sich für Benachteiligte und Notleidende ein. Sie leiden am Leid in der Welt, wünschen sich dringend eine bessere Welt» (193).

Die bei emotional hochsensiblen Personen besonders stark ausgeprägte EMPATHIE (Punkt 6) ist insofern ethisch bedeutsam, als sie ein intuitives Nachvollziehen der aktuellen Gefühlslage der vom eigenen Handeln Betroffenen ermöglicht. Im Zusammentreffen mit hohen Idealen kann die emotionale Identifikation mit anderen eine starke Motivation zur Vermehrung des Wohls bzw. der Vermeidung von Schaden dieser Menschen bilden. Insbesondere hinsichtlich des Nahbereichs ist es plausibel, dass Menschen mit einer größeren angeborenen Empathiefähigkeit ideale Seelentröster für ihre Freunde und Familienangehörigen sind oder den notwendigen «Schmierstoff» in Teams bilden (vgl. Böttcher, 22 f.). Da sie unfreiwillig und sehr intensiv mit ihren Mitmenschen und auch Tieren mitfühlen, fällt es ihnen schwer, egoistisch und rücksichtslos zu handeln (vgl. Parlow, 40). Weder eine außerordentliche Empathiefähigkeit noch Hochsensibilität als solche stellen jedoch Garanten für moralisch richtiges Handeln dar. Denn Gefühle der Sympathie oder des Mitleids mit anderen allein führen keineswegs automatisch zu richtigem Handeln, sondern sind meist subjektiv und parteiisch (vgl. Fenner 2020, 246). Da das persönliche Mitgefühl in der Regel bei nahestehenden Menschen viel intensiver ist als bei Fremden und auch bei sympathischen oder ihr Leid stärker zum Ausdruck bringenden Personen generell größer sein dürfte, kommt es bei rein empathischem Handeln häufig zu ungerechten Handlungen. In erweiterten, komplexen Handlungssituationen führt eine allzu große Empathie auch deswegen oft nicht zu moralisch wünschbaren Resultaten, weil sie die nüchterne Erkenntnis der Faktenlage und der zur Verfügung stehenden Handlungsalternativen oder das sachliche Abwägen verschiedener ethischer Prinzipien und Beurteilungskriterien behindert. Angesichts all des Elends und Unrechts der Kriege, Hungersnöte und Naturkatastrophen auf dieser Welt schlägt sie außerdem leicht in negative Gefühle der Ohnmacht, Überwältigung und Schuld um (vgl. Hensel, 193; Sellin, 18; Parlow, 40). Zu viel Mitgefühl, ein allzu großes Harmoniebedürfnis und zu plastische Vorstellungen einer perfekten Welt können in stark davon abweichenden Situationen zu Resignation und Überforderung führen und die Handlungsfähigkeit komplett lähmen. Auch wenn Empathie in einem hinlänglichen Ausmaß eine notwendige Voraussetzung ethischen Handelns bildet, kann ihre Übersteigerung bei hochsensiblen Personen negative Konsequenzen für sie selbst und die Gesellschaft haben. Ethisch wertvoll ist sie nur in einem bestimmten Ausmaß und in Verbindung mit einer kritischen, sachlich-nüchternen Prüfung der jeweiligen Handlungssituationen.

Während Empathie zu einer Identifikation mit anderen Menschen auf einer emotionalen Ebene führt und v. a. im unmittelbaren Nahbereich ethisch bedeutsam ist, werden in erweiterten Handlungskontexten KOGNITIVE FÄHIGKEITEN wichtiger: Aufgrund ihres multiperspektivischen Denkens (Punkt 3) und ihrer lebhaften Vorstellungskraft (Punkt 8) fällt es hochsensiblen Personen leichter, sich auf einer intellektuellen Ebene rein rational auf den Standpunkt der vom Handeln betroffenen Nächsten, Fernsten oder Zukünftigen zu stellen und sich deren Bedürfnisse und Interessen zu vergegenwärtigen. Damit scheinen sie prädestiniert zu sein für die Einnahme des objektiven und unparteiischen Standpunktes der Moral: Ungeachtet persönlicher Präferenzen, Sympathien und Antipathien soll man sich gleichsam von einem höheren neutralen Beobachterstandpunkt aus überlegen, bei welcher der zur Verfügung stehenden Handlungsoptionen die berechtigten

Interessen oder das Wohl aller betroffenen Personen (oder auch Tiere und Pflanzen) angemessen berücksichtigt werden (vgl. Fenner 2020, 14; Kap. 2.2). Während bei einer Fürsorgeethik oder Gefühlsethik Empathie, Mitleid und persönliche Anteilnahme als Basis der Moral angesehen werden, hat sich aus Sicht einer rationalistischen Ethik das moralische Denken und Handeln an unpersönlichen Prinzipien der Gerechtigkeit und Unparteilichkeit zu orientieren. Hochsensible Personen scheinen mit ihrer scharfen Beobachtungsgabe ihr Umfeld regelrecht daraufhin abzuscannen, was «recht» und «rechtens» oder nicht in Ordnung ist, ganz egal, wer davon betroffen ist (vgl. Schorr 2018, 66).

Die Analyse der kognitiven und emotionalen Eigenschaften hochsensibler Personen spricht also durchaus dafür, dass diese über ein hohes Maß an MORALISCHER SENSIBILITÄT verfügen. Um die Frage «Braucht die Gesellschaft Hochsensible?» klar bejahen zu können, müsste jedoch diese moralische Sensibilität bei Nicht-Hochsensiblen entweder gar nicht vorkommen oder doch nur in einem für moralisches Denken und Handeln unzureichenden Maß. Die Fähigkeit zur Empathie ist aber nur z. T. angeboren und wird in der frühen Kindheit in vertrauensvollen Beziehungen eingeübt, in denen das wechselseitige Wahrnehmen der Empfindungen und Bedürftigkeiten der Mitmenschen zur Gewohnheit wird (vgl. Fenner 2020, 250). Moralische Sensibilisierung in intellektueller Hinsicht lässt sich darüber hinaus auch noch in Schule oder Studium durch angeleitetes Training der Reflexions- und Argumentationsfähigkeit und das probeweise Einnehmen der Perspektiven der Betroffenen und des moralischen Standpunktes erreichen. Sicherlich ist die These unzutreffend, weniger Sensible könnten nicht auch für eine bessere Welt kämpfen und ihre Stimme für ethische Ideale wie Versöhnung, Menschlichkeit oder Vernunft erheben. Faktisch engagieren sich viele Politiker alias «Könige» durchaus aus eigener Überzeugung und ohne Fingerzeig von hochsensiblen «priesterlichen Ratgebern» für humanitäre und ökologische Projekte, und schwerlich sind alle Klima-Aktivisten von «Fridays for Future» hochsensibel.

Eine besondere ethische Qualifikation von Hochsensiblen könnte allenfalls in einer tieferen Verankerung der ethischen Überzeugungen und Ideale in der Persönlichkeit liegen. So lassen sich bereits bei hochsensiblen Kleinkindern eine extreme Abneigung gegen jede Form von Gewalt, Raufereien und Wettkämpfen beobachten und heftige Reaktionen, wenn anderen Personen Leid oder Unrecht zugefügt wird: Während Hochsensible auf das Unrechtleiden als selbst Betroffene mit Rückzug und tiefer Trauer reagieren, gehen sie bei Ungerechtigkeit oder Leidzufügung in ihrem Umfeld regelrecht auf die Barrikaden und nehmen aus tiefer Verzweiflung den Kampf für die Schwachen und gegen die Missstände auf (vgl. Reichardt, 43; 177). Schon Kinder können in eine Art «heiliger Zorn» hineingeraten (vgl. Schorr 2018, 65f.). Hochsensible scheinen quasi von Natur aus tugendhaft zu sein, wenngleich «Tugend» normalerweise als eine durch Erziehung oder Übung erworbene emotionale und intellektuelle Haltung definiert wird. Sie befähigt die Tugendhaften dazu, in jeder Situation das ethisch Richtige zu tun, und zwar aus intrinsischer Motivation und mit Vergnügen, ohne sich dazu zwingen oder auf soziale Sanktionen schielen zu müssen (vgl. Fenner 2020, 175f.). Anders als beim Großteil der weniger Sensiblen könnte bei ihnen die Kluft zwischen dem Wissen um das moralisch Richtige und dem moralischen Handeln geringer sein, was aber natürlich empirisch zu überprüfen wäre. Nach meinen eigenen Beobachtungen setzen hochsensible Personen tatsächlich ihre ethischen Ideale außergewöhnlich konsequent und pedantisch um. Sie sind nicht nur empört und fassungslos bei deren Missachtung durch andere, sondern können auch eigenes, über unbedeutende Notlügen hinausgehendes unmoralisches Handeln schwer verkraften und werden von starken Schuldgefühlen geplagt (vgl. Parlow, 40). Dies liegt wohl daran, dass sie sich mit ethischen Idealen wie Wahrheit oder Gerechtigkeit in höherem Maße identifizieren, sodass sie eine diesbezügliche eigene Verfehlung als Verlust der persönlichen moralischen Selbstachtung bzw. als Selbstverrat erleben und fremde Verstöße geradezu als Angriff auf die persönliche Identität werten. Insgesamt spricht also vieles für besondere ethische Qualifikationen hochsensibler Personen. Um jedoch auf empirischem Weg überprüfen zu können, ob hochsensible Personen auch durchgängig moralischer handeln als weniger sensible, wären psychologische Verhaltensexperimente oder eine Analyse des tatsächlichen moralischen Engagements repräsentativer Personengruppen erforderlich.

Argument besonderer Fähigkeiten im Kunstbereich

Hochsensible sind wie erwähnt insbesondere in pädagogischen, helfenden und beratenden Berufen tätig, aber auch in allen Bereichen, die mit Religion, Sprache oder Tier- und Landschaftspflege zu tun haben – und sind vermutlich sogar in fast allen Berufsgruppen anzutreffen (vgl. die ausführliche Aufzählung bei Aron 2017, 195 oder Skarics, 168). Die Kunst soll aber dasjenige Tätigkeitsfeld sein, in dem die allermeisten Vertreter hochsensibel sind – oder zumindest waren: «Bis vor wenigen Jahrzehnten waren wohl nahezu 100 Prozent der Poeten, Schriftsteller, Komponisten, Maler und sonstigen Künstler hochempfindliche Menschen, und auch heute sind sie es noch zur überwiegenden Mehrheit», behauptet etwa Parlow (71). Die meisten mit hochsensiblen Menschen arbeitenden Dozenten oder Coaches bezeugen, dass ein Großteil der Hochsensiblen «kreative oder wirklich künstlerische Berufe» ausüben bzw. zu den «kulturell Kreativen» oder «Kulturkreativen» gehören (vgl. Reichardt, 45; Böttcher, 250). Auch bei Aron liest man: «Fast alle HSM haben eine künstlerische Seite, die sie gerne ausleben, oder sie empfinden eine tiefe Wertschätzung für eine bestimmte Form der Kunst. Einige von Ihnen werden die Kunst als ihre Berufung erkennen oder sogar ihren Lebensunterhalt damit verdienen. Fast alle Untersuchungen von Persönlichkeiten berühmter Künstler halten daran fest, dass Sensibilität ein zentraler Faktor ist» (2017, 197). Leider werden an dieser Stelle weder diese Persönlichkeitsstudien noch die Namen der untersuchten Künstler benannt. Demgegenüber beschreibt Wolfgang Klages in seiner frühen Studie *Der sensible Mensch* einige Fälle sowohl unbekannter als auch prominenter Künstlerpersönlichkeiten. Auch nach seinen Studien wurden hochsensible Verhaltensweisen nicht nur vorwiegend bei Intellektuellen, sondern ganz besonders «bei künstlerisch nicht nur veranlagten, sondern auch tätigen Menschen gefunden, seien sie im Rahmen der Literatur, des Malens und Zeichnens oder der Bildhauerei schöpferisch tätig» (114). Sehr ausführlich dokumentiert er exemplarisch die außerordentliche Sensibilität der Dichter Marcel Proust und Rainer Maria Rilke anhand von Selbstzeugnissen, Briefwechseln, autobiographischen Darstellungen und ihrer Krankheitsgeschichten: Beide haben eine extreme sensorische Sensibilität v. a. für akustische Reize zum Ausdruck gebracht, kamen nicht zurecht mit dem Alltagstrubel, verspürten einen starken Drang zum Rückzug aus der realen

Welt und priesen das Bett als Insel des Friedens, wirkten oft sonderlinghaft und vermochten ihr intensives Gefühlsleben in distanzierter und sachlicher Form zu analysieren (vgl. ebd., 115–132).

Da Fremdzuschreibungen von Hochsensibilität immer mit einem gewissen Unsicherheitsfaktor verbunden sind, handelt es sich insbesondere bei Künstlerpersönlichkeiten aus der Vergangenheit streng genommen lediglich um mehr oder weniger gut gestützte Hypothesen. Je mehr autobiographische Dokumentationen, Biographien oder Aufzeichnungen durch Angehörige oder Freunde in Briefen oder Tagebüchern vorhanden sind wie bei den beiden erwähnten Schriftstellern, desto zuverlässiger kann die Einschätzung vorgenommen werden. Verlässliche Aussagen über den Anteil hochsensibler Menschen unter den Künstlern müssten aber letztlich auf einer belastbaren Statistik mit hinreichend großen und verschiedenartigen Stichproben basieren. Wenn dabei der Sensibilitätsgrad der Einzelnen über Selbsteinschätzungen erhoben wird, sind die Resultate zwar grundsätzlich zuverlässiger als bei Fremdeinschätzungen. Wie aber in der Einleitung bereits erwähnt, ist die Aussagekraft solcher Fragebögen im Allgemeinen und vieler im Internet kursierender Schnelltests im Speziellen in der Psychologie durchaus umstritten (vgl. Langosch, 20 f.; Kap. 1). Der alternative, bereits bei den vorangegangenen Argumenten eingeschlagene Weg wäre der Ausgang von den oben zusammengestellten Charakteristika hochsensibler Personen. Diese können dann auf die Frage hin beleuchtet werden, welche dieser Persönlichkeitsmerkmale hochsensible Menschen eigentlich für Tätigkeiten im Kunstbereich prädestinieren. Wer häufig Künstlerbiographien liest, sich ausführliche Interviews mit gegenwärtigen Künstlern anhört, beruflich intensiv mit Künstlern in Kontakt steht oder wie ich selbst im Kunstbereich tätig ist, wird bestätigen können, dass bei Künstlerpersönlichkeiten auffallend viele Merkmale der in Kapitel 3 beschriebenen sensorischen, kognitiven, emotionalen, sozialen und motivationalen Aspekte von Hochsensibilität festzustellen sind. Genauso wie bei hochsensiblen Personen allgemein gibt es aber auch bei hochsensiblen Künstlern große individuelle Unterschiede, sodass neben dem eben skizzierten Künstlertyp des weltabgewandten einsamen Literaten genauso auch Musiker und Schauspieler zu finden sind, die erst im Kontakt mit dem Publikum zur Hochform gelangen. Im Folgenden werden die für die Kunstproduktion und -rezeption bedeutsamen Eigenschaften hochsensibler Personen im sensorischen (1), kognitiven (2) und emotionalen Bereich (3) herausgearbeitet.

1. Im sensorischen Bereich hat die hohe Intensität und Differenziertheit der Sinneswahrnehmung und Reizverarbeitung von Hochsensiblen sowohl auf die ästhetische Erfahrung bei der Kunstrezeption als auch auf die aktive Kunstproduktion einen positiven Einfluss. Hochsensible verfügen wie gesehen über eine besondere detailgenaue Beobachtungsgabe, die bisweilen als «Röntgen»- oder «Scanblick» umschrieben wird und ein «sezierendes Sehen» ermöglicht (vgl. Kap. 3.3; 3.1). Dank einer verfeinerten, subtileren und reichhaltigeren Wahrnehmungsfähigkeit sind sie in der Lage, feinste Unterschiede von Tonqualitäten, Farbnuancen, Oberflächenmustern und Materialstrukturen wahrnehmen und für andere sichtbar machen zu können. Damit Kunst etwas in einem Betrachter in Gang setzen kann oder eigene Ideen in verschiedenen Materialien realisiert werden können, braucht es eine nicht auf bestimmte bekannte Gegenstände gerichtete, gesteigerte Wahrnehmungsaufmerksamkeit oder Wachheit. Denn alltägliche Seh- und Hörgewohnheiten müssen durchbrochen und Aspekte oder Vorgänge in den Fokus der Aufmerksamkeit gerückt werden, die bislang verborgen und unauffällig waren (vgl. Fenner 2013, 80 f.). Obwohl eine außergewöhnliche sensorische Wachheit angeboren sein dürfte, können Hochsensible ihre Wahrnehmungsaufmerksamkeit nochmals steigern durch eine Schulung ihrer Sinne bei einer künstlerischen Ausbildung und im Zuge der Entwicklung und Reifung einer künstlerischen Persönlichkeit. Wie groß auch immer die Vorteile in der ästhetischen Welt der Kunst selbst sein mögen, führt doch eine solche sensorische Verfeinerung in der realen Lebenswelt leicht zu einer erheblichen Beeinträchtigung durch überstimulierende akustische und optische Reize, wie sie exemplarisch an den Beispielen von Proust und Rilke geschildert wurden. Als ausgebildete Musikerin höre ich nicht nur Töne und Geräusche, die sonst niemand um mich herum hören kann, sondern entfliehe häufig einem akustischen «Inferno», das sich für normalsensible Ohren höchstens im Bereich des Unangenehmen bewegt.

2. Im kognitiven Bereich ist die geistige Überaktivität Hochsensibler vor allem in den intellektuellen Künsten wie etwa Literatur, Dramaturgie und Regie in Theater und Film von großem Nutzen. Kognitiv hochsensible Menschen neigen wie erläutert zum endlosen Sinnieren, Immer-weiter-darüber-hinaus-Denken und genussvollen Dahingleiten auf dem Gedanken-

strom (vgl. Kap. 3.2). Aufgrund dessen fällt es ihnen besonders leicht, die sinnlich wahrnehmbare empirische Wirklichkeit und die gewohnheitsmäßig-alltäglichen Deutungsmuster zu transzendieren, d. h. zu überschreiten. Viele hochsensible Menschen sind spirituell und haben einen starken Bezug zu einem Übersinnlichen oder Übernatürlichen, sodass sie auf symbolische oder abstrakte Weise eine kosmische Ordnung oder universelle Harmonie zur Darstellung bringen können, ähnlich wie z. B. im Werk von Piet Mondrian. Da sie mit ihrem Denken in die Tiefe dringen und Sinn und Prinzipien hinter allem zu ergründen suchen, sind sie prädestiniert zum Erfassen und Vermitteln allgemeiner Wahrheiten: Sie vermögen typische menschliche Charaktere, Beziehungs- und Gesellschaftsformen sowie allgemeinmenschliche existentielle Grundsituationen, Entwicklungsaufgaben und Orientierungsschwierigkeiten zu erkennen, mit denen sie sich künstlerisch auseinandersetzen. In den intellektuellen narrativen Künsten Literatur, Theater und Film kommt hochsensiblen Menschen ihre ausgeprägte produktive Phantasie zu Hilfe, um das Typische, Allgemeine oder Ideale anhand von frei erfundenen bzw. aus verschiedensten Erinnerungen kombinierten literarischen Figuren eine Gestalt zu geben. Dank ihrer großen, diese produktive Phantasie voraussetzenden Kreativität als Fähigkeit zum Schaffen origineller schöpferischer Leistungen können sie vor dem inneren Auge wie in einem Film mögliche Schicksale oder Interaktionen solcher Figuren experimentell durchspielen und so zu neuen Einfällen gelangen. Hochsensible mit ihrer scharfen Beobachtungsgabe und ihrem Denken in Bildern, Analogien und Symbolen fallen auf durch eine herausragende Formulierungsfähigkeit und gelten als begnadete Schreiber, die als Dichter die Grenzen des verbalsprachlich Erfassbaren erweitern (vgl. Klages, 59; Trappmann, 248). So sehr ein größtenteils unbewusst ablaufendes Produzieren von immer neuen Bildern und Geschichten bei der Kunstproduktion höchst willkommen ist, kann es im alltäglichen Leben den Realitätsbezug schwächen und zu einer kompensatorischen imaginären Wunscherfüllung verleiten. Da sich das Kopfkino nicht willkürlich abstellen lässt und neue Ideen einen unbändigen Drang zur Umsetzung entfalten können, haben einige Hochsensible geradezu eine «Angst vor Inspiration» (Sand, 25).

3. Im emotionalen Bereich können die enorme Feinfühligkeit sowie das reiche und intensive Gefühlsleben hochsensibler Personen diesen dazu verhelfen, vornehmlich in den expressiven Künsten wie (improvisatorischer)

Musik und (modernem) Tanz besondere Leistungen zu vollbringen. Genauso geübt wie im Vor- und Nachdenken sind emotional Hochsensible wie gesehen im Vor- und Nacherleben, da sie neben einer starken Vorstellungskraft oder kognitiven Phantasie auch über eine rege emotionale Phantasie verfügen (vgl. Trappmann, 116; Kap. 3.3): Musiker stellen sich beim Einstudieren und Aufführen eines Werks Personen in bestimmten historischen oder biographischen Situationen vor, erleben deren Gefühle und bringen diese in einer differenzierten Gestaltung der Tonfolgen zum Ausdruck. Während es bei Programmmusik klare Hinweise auf einen außermusikalischen Gehalt gibt wie z. B. bei Hector Berlioz' *Symphonie fantastique* über dessen Liebe zu einer Schauspielerin oder bei Krystof Pendereckis *Threnos* für die Opfer von Hiroshima, ist bei absoluter Musik genauso wie in der abstrakten Malerei noch mehr Phantasie erfordert. Dabei greifen Künstler immer mehr oder weniger auf den eigenen Erfahrungsschatz tiefer Erlebnisse etwa von Verliebtsein, Schmerz oder Traumata zurück (vgl. Klages, 132). Emotionale Hochsensibilität ist zwar für künstlerische Hervorbringungen von erheblichem Vorteil, führt in der normalen Lebenswelt aber wie erwähnt zu starken Stimmungsschwankungen zwischen Euphorie und Zuständen von Angst und Verzweiflung (Kap. 3.3). Bereits in der Poetik der Romantik wird das Verhältnis des Künstlers zur Wirklichkeit als sehr problematisch eingestuft, weil die künstlerische Genialität nicht nur mit extremer Feinfühligkeit und dem Leiden an der als brutal erlebten Wirklichkeit einhergeht. Vielmehr führt das Durchschauen der sinnlich wahrnehmbaren Wirklichkeit als bloßer Schein auch zu einer großen Sehnsucht des Gefühls und der Phantasie nach Unendlichkeit und nährt das Verlangen, mit dem Kosmos zu verschmelzen (vgl. Schmidt, 8). Von den Gefährdungen und Leiden der Künstler in einer zunehmend ihren Realitätscharakter verlierenden und mit der Phantasiewelt verschmelzenden realen Welt erzählt etwa der romantische Dichter E. T. A. Hoffmann in den Geschichten um den Kapellmeister Kreisler oder in der Sammlung *Die Serapionsbrüder.*

Genie und Wahnsinn

In der ersten Hälfte des 19. Jahrhunderts machte der französische Arzt Jacques-Joseph Moreau den Anfang wissenschaftlicher Untersuchungen über die Verbindungen zwischen Genialität und Wahnsinn, indem er auf eine Häufung von Erkrankungen des zentralen Nervensystems bei genialen Menschen hinwies (vgl. Schmidt, 254). Zu seiner Popularität verhalfen dem Thema Genie und Wahnsinn der italienische Psychiater Cesare Lombroso und nach ihm der deutsche Psychiater Wilhelm Lange-Eichbaum, der bei kreativen Menschen eine auffallende psychische Labilität und Empfindlichkeit und eine hohe Anfälligkeit für psychische Erkrankungen feststellte (vgl. ebd., 256; Trappmann, 138). Gemäß der Ende des 19. Jahrhunderts gleichfalls weit verbreiteten Dekadenz-These führt eine biologische und nervliche Degeneration zu zunehmender Vergeistigung, künstlerischer Befähigung und Scheitern in der Lebenswirklichkeit, wie sie Thomas Mann in *Buddenbrooks. Verfall einer Familie* paradigmatisch nachzeichnet. Mit der Aufzählung empirischer Beispiele von Künstlern, die wie Johann W. Goethe unter depressiven Episoden litten, wie Robert Schumann Stimmen hörten oder wie Vincent van Gogh wegen Wahnvorstellungen und Depressionen viel Zeit in Kliniken verbrachten, kann zwar das häufigere Vorkommen von psychischen Störungen bei Künstlern nicht hinreichend bewiesen werden. Es existieren aber zahlreiche empirische Belege für eine Häufung von bipolaren Störungen mit Stimmungsschwankungen zwischen Manie und Depression insbesondere unter Schriftstellern. So litten 80 Prozent der Mitglieder des renommierten literarischen Instituts «Jowa Writers Workshop» 1980 unter Stimmungsschwankungen und besaßen ein viermal höheres Risiko für manisch-depressive Erkrankungen als die Kontrollgruppe (vgl. Bengsch). Da Menschen in depressiven Episoden besonders suizidgefährdet sind und sich z. B. Ernest Hemingway in einer solchen das Leben nahm, könnte dies die vielen Suizide unter Schriftstellern wie unter anderen Heinrich von Kleist, Virginia Woolf, Stefan Zweig, Klaus Mann oder Sylvia Plath erklären (vgl. Brenner). Ein ungarischer Forscher meint jüngst sogar ein Gen entdeckt zu haben, das sowohl die Kreativität steigert als auch die Wahrscheinlichkeit für Psychosen erhöht (vgl. ebd.). Andere Forschergruppen vergleichen die Gehirne von kreativen Menschen mit denjenigen psychisch Kranker und stellen z. B. bei beiden außergewöhnliche Verbindungen von neuronalen Netzwerken oder einen ähnlichen Aufbau der Struktur der weißen Substanz fest (vgl. Bengsch). Zu fragen wäre angesichts dessen auch nach dem individuellen Preis, den Künstler für herausragende Werke mit großer Bedeutung für die Gesellschaft zahlen müssen.

Wozu braucht die Gesellschaft Kunst?

Noch tiefer greift freilich die Frage, wozu die Gesellschaft überhaupt Kunst braucht, die zu produzieren hochsensible Menschen besonders befähigt scheinen. Auch ganz unabhängig von der Hochsensibilitäts-Thematik wird die Frage «Wozu Kunst?» in unserer Gesellschaft in regelmäßigen Abständen gestellt, z. B. wenn durch Steuergelder mitfinanzierte Kunstwerke einen öffentlichen Skandal auslösen (vgl. Fenner 2013, S. 33 f.; 254 f.). Zweifellos braucht die Gesellschaft Künstler nicht im gleichen Sinn, wie sie die in «systemrelevanten» Berufen tätigen Mediziner, Pflegepersonen, Juristen oder Polizisten braucht. Den einzelnen Gesellschaftsmitgliedern kann Kunst aber Entlastung bieten vom ständigen Handlungsdruck und den Anforderungen der Alltags- und Arbeitswelt, weil sie für ein paar Augenblicke dem unerbittlichen Zeitstrom entrissen werden und im gegenwartsbezogenen Wahrnehmungsvollzug zur Ruhe kommen. Auch können Kunstwerke positive Gefühle eines ästhetischen Wohlgefallens auslösen und menschliche Ängste und traumatische Erfahrungen z. B. durch schwere Verluste besser verarbeiten helfen, indem sie ihnen eine sinnliche Gestalt geben und damit ein distanziertes Verhältnis zu diesen ermöglichen. Durch das Aufzeigen alternativer Handlungs- und Lebensmöglichkeiten und das Ingangsetzen kreativer Prozesse kann Kunst bestenfalls Blockaden lösen, um ungünstige, festgefahrene Denk- und Verhaltensmuster zu überwinden. Sie kann aber nicht nur solche individualethischen Funktionen übernehmen und zu einem guten Leben beitragen, sondern auch sozialethische: Besonders von narrativen Künsten mit ihren einfühlsamen und anschaulichen Schilderungen des Innenlebens der Figuren wird vielfach erhofft, dass sie für die Leidensfähigkeit und Verletzlichkeit der Mitmenschen sensibilisieren und zur Perspektivenübernahme animieren. Wo Einblicke in Lebensweisen und Eigenheiten von Minderheiten oder fremden Kulturen gewährt werden, können bestenfalls Solidarität und Toleranz gefördert werden. Von moderner Kunst werden zwar heute keine direkten Antworten auf moralische oder politische Fragen mehr erwartet. Gleichwohl kann sie hintergründig und indirekt Probleme wie Umweltverschmutzung oder Flüchtlingskrise thematisieren, ihnen Aufmerksamkeit verschaffen und zum kritischen Nachdenken anregen. Die Gesellschaft scheint also insofern Kunst zu brauchen, als sie Distanz zu gewohnten Sicht- und Lebensweisen und Freiräume zum spielerischen

Experimentieren und Hinterfragen überholter Strukturen schafft. Damit trägt sie bei zu reichhaltigeren und differenzierteren Welt- und Selbstdeutungen und zur Weiterentwicklung der Kultur. Viele dieser Funktionsweisen und Wirkungen sind allerdings schwer messbar.

Fazit

Als schwach erwiesen sich das problematische Argument der «Natürlichkeit» von Hochsensibilität mit Verdacht auf einen naturalistischen Fehlschluss und das allzu vage und eher suggestiv-rhetorische Argument der Einzigartigkeit der Menschen. Die anderen, auf spezifische Stärken hochsensibler Personen Bezug nehmenden Argumente können aber durchaus zur Stützung der Ausgangsthese herangezogen werden: Das Argument der Seismographen der Gesellschaft betont die wichtige Rolle von Hochsensiblen als Ratgeber und Warner, die aufgrund ihrer differenzierten Beobachtungsgabe und des intuitiven Erfassens komplexer Zusammenhänge Gefahren und gesellschaftliche Fehlentwicklungen früher erkennen können. Allerdings neigen viele Hochsensible zu Dramatisierungen, und auch ihre Intuitionen sind grundsätzlich irrtumsanfällig, sodass ihre Warnungen sachlich überprüft werden müssten. Gemäß dem Argument besonderer ethischer Qualifikationen fällt es hochsensiblen Personen dank ihrer ausgeprägten Empathiefähigkeit, ihrer lebhaften Vorstellungskraft und ihres komplexen, multiperspektivischen Denkens leichter als anderen, sich in die vom Handeln betroffenen Personen emotional und kognitiv hineinzuversetzen und sämtliche mögliche (Spät-)Folgen für alle mitzubedenken, wie es die Einnahme des unparteiischen Standpunkts der Moral verlangt. Auch orientieren sie sich an hohen Idealen wie Gerechtigkeit und Humanität und identifizieren sich so stark mit ihnen, dass die Kluft zwischen dem Wissen um das moralisch Richtige und dem moralischen Handeln geringer zu sein scheint. Allerdings engagieren sich zweifellos auch weniger sensible Menschen für eine bessere Welt, weshalb psychologische Verhaltensexperimente zeigen müssten, ob Hochsensible wirklich durchgängig moralisch besser handeln. Das Argument besonderer Fähigkeiten im Kunstbereich schließlich besagt, dass Hochsensible mit der hohen Intensität und Differenziertheit ihrer Sinneswahrnehmung, ihrer produktiven Phantasie und ihres reichen Gefühlslebens über besonders gute

Voraussetzungen für künstlerische Tätigkeiten verfügen. Da es aber auch hochqualifizierte normalsensible Künstler gibt, kann Hochsensibilität schwerlich eine notwendige Bedingung für die Kunstproduktion darstellen. Zudem könnte die Ausgangsfrage weitergetrieben werden zu derjenigen, wozu denn die Gesellschaft überhaupt Kunst braucht. Kunst erfüllt aber unstreitig zahlreiche ethisch bedeutsame Funktionen bezüglich des guten Lebens der Kunstrezipienten und kann auch zur Kultivierung des Umgangs mit der Um- und Mitwelt beitragen, sodass sie im besten Fall die Humanisierung der Lebensverhältnisse voranbringt.

4.2 Müssen sich Hochsensible an die Gesellschaft anpassen?

Wie bereits in der Einleitung vorweggenommen wurde und sich im Laufe der Studie erhärtete, weichen hochsensible Menschen zum Teil weit von der gesellschaftlichen «Normalität» ab (vgl. Kap. 2.3): In deskriptiver Hinsicht funktioniert die Reizverarbeitung in ihrem Gehirn anders als beim Durchschnitt der Bevölkerung, sodass es zu einer anormalen Wahrnehmungs-, Denk- und Erlebnisweise kommt. Auch in normativer Hinsicht genügen viele nicht den allgemein anerkannten gesellschaftlichen Maßstäben wie z. B. dem Idealtyp eines flexiblen, belastbaren, leistungs- und wettbewerbsfähigen «optimalen Menschen». Infolgedessen verfehlen viele die gesellschaftlichen Normen eines angepassten und äußerlich erfolgreichen Lebens, das sich laut Mainstream an folgenden Faktoren bemisst: Gesundheit, Erreichen eines hohen Alters, hohes Einkommen, Familie mit einem attraktiven Partner und intelligenten Kindern, großer Freundes- und Bekanntenkreis, anerkannte berufliche und gesellschaftliche Position (am besten Spitzenposition), regelmäßige Reisen an entlegene Orte, ansprechender PKW (vorzugsweise Elektro-) und ein Haus in bester Lage (vgl. Rohleder, 99; Rosa 2020, 17). Wer all dies vorweisen kann, gilt als erfolgreich und genießt hohe Anerkennung. Auf die anderen wird ein SOZIOKULTURELLER NORMIERUNGSDRUCK ausgeübt, damit sie sich an diesen gesellschaftlichen Normen und Idealen orientieren. Sozialer Druck kann etwa durch positive Sanktionen wie z. B. materielle Belohnungen, Beförderungen, erhöhte Aufmerksamkeit und wachsende Beliebtheit im Fall von Anpassungsbestrebungen erfolgen. Viel häufiger werden hochsensible Personen aber konfrontiert mit negativen Sanktionen wie Herabsetzung, Respektlosigkeit oder Bloßstellungen als Formen psychischer Gewalt (vgl. Rohleder, 32). Bisweilen leugnen nicht nur Normalsensible, sondern auch Hochsensible selbst die Existenz eines solchen sozialen Anpassungsdrucks. Normalsensible verlangten gar nicht, sich ihnen anzupassen, sondern die Anpassung finde lediglich im Erleben und damit gleichsam im Kopf hochsensibler Menschen statt (vgl. Schorr 2018, 21). Der äußere Normalisierungsdruck ist jedoch subtil und kommt in ständigen Sticheleien und versteckten oder offenen Vorwürfen oder Aufforderungen zum Ausdruck, auf die emotional hochsensible Personen naturgemäß empfindlicher reagieren als andere: «Du strengst Dich nicht genug an», «traust Dir zu wenig zu», «setzt Dich der Welt nicht aus» oder «packst nichts richtig an»; man solle «doch einfach mal nur seine Pflichten erfüllen» oder «seine Arbeit tun wie alle anderen auch», statt stets alles zu hinterfragen und mit perfektionistischen Ansprüchen sich selbst zu blockieren.

Wenn sich Hochsensible eingestehen müssen, dass ihnen etwas zu viel ist, sie etwas nicht tun können, nicht die Kraft dazu haben oder einfach erst einmal Ruhe brauchen, wird dies von außen häufig als bloße Ausrede eingestuft. Da die geringere persönliche Belastbarkeit und körperliche Leistungsfähigkeit oft nicht nur nicht respektiert, sondern auch gar nicht erkannt wird, werden ihnen fälschlicherweise niedrige Motive wie Faulheit, Überheblichkeit oder Verweigerungshaltung unterstellt (vgl. Parlow, 96). Man bekommt dann Parolen zu hören wie: «Wer muss, der kann». Doch welche Autorität bestimmt denn, was jemand tun *muss*? Und wer ist darüber hinaus in der Lage, von außen festzustellen, was jemand tatsächlich tun *kann*? Eindeutig ethisch gerechtfertigt sind Ermahnungen an das, was getan werden muss, wenn jemand z. B. als Steuermann oder als Elternteil freiwillig die Verantwortung für bestimmte Aufgaben übernommen hat. Zumeist zielt das Prinzip «Wer muss, der kann» jedoch auf eine SOZIALE oder SOZIALPSYCHOLOGISCHE ANPASSUNG an bestimmte Erwartungshaltungen oder Ideale ab, die von außen an die Adressaten herangetragen werden. Dies können gesellschaftliche Forderungen an die Einzelnen sein, ihren Beitrag zu leisten zum reibungsfreien Funktionieren der Gesellschaft oder der Wirtschaft. Bisweilen handelt es sich aber auch um egoistische Wünsche der Interaktionspartner. Diese fordern manchmal Stärke und Leistung hochsensibler Personen mit besonderer Vehemenz und Verachtung ein, wenn sie selbst gegen ihre eigenen Schwächen und inneren Tendenzen zur Kapitulation ankämpfen müssen. Sowohl gesellschaftliche Sollensforderungen als auch persönliche Ansprüche missachten aber das Recht auf individuelle Selbstbestimmung anderer, wenn sie nicht nachvollziehbar begründet und manipulativ sind. Anders als das «Müssen» bezieht sich das «Können» im allgemeinen Leitsatz auf die Befähigung eines Subjekts und zielt auf eine PHYSISCHE oder PSYCHISCHE ANPASSUNG des Individuums an seine Umwelt ab. Wird ohne Ansehen der konkreten Person das innerliche «Können» einfach von außen postuliert und sozialer Druck durch Forderungen, Abwertung oder Ausgrenzung ausgeübt, ist dies übergriffig und ethisch verwerflich. Nur wo die Ursachen des Nicht-Könnens bestimmter Betätigungen selbstverschuldet sind und beispielsweise mittels zumutbarer Zusatzqualifikationen beseitigt werden könnten, ist der Appell im Sinne einer persönlichen Ermutigung legitim. Im Folgenden wird genauer auf die bestehenden Möglichkeiten einer physischen oder psychischen Anpassung hochsensibler Menschen (1) sowie die Schwierigkeiten im Zusammenhang mit einer sozialen oder sozialpsychologischen Anpassung (2) eingegangen.

1) Physische oder psychische Anpassung

Da hochsensible Menschen von Geburt an über eine mehr oder weniger stark vom Durchschnitt abweichende Grunddisposition verfügen, ist erst einmal zu klären, wie weit ihnen eine physische oder psychische Anpassungsleistung überhaupt möglich ist. Im sensorischen Bereich ist eine physiologische Anpassung nach der Methode der systematischen Desensibilisierung wenig aussichtsreich, bei der man sich in einem entspannten Zustand nach und nach immer stärkeren sensorischen Reizen wie Lärm oder grellem Licht aussetzt und sich auf diese Weise abhärtet (vgl. Reichardt, 139; Medical Academy, 11). Empfohlen werden in der Sachbuch- und Ratgeberliteratur stattdessen Ohrstöpsel oder Schallschutz gegen Lärm, Sonnenbrillen gegen Licht oder parfümierte Schals gegen penetrante Gerüche (vgl. Aron 2016, 104f.; Reichardt, 140ff.; Medical Academy, 50). Aron berichtet allerdings von einigen Hochsensiblen, die von sich behaupten, dass sie die schwierige Fähigkeit erlernt hätten, Lärm auszublenden (vgl. ebd., 107). Man könne sich z. B. einreden, die Worte anderer im Zug oder Wartezimmer lediglich zu hören, ohne deren Bedeutung zu erfassen, sich einen Schutzschild um sich herum vorstellen oder sich mit angenehmeren Gedanken ablenken. Im Unterschied zu einer willkürlichen Aufmerksamkeit mit kontrollierter Auswahl der Sinnesreize ziehen jedoch bei der unerwünschten unwillkürlichen Aufmerksamkeit hervorstechende Reize wie Babygeschrei oder Taubengegurre automatisch die Aufmerksamkeit auf sich, sodass die bewusste Aufmerksamkeitslenkung nach meiner eigenen Erfahrung lediglich bei einem gleichmäßigen, monotonen Geräuschhintergrund gelingt. Für wenig praktikabel halte ich auch den Rat, sich im Großraumbüro zwecks Lärmausblendung zu suggerieren, die zu leistende Arbeit sei so interessant, dass sie alles andere vergessen macht. Abgesehen davon erscheint eine solche Anleitung zur Selbsttäuschung als ethisch problematisch. Es ist also sicherlich nur begrenzt möglich, den Fokus der Aufmerksamkeit von etwas abzuziehen, das wir nicht hören möchten, und sie auf sich selbst oder seine Arbeit zu richten, wie teilweise optimistisch propagiert wird (vgl. Reichardt, 230; Sellin, 79). Leichter als beim Hören dürfte die Aufmerksamkeitslenkung im Bereich des Sehens sowie des Denkens und Erlebens fallen, wo sie sich z. B. bei einem Einkauf mit praktischen Maßnahmen trainieren lässt (vgl. Reichardt, 143 f.; Aron 2016, 102 f.): Man stelle sich einen Einkaufszettel nach der Reihenfolge der Regale zusammen, setze eine abweisend-geschäftige Miene auf, schaue mit einem «Tunnelblick» hochkonzentriert auf den Zettel bzw. die Ware und versuche den Einkauf in Rekordzeit zu erledigen!

Ganz ähnlich lässt sich auch im kognitiven Bereich die für Hochsensible typische geistige Aktivität nicht einfach abschalten, bei der die Informationen im Gehirn unwillkürlich und größtenteils unbewusst immer wieder neu verknüpft und aus anderen Perspektiven beleuchtet werden (vgl. Kap. 3.2). Als «Wiederkäuer» im Geiste brauchen sie wegen ihrer gründlicheren Datenverarbeitung viel länger, um Erlebnisse und neue Erkenntnisse zu verdauen. Wenn sie dafür nicht die nötige Zeit finden, stellen sich Nervosität, Schwindel, Bauch- und Kopfschmerzen ein, auf längere Sicht oft auch psychosomatische Störungen (vgl. Trappmann, 146). Solange man nicht durch intensives Durchdenken zumindest vorübergehend den Eindruck erlangt, das Vergangene in seiner Komplexität einigermaßen erfasst zu haben, lässt sich das Kopfkino kaum abstellen (vgl. Reichardt, 150). Auf einer bewussten Ebene kann aber die Art und Weise der geistigen Verarbeitungsprozesse sehr wohl gezielt beeinflusst werden. Gerade bei hochsensiblen

Menschen mit einer Neigung zum Pessimismus helfen die von der kognitiven Verhaltenstherapie entwickelten Methoden, negative Verzerrungen in den eigenen Selbst- und Weltdeutungen als realitätsfremd zu entlarven (vgl. Wilken, 18 f.; Sand, 109 f.). Auch kann manchmal das Grübeln zum Stoppen gebracht werden, indem man die Sinnlosigkeit des ewigen Rekapitulierens konstatiert, die bisherigen Erkenntnisse aufschreibt und geeignete Maßnahmen zur weiteren Klärung des Problems beschließt. Man kann aber auch kreativ die Richtung des unentwegten «Warum?»-Fragens ändern und sich beispielsweise statt «Warum bin ich nicht so erfolgreich wie meine Vorbilder?» überlegen: «Warum bin ich eigentlich nicht auf der Straße gelandet?» (vgl. Sand, 110). Genauso wenig wie beim Nach-Denken ist es für Hochsensible aber auch beim Vor-Denken weder möglich noch ratsam, all die spontan im Kopf herumgeisternden Gedanken und Sorgen zu unterdrücken und blindlings Risiken einzugehen. Wegen ihrer geringeren Belastbarkeit ist es für sie tatsächlich in den meisten Fällen klüger, vom Schlimmsten auszugehen: Statt zu versuchen, einfach gelassen zu sein, sollten sie sich schon im Vorfeld mit den Orten und Personen vertraut machen, möglichst viele Informationen über die bevorstehenden Situationen sammeln und sich auf alle Eventualitäten vorbereiten (vgl. ebd., 111 f.; Reichardt, 150 f.). Kognitive Anpassungsschwierigkeiten ergeben sich unmittelbar aufgrund der Langsamkeit und mangelnden Flexibilität, indirekt durch die mit der geistigen Überaktivität häufig verbundenen Schlafprobleme, weil todmüde im Bett die Kraft zum Anhalten des automatischen Denkens fehlt.

Im emotionalen Bereich ist die in früheren Generationen verlangte Abhärtung genauso wenig ein sinnvolles Ziel wie im sensorischen Bereich, weil jemand mit einer hohen emotionalen Sensibilität nicht blind oder unempfindlich werden kann für persönliche Verletzungen, Ungerechtigkeit oder Leid (vgl. Sand, 21; Trappmann, 165; Schorr 2018, 25 f.). Gleichwohl hat man einen gewissen Einfluss auf die Emotionsregulation, d. h. die bewussten und unbewussten Prozesse, mit denen Individuen die Art, Intensität oder Dauer ihrer Gefühle beeinflussen. Die meisten Vorgänge im Gehirn erfolgen zwar unbewusst und automatisiert nach Mustern, die größtenteils in der frühen Kindheit erworben wurden (vgl. Ayan, 35 f.; Goleman, 80 f.). In Grenzen ist es aber möglich, bestimmte Strategien bewusst zu trainieren oder ungünstige erworbene abzugewöhnen, um sich z. B. nicht von den bei emotional Hochsensiblen besonders heftigen Gefühlen beherrschen zu lassen. Langfristig gesehen keine gute Strategie ist das Unterdrücken von Gefühlen, weil diese dadurch nicht verschwinden, sondern auf der Körperebene Stresssymptome zeitigen (vgl. Barnow, 80f.). Ebenso nur kurzfristig geeignet ist das Ablenken von unliebsamen Gefühlen etwa durch angenehme Zerstreuung oder sportliche Betätigung (vgl. Ayan, 38; Goleman, 88). Empfohlen werden stattdessen Strategien der Selbstdistanzierung und der Neubewertung der emotional bedeutsamen Situationen (vgl. Ayan, 38f.; Barnow, 90ff.): Bei der Methode der Selbstdistanzierung nimmt man die Position eines unbeteiligten neutralen Beobachters ein und fragt sich, wie dieser die Situation bewerten würde. Eine solche Selbstdistanzierung oder die Übernahme der Perspektiven der in einen Konflikt involvierten Personen kann dazu führen, dass man deren Äußerungen oder die ganze Situation in einem neuen, positiveren Licht sieht. Um Lösungen für die Konflikte zu finden, hilft eine effektive Problemlösefähigkeit mit Strategien wie z. B. dem Beschaffen verlässlicher Informationen, der rationalen Analyse des Problems oder dem Einholen von Unterstützung (vgl. Barnow, 108f.). Angesichts unveränderlicher Situationen wie des Todes eines geliebten Menschen oder unheilbarer Krankheiten bleibt aber nur das Akzeptieren der negativen Gefühle durch eine Haltung, bei der Emotionen wie in vielen Meditationspraktiken nur wahrgenommen und beschrieben, nicht aber bewertet werden (vgl. ebd., 100ff.). Obwohl kognitive Strategien in Kombination mit rein vegetativen Entspannungstechniken wie z. B. Atemkontrolle zur psychischen Anpassung beitragen können, erfordern sie doch unter Umständen viel Zeit, Geduld und Energie und können starken Stimmungsschwankungen höchstens die Spitzen nehmen. Schon kleine physische und psychische Anpassungsleistungen verlangen also hochsensiblen Menschen große Anstrengungen ab.

2) Soziale oder sozialpsychologische Anpassung

Im Sinne der sozialen oder sozialpsychologischen Anpassung bemühen sich viele Hochsensible, sich an die vorherrschenden gesellschaftlichen Ideale und Normen anzugleichen. Hochsensible Personen weisen in aller Regel eine hohe Anpassungsbereitschaft auf, weil sie ein großes Harmoniebedürfnis haben, Konflikte scheuen und alles unternehmen, um ein friedliches Zusammenleben zu bewahren oder herzustellen (vgl. Schorr 2018, 21; Kap. 3.3). Zudem nehmen bereits hochsensible Kinder sehr intensiv wahr, was die Menschen in ihrem sozialen Umfeld denken und von ihnen erwarten (vgl. Sellin, 38 f.). Ungeachtet ihres empfindlichen Körpers wollen sie alles «richtig» machen, um dazuzugehören und Anerkennung zu finden. Daher versuchen sie, das Gleiche wie andere zu tun und zu genießen sowie auch gleiche Belastungen auszuhalten (vgl. Parlow, 116). Sie trauen ihren eigenen Wahrnehmungen immer weniger, verdrängen und vergessen ihre Hochsensibilität und nehmen die Welt bald aus der Perspektive der anderen wahr. Die meisten von ihnen leben so unauffällig, dass sie sich von ihrem Lebensstil her nicht von der Masse unterscheiden. Häufig stellen sie ihr Leben in den Dienst anderer Menschen ihres Familienkreises oder betätigen sich in betreuenden und helfenden Berufen nach dem Motto: «Ich bin nicht so wichtig» oder «Ich schaffe das schon» (ebd., 118; vgl. Aron 2017, 199). Solche angepassten, bescheidenen, einfühlsamen und hilfsbereiten Hochsensiblen, die vornehmlich die Bedürfnisse anderer wahrnehmen, sind natürlich sehr willkommene Gesellschaftsmitglieder. Wenn bei einer extremen, bis zur Selbstvergessenheit und Selbstaufopferung gehenden Anpassung an äußere Anforderungen alle Signale des Körpers überhört und ständig die eigenen Grenzen der Belastbarkeit überschritten werden, sind aber Selbstüberforderung und Selbstüberlastung vorprogrammiert. Hochsensible berichten häufig auch von einem inneren Anpassungskonflikt: Einerseits vermittelt die Übereinstimmung mit der allgemeinen Weltsicht und den gesellschaftlichen Erwartungshaltungen positive Gefühle einer Sicherheit und eines Dazugehörens. Andererseits kostet die ständige Anpassung sehr viel Kraft und führt zu einer permanenten und krankmachenden inneren Anspannung (vgl. Böttcher, 234). Gleichzeitig nehmen Selbstvertrauen und Selbstsicherheit ab, weil die Anpassung nur in seltenen Fällen ganz gelingt und man im Wettbewerb mit Widerstandsfähigeren stets Verlierer bleibt (vgl. Sellin, 43; Parlow, 116). Direktiven wie «Wer muss, der kann» oder «Das schaffst Du doch auch noch, schließlich ist es bisher immer gut gegangen» sind angesichts dieser Selbstgefährdungen klar zurückzuweisen (vgl. Sellin, 85).

Genauso problematisch wie eine selbstvergessene und selbstüberfordernde Anpassung ist jedoch auch das andere Extrem eines totalen Rückzugs: Statt sich nur um ausreichende Ruhepausen für die Informationsverarbeitung zu bemühen, betreiben einige Hochsensible eine Art «Erlebnisdiät» und versuchen, sich von Außenweltreizen möglichst fernzuhalten (vgl. Sellin, 70; Parlow, 118; Dinkel, 214). Sie nehmen eine dauerhafte Schonhaltung ein, packen sich förmlich in Watte und sind zur Vermeidung einer Überstimulation um maximalen Selbstschutz bemüht. Immer wieder wechseln sie die Arbeitsstelle, weil sie die von ihnen erwarteten Leistungen nur unter größter Mühsal erbringen können: «Ich fühle doch, dass diese Arbeit nichts für mich ist und nicht meinem Wesen entspricht» (Sellin, 74). Am Ende sehen sie sich außerstande, ihren Lebensunterhalt zu verdienen. Andere verzichten von vornherein auf Geld und Karriere, beharren auf ihrer Eigentümlichkeit und lassen sich nicht davon abbringen, z. B. als Wissenschaftler oder Künstler ihre «wahre Berufung» zu leben, oder fliehen gar aus der brutal wirkenden Lebens- und Arbeitswelt in die eigene Phantasiewelt. Manchmal führen gescheiterte und frustrierende Anpassungsversuche zu einer trotzigen Haltung und zur Forderung, die anderen sollen «sich jetzt bitte schön einmal den Hochsensiblen anpassen» (vgl. Schorr 2018, 20)! Wenn jemand aber im Zeichen eines radikalen Individualismus nur um sich selber kreist, Kompromisse und jede Anpassung seiner persönlichen Ziele an die gegebenen strukturellen Bedingungen ablehnt und am Ende von Sozialleistungen lebt, ist dies unsolidarisch und egoistisch. Aus individualethischer Perspektive bleiben die Bedürfnisse nach sozialer Anerkennung dauerhaft frustriert, und der Spielraum individueller Entfaltungsmöglichkeiten wird sich zusehends verringern. Abzulehnen ist aber ebenso ein äußerer Anpassungsdruck im Zeichen eines radikalen Kollektivismus, dem zufolge die Individuen nur aus ihrem möglichst großen (wirtschaftlichen) Nutzen für die Gemeinschaft ihre Daseinsberechtigung erhalten. Die gesellschaftlichen Ansprüche werden da überzogen, wo die Verwirklichung individueller Anlagen und Lebensziele unterdrückt wird und die Verwendbarkeit auf dem Arbeitsmarkt das einzige Kriterium für Sozialisation und Bildung ist. Hochsensible leiden viel stärker als andere unter einer ENTFREMDUNG von der Arbeit und sich selbst, sodass der Preis für die Anpassung für sie noch größer ist (vgl. Kap. 3.5; Böttcher, 234): Je mehr die intensiv erlebte Innenwelt und die starken Bedürfnisse nach Sinn und Tiefe ausgeblendet bzw. unterdrückt werden, desto stärker breiten sich Gefühle innerer Leere und eines Gefangenseins in einem Hamsterrad aus.

4.3 Können Hochsensible unter den Bedingungen der Moderne glücklich sein?

Im Zeitalter der Selbstoptimierung wird die Glücksideologie verbreitet, jeder Mensch könne durch harte Arbeit an sich selbst und seinem Leben sowie der richtigen positiven Einstellung glücklich werden (vgl. Kap. 2.4). Beliebt ist in diesem Zusammenhang das neuzeitliche Sprichwort: «Jeder ist seines Glückes eigener Schmied.» Aus der These der subjektiven Machbarkeit oder Herstellbarkeit des Glücks wird manchmal sogar eine allgemeine moralische Pflicht zum Glücklichsein oder ein Glücksimperativ abgeleitet (vgl. Fenner 2019, 23): Jeder soll sich um ein erfolgreiches und glückliches Leben bemühen und das Beste aus sich und seinem Leben herausholen! Diese Devise gilt natürlich auch für Hochsensible, die sich unter den für sie ungünstigen Bedingungen der Moderne einfach ein bisschen mehr anstrengen müssen. Dank ihrer Freiheit und Kreativität sollen sie allenfalls eine Nische im System suchen, in der sie sich entfalten und produktiv werden können. Wie bereits in Kapitel 2.4 gezeigt, handelt es sich bei diesen pauschalen Annahmen aber zu weiten Teilen um kollektive Selbsttäuschungen. Hingewiesen wurde bereits auf die mannigfaltigen Einschränkungen der individuellen Freiheit durch die faktischen Gegebenheiten wie z. B. Verluste durch Tod, Krankheit und Naturkatastrophen oder unveränderliche politische und wirtschaftliche Strukturen. Aber auch innere physische, psychische oder neurophysiologische Grundbedingungen können den Handlungsspielraum teilweise erheblich begrenzen. Ähnlich wie beim soeben in Kapitel 4.2 diskutierten allgemeinen Leitsatz «Wer muss, der kann» ist auch das Sprichwort «Jeder ist seines Glückes Schmied» je nach Verwendungskontext ethisch unterschiedlich zu bewerten. Mit Blick auf selbstgewählte und den eigenen Talenten entsprechende Ziele kann ein unterstützender Appell von außen an die Selbstverantwortung der Einzelnen die eigene Motivation bei der Zielerreichung durchaus erhöhen. Sofern aber jemand unfreiwillig und unverschuldeterweise unter menschenunwürdigen Arbeits- und Lebensbedingungen wie z. B. prekären befristeten Arbeitsverhältnissen, zunehmender Arbeitsverdichtung und Dauerstressbelastung leidet oder wegen individueller Beeinträchtigungen bestimmte berufliche oder gesellschaftliche Anforderungen nicht erfüllen kann, wird der Glücksimperativ ethisch gesehen verwerflich (vgl. Fenner 2019, 30f.). Wo eine Analyse der persönlichen Startbedingungen und Lebensumstände der Betroffenen ausbleibt, ist der Umkehrschluss des Sprichworts asozial und führt zu einer Verantwortungsreduktion und Entsolidarisierung in der Gesellschaft: Wer nicht sein Glück macht auf dieser Welt, ist selber schuld und hat sich nicht genug angestrengt!

Empirische Erhebungen zum Glück sind mit der methodischen Schwierigkeit behaftet, dass ein einheitlicher Glücksbegriff fehlt und also möglicherweise ganz Unterschiedliches gemessen wird. Im Folgenden wird von der allgemeinen philosophischen Begriffsbestimmung von GLÜCK als harmonisches, gelingendes Welt-Selbst-Verhältnis ausgegangen, wie sie in Kapitel 2.4 eingeführt wurde: Es ist ein übergreifendes oder Lebensdauerglück, das auf einem gelingenden, guten Leben basiert und sich auch als Übereinstimmung oder «Passung» von Individuums- und Umweltfaktoren charakterisieren lässt. Nach der Gründerin des ersten Schweizer Instituts für Hochsensibilität gelingt ein Leben dann, wenn ein Einklang von Lebens- und Arbeitsrhythmus mit dem eigenen Wesen gefunden wird (vgl. Schorr 2018, 20). Ihrer Erfahrung nach leiden Hochsensible mehr und schneller daran, wo eine solche «Stimmigkeit» nicht erreicht wird, und viele reagieren darauf mit körperlichen Symptomen. Auch nach Erfahrungsberichten anderer Hochsensibler oder Coaches haben viele von ihnen große Mühe, «einen stimmigen Platz im Leben zu finden», oder kommen zum Schluss, mit dem Rest der Menschheit nicht kompatibel zu sein und «keinen Platz in der Welt» zu haben (Parlow, 17). Fast die Hälfte, nämlich 46 Prozent aller Hochsensiblen, sind nach einer Umfrage mit ihrer Anlage «so wenig glücklich, dass sie sich weniger Empfindsamkeit wünschen» (ebd., 78). Andere erfreuen sich jedoch einer stabilen physischen und psychischen Gesundheit, fühlen sich mit dem Universum verbunden und ziehen starke Kräfte aus einer sinnerfüllten Arbeit und Lebensgestaltung (vgl. Böttcher, 19). Es gibt also «Hochsensible, die unter ihrer Sensibilität leiden, während andere ihre Veranlagung konstruktiv nutzen» (Sellin, 11). Hochsensible erleben nicht nur negative Erfahrungen und krisenhafte Ereignisse stärker, sondern können auch mehr und länger, teilweise jahrelang von schönen Erlebnissen oder glücklichen Fügungen profitieren und dankbar dafür sein (vgl. Kap. 2.4; 3.3; Schorr 2018, 37). Vielen dürfte eine klare Selbsteinschätzung schwerfallen, weil ihr Leben zwischen den beiden Polen ständiger Reizüberflutung und Überlastung einerseits und eines hochinteressanten und innerlich reichen Lebens andererseits hin- und herpendelt. Auch ich selbst zögere aus diesem Grund bei der

Beurteilung meines Lebens als Ganzes, obgleich ich unter den gegebenen Voraussetzungen wohl die bestmögliche «Passung» zwischen inneren Anlagen und äußeren Umweltbedingungen erreicht habe. Im Folgenden sollen die wichtigsten inneren und äußeren Faktoren genauer analysiert werden, die auf das Glück aller, insbesondere aber hochsensibler Menschen einen großen Einfluss haben.

1) Genetische Faktoren: Glücksfixpunkt und Intensität der Hochsensibilität

Laut empirischer Glücksforschungen anhand von Zwillingsstudien besitzt jeder Mensch von Anfang an einen genetisch festgelegten «Glücks-Set-Point» oder «Glücks-Grundwasserspiegel» (vgl. Lyubomirsky, 29): Das persönliche Glück hänge zu 50–80 Prozent von diesem GLÜCKSFIXPUNKT ab und pendle sich nach starken positiven oder negativen Erfahrungen wie z. B. einem Lottogewinn oder einer Beinamputation immer wieder darauf ein. Von welchen Genen oder Botenstoffen im Gehirn dies abhängt, ist noch ungeklärt. Bestimmte genetische Merkmale scheinen zu begünstigen, dass Menschen entweder höchst sensibel auf negative Erfahrungen reagieren oder aber Erfreuliches besonders intensiv verarbeiten (vgl. Vieweg). Möglicherweise liegt der «set point» bei Hochsensiblen aufgrund der für sie charakteristischen, genetisch bedingten Serotonin- und Dopaminsysteme durchschnittlich niedriger als bei Normalsensiblen, weil davon das subjektive Stressniveau abhängt (vgl. Kap. 2.1). Wie in Kapitel 3 gesehen variiert die Ausprägung der Persönlichkeitsdisposition «Hochsensibilität» unter Hochsensiblen erheblich, sodass viele nur sensorisch, kognitiv oder emotional hochsensibel sind und auch dies nur in einem gewissen Ausmaß. Ein wichtiger Einflussfaktor auf das Glück und Wohlergehen von Hochsensiblen ist also sicherlich die Stärke oder Intensität dieses Charaktermerkmals (vgl. Reichardt, 19). Vermutlich liegt eine Normalverteilung der Empfindlichkeit wie bei der Gauß'schen Kurve vor, sodass etwa 16 Prozent der Hochsensiblen nur sehr schwach und weitere 16 Prozent extrem stark hochsensibel sind (vgl. ebd., 17f.). Die nur gering oder mittelgradig Hochsensiblen dürften die durch diese Veranlagung bedingten Einschränkungen gerade noch kompensieren und ein «normales» angepasstes Leben führen können, das sich von demjenigen Normalsensibler kaum unterscheidet. Wer aber in einem oder sogar den meisten Bereichen hochgradig sensibel ist wie ich selbst, kann wegen der geringen Belastbarkeit und Stressresistenz kaum ein normales Leben führen, ohne seine physische und psychische Gesundheit aufs Spiel zu setzen. Da unter den Bedingungen der Moderne die Dichte an Umweltreizen und Stressfaktoren durch Informationsflut, ständige Erreichbarkeit und Doppelbelastung von Beruf und Familie erheblich zugenommen hat, entwickeln viele stark Hochsensible im Laufe ihres Lebens verschiedene psychische oder psychosomatische Störungen, die Gesundheit, Arbeitsfähigkeit und Lebenszufriedenheit erheblich beeinträchtigen. Einige pendeln zwischen den Extremen einer selbstüberfordernden Teilhabe an der Außenwelt und eines radikalen Rückzugs in die Einsamkeit hin und her (vgl. Parlow, 118 f.; Aron 2017, 18).

2) Umweltfaktoren: Elternhaus und Arbeitsbedingungen

Gemäß der bereits erwähnten Zwillingsstudien hängt das Glücksniveau lediglich zu zehn Prozent von Umweltfaktoren wie Familie, politischem System, Wohlstand etc. ab (vgl. Lyubomirsky, 30). Dies überrascht insofern, als Gene erst unter konkreten Umweltbedingungen aktiviert oder deaktiviert werden (vgl. Kap. 2.4). Ganz entscheidend für die weitere Entwicklung eines Menschen sind zweifellos die Umwelteinflüsse in den ersten Lebensjahren, weil die frühkindlichen Erfahrungen maßgeblich an der Konstruktion des neuronalen Netzwerks im Gehirn beteiligt sind (vgl. Wettig, 2298). Wie bei einer Pflanze hängt das Gedeihen nicht nur vom Saatgut, sondern genauso von Bodenqualität, Wasser, Sonneneinstrahlung und Zugluft ab, wobei für hochsensible Kinder das soziale Umfeld noch wichtiger ist als für andere (vgl. Aron 2017, 113; Reichardt, 19). Häufig werden Hochsensible mit Orchideen verglichen, die eine ganz andere Pflege brauchen als die Mehrzahl der Löwenzähne oder Gänseblümchen (vgl. Schorr 2020, 44). Ob sie als Kinder mit ständigen Sprüchen konfrontiert und zur Anpassung an die anderen gezwungen werden oder mit ihrer andersartigen Veranlagung in ihrem sozialen Umfeld auf Verständnis und Unterstützung stoßen, vermindert bzw. erhöht ihre Chancen auf ein harmonisches Welt-Selbst-Verhältnis: In der frühen Kindheit werden die Weichen dafür gestellt, ob jemand seinen Mitmenschen vertraut und als Erwachsener stabile Beziehungen aufbauen kann oder die Umwelt als bedrohlich erlebt und ängstlich, schüchtern und misstrauisch wird (vgl. Hensel, 76; Sellin, 47). Aufgrund geschlechtsspezifischer Rollenerwartungen haben es insbesondere hochsensible Jungen in unserem Kulturkreis schwer, weil von ihnen noch viel mehr als von Mädchen Kampfgeist, Unerschrockenheit und Durchsetzungswille erwartet werden (vgl. Hensel, 75). Krankheiten, Todesfälle, schwelende Konflikte, sozioökonomisch instabile Verhältnisse oder gar Gewalt und Übergriffe in der Familie stellen für hochsensible Kinder noch größere emotionale Belastungen dar als für normalsensible, und nur wenigen dürften solche leidvollen Erfahrungen erspart bleiben (vgl. ebd., 79 f.; Aron 2017, 114). Genetisch hochsensible Menschen, die im späteren Leben chronisch überreizt und schnell gestresst sind, Depressionen oder Angstzustände entwickeln, hatten nach verschiedenen Studien fast immer eine belastende Kindheit (vgl. Vieweg; Aron 2017, 114; 307). Es hat sich für hochsensible Kinder der Ausdruck ORCHIDEENKINDER etabliert, weil sie sowohl auf negative als auch fördernde Umwelteinflüsse stärker reagieren (vgl. Hoof, 16): Sie weisen zwar unter Stress häufiger Krankheiten und Verletzungen auf, sind aber in einer sicheren Umgebung gesünder – und vermutlich auch glücklicher (vgl. Aron 2017, 123)!

Während sich niemand seine Eltern und ihren sozioökonomischen Status auswählen kann, suchen die meisten als Erwachsene gezielt nach Umweltbedingungen, die ihren angeborenen Neigungen entsprechen. Da arbeitstätige Menschen 60–70 Prozent ihrer wachen Zeit in ihrer beruflichen Rolle verbringen, trägt die Zufriedenheit mit der eigenen Arbeit wesentlich zur persönlichen Lebenszufriedenheit und zum eigenen Glück bei. Die Bedingungen auf dem Arbeitsmarkt sind aber für hochsensible Menschen gegenwärtig so ungünstig, dass viele in diesem zentralen Lebensbereich keine Passung zwischen Selbst und Welt erreichen (vgl. Skarics, 35 ff.; Hensel, 183 ff.; Kap. 3.5): Unter den verschärften Bedingungen im neokapitalistischen Wirtschaftssystem reicht eine gute Qualifikation meist nicht aus, sondern gefragt sind größtmögliche Flexibilität, Wettbewerbsdenken, Durchsetzungsfähigkeit und lautes und Aufmerksamkeit auf sich ziehendes Auftreten. Unter großem Termin- und Leistungsdruck verlieren Hochsensible aber rasch ihre Konzentrations-, Denk- und Erinnerungsfähigkeit und arbeiten dann am besten, wenn sie sich möglichst selbständig und intrinsisch in eine Tätigkeit vertiefen können. Sie definieren sich weniger über Verdienst, Erfolg, Prestige und Überlegenheit, sondern primär über ihre Wertvorstellungen und sinnstiftenden Tätigkeiten. Deswegen tun sie sich besonders schwer damit, sich stillschweigend in ein ihnen als widersprüchlich, ungerecht oder unsinnig erscheinendes System einzugliedern. Sie leiden aufgrund ihrer hohen emotionalen Intensität noch viel stärker unter einem Beruf, der ihnen nicht als sinnvoll erscheint und nicht mit ihren persönlichen Idealen und Werten übereinstimmt (vgl. Parlow, 201 ff.; Skarics, 45). Während viele in einem ungeliebten Brotberuf ausharren und froh sind, überhaupt eine Arbeitsstelle gefunden zu haben, schlittern andere von einem Job zum nächsten auf der Suche nach einer Übereinstimmung von Beruf und Berufung (vgl. Schorr 2020, 48). Diese finden sie mehr und mehr nur noch in beruflichen Nischen etwa als Therapeuten, Künstler und Wissenschaftler, Programmierer, Archivare des Wissens wie z. B. Bibliothekare oder Lektoren oder auch in Refugien der helfenden und pädagogischen Berufe, obgleich sich auch hier die Bedingungen zusehendes verschlechtern (vgl. Skarics, 33; Kap. 4.5). Wieder andere Hochsensible befinden sich wie ich in einem Konflikt, weil sie in ihrer beruflichen Nische zwar ihre Talente entwickeln können und sehr glücklich sind, diese Arbeit aber keine ökonomische Stabilität bietet. Nach einer Studie von Aron sind zudem doppelt so viele Hochsensible wie Nicht-Hochsensible als Vollzeiteltern beschäftigt und haben also im häuslichen und familiären Bereich eine Nische gefunden (vgl. ebd., 195).

3) Selbsterkenntnis und Lebenskunst

Menschen sollen ihr Glücksniveau generell zu 40 Prozent durch ihre eigenen Handlungen und Gedanken beeinflussen können, sodass Anleitungen zum Glücklichsein darin den «Schlüssel zum Glück» erblicken (vgl. Lyubomirsky, 31). Eine zentrale Rolle bei der Gestaltung eines gelingenden Welt-Selbst-Verhältnisses spielt die Selbsterkenntnis, die daher seit der Antike einen Grundbaustein philosophischer Lebenskunst bildet. Für das Glück hochsensibler Personen ist es unter suboptimalen Umweltbedingungen äußerst wichtig, über die Besonderheit ihres empfindlichen Nervensystems Bescheid zu wissen, zu ihrer Eigenart zu stehen und ein daran angepasstes Leben zu führen: Sie müssen sich ihre Umwelt so umgestalten bzw. sich einen Ausschnitt so auswählen, dass sie möglichst wenig Stress, viel Ruhe und

Regelmäßigkeit und relative Sicherheit haben (vgl. Parlow, 87). Niemand muss sich «allem aussetzen», weil Vermeidung zu Unrecht als schädliche Strategie diskreditiert wird und die Fähigkeit zur Abgrenzung vielmehr zentraler Bestandteil hochsensibler Lebenskunst darstellt (vgl. Reichardt, 140). Insbesondere introvertierte kognitiv Hochsensible sind prädisponiert für die in der aristotelischen Glücksphilosophie ganz oben rangierende «theoretische Lebensform» mit dem Ziel der Weisheit, weil sie in einem hohen Maß autark sind, nur wenig Austausch brauchen und ihre geistigen Aktivitäten ihnen eine «gewisse Leichtigkeit und glückhafte Verklärung» vermitteln (Klages, 34; vgl. Aristoteles, 1177a,15–34). Sofern Hochsensible nicht unter akutem Stress stehen, erleben sie aufgrund der intensiveren Wahrnehmung positiver Emotionen mehr und tiefere Glücksmomente als weniger Sensible und sind in diesem Sinn glücklicher (vgl. Skarics, 18). Ein übergreifendes oder Lebensdauerglück ist aber mehr als eine Aneinanderreihung von Glücksmomenten und setzt voraus, dass sich ein Sinn und Einheit stiftender Lebensplan sukzessive in die Realität umsetzen lässt (vgl. Fenner 2007, 73). Hochsensible Menschen scheinen zwar mit ihrer Kreativität und ihren Fähigkeiten zur differenzierten Situationsanalyse und zum Früherkennen von Risiken gut gerüstet zu sein, um Lösungen für schwierige Herausforderungen im Leben zu finden. Unter den für sie ungünstigen modernen Arbeits- und Lebensbedingungen dürften Hochsensible aber noch stärker als andere auf ein Zufallsglück im Sinne glücklicher Fügungen wie Zufallsbekanntschaften mit gut vernetzten Personen oder vorhandene Nischen in ihrem Beruf angewiesen sein. Analog zur oben erwähnten Studie zur größeren Gesundheit von hochsensiblen Kindern ohne Stress im Vergleich zu normalsensiblen Kindern sind Hochsensible mutmaßlich im Fall einer «Passung» glücklicher als Normalsensible, im anderen Fall aber unglücklicher.

4) Resilienz und Optimismus

Ein weiterer Einflussfaktor auf das Glück hochsensibler Personen ist die individuell sehr unterschiedlich hohe Resilienz (vgl. Reichardt, 19). RESILIENZ, zurückgehend auf das lateinische «resilire»: «zurückspringen, abprallen», meint eine psychische Widerstandsfähigkeit als Fähigkeit, trotz widriger

Lebensumstände und gravierender emotionaler Belastungen wie Stress oder Krisen gesund zu bleiben und sich anzupassen. Aus Sicht der Persönlichkeitspsychologie stellt die Resilienz eines Menschen eine stabile Persönlichkeitseigenschaft dar, die im Leben relativ konstant bleibt (vgl. Leipold, 97). Wie noch zu sehen sein wird, weisen hochsensible Personen zumeist eine hohe «Vulnerabilität» als das Gegenteil von «Resilienz» auf und sind stress- und krankheitsanfälliger (vgl. Kap. 4.4). Resilienz wird maßgeblich geprägt durch genetische Ausgangsbedingungen und frühe Kindheitserfahrungen. Es handelt sich bei dieser «Fähigkeit» aber um ein ganzes Bündel von Fähigkeiten, sodass einzelne Kompetenzen durchaus noch im Erwachsenenalter verbessert werden können. In empirischen Studien erwies sich die Höhe an Selbstwert und Selbstvertrauen als bedeutsam für Resilienz (vgl. ebd.). Vielen Hochsensiblen mangelt es wie erwähnt daran, weil ihre Eigenart häufig in der Sozialisation als etwas zu Überwindendes gebrandmarkt wurde und sie sehr selbstkritisch sind (vgl. Kap. 3.3). Widerstandsfähig gegen äußere Belastungen machen nachweislich auch körperliche und geistige Fitness (vgl. ebd., 187 f.). Da viele Hochsensible wie ich Schlafprobleme haben und Anspannungen und Sorgen schwer loslassen können, dürften sie auch in diesem Punkt trotz sportlicher Betätigung niedrige Resilienzwerte erreichen. Zentraler Bestandteil von Resilienz ist des Weiteren ein Optimismus als positive Zukunftsorientierung, bei der stets mit einem positiven Ausgang der Dinge gerechnet und auch in schwierigen Situationen die offenstehenden Chancen erkannt und aktiv ergriffen werden (vgl. Schütz u. a., 29 f.). Viele Hochsensible sind aber Bedenkenträger und scheinen zu einem ungünstigen Erklärungsstil zu neigen, indem sie z. B. Fehler eher bei sich selbst als in äußeren Umständen suchen. Solche die Realität negativ verzerrenden Denkmuster können durchschaut und korrigiert werden. Auch andere kognitive Copingstrategien für den Umgang mit Schwierigkeiten wie z. B. Dankbarkeit für das, was man hat, Problemlösungsorientierung oder soziale Kompetenzen lassen sich trainieren. Demgegenüber sind weitere grundlegende Resilienzfaktoren wie z. B. die Selbststeuerungs- oder Selbstregulationsfähigkeit inklusive der in Kapitel 4.2 erläuterten Emotionsregulation stark abhängig von genetischen Anlagen und frühkindlicher Schulung im Elternhaus.

5) Gesellschaftliche Bewertungsmaßstäbe

Menschliches Glück hängt nicht allein von günstigen Umweltfaktoren und Individuumsfaktoren ab, sondern auch von gesellschaftlichen Bewertungsmaßstäben, unter denen die Qualität des eigenen Lebens beurteilt wird. Glück ist also immer auch eine Frage des Bezugssystems (vgl. Fenner 2019, 67). Wie in Kapitel 4.2 gezeigt, stehen viele Hochsensible unter starkem Vergleichszwang und Anpassungsdruck und bekommen häufig zu hören: «Schau mal, was andere alles machen!» oder: «Andere können das doch auch!». Solange sie alleine sind und keinen starken Reizen ausgesetzt sind, scheinen die meisten Hochsensiblen ganz zufrieden mit ihrer Veranlagung und im Einklang mit sich und der Welt zu sein (vgl. Schorr 2020, 55). Sobald sie sich aber mit normal Belastbaren messen, bröckelt die positive Selbsteinschätzung und Lebenszufriedenheit. Mir selbst werden als Vorbilder gerne Karrierefrauen vor Augen geführt, die einen 100-Prozent-Job stemmen und daneben noch mehrere Kinder haben. Sich zur Vermeidung einer voraussehbaren Überforderung gegen Kinder oder gegen Vollbeschäftigung oder gegen beides zu entscheiden, kostet viel Kraft, wenn die eigene Mutter einem einschärft: «Eine Frau ohne Kinder wird nicht glücklich!» Hinter dem vergleichenden Bewerten stehen ressourcenorientierte Konzepte des guten Lebens und objektivistische Theorien des Glücks. Nach Hartmut Rosa liegt ein ressourcenorientiertes Konzept eines guten Lebens vor, wenn es bei der Beurteilung primär auf Ressourcen oder Mittel wie z. B. Gesundheit, Geld, Besitz, Bildungsstand, berufliche und soziale Position, Prestige oder Familie ankommt (vgl. Rosa 2020, 15). Typisch bei diesem Modell ist zum einen, dass eine Steigerung positiv bewertet wird: Mehr Geld, mehr Häuser oder mehr Kinder etc. sind besser als weniger. Zum anderen hängt die eigene Glücksbilanz von der Positionierung in Bezug auf andere ab. Man wird daher dazu angehalten, sich bezüglich dieser Güter oder Ressourcen mit den Mitmenschen zu messen und ein «Mehr» anzustreben. Wer im Vergleich zum Durchschnitt gut abschneidet, kann sich glücklich wähnen. Der wichtigste Bewertungsmaßstab in modernen westlichen Leistungsgesellschaften ist dabei der äußere kommerzielle Erfolg, der nach materiellen Gesichtspunkten und der erreichten öffentlichen Aufmerksamkeit beurteilt wird. Sowohl in beliebten Fernsehformaten wie Reality-Shows als auch bei Internetauftritten entscheiden meist nicht besondere Qualifikationen, sondern der Popularitätsgrad über den kommerziellen Erfolg. In einem materiellen Bezugsrahmen bemisst sich die Qualität von Tätigkeiten, Leistungen oder Produkten allein am rein quantitativen Wertmaßstab des Gewinns.

Wie bereits gezeigt, schneiden hochsensible Menschen in Bezug auf diese gesellschaftlichen Bewertungsmaßstäbe häufig schlecht ab (vgl. Kap. 4.2). Davon einmal ganz abgesehen soll hier das ressourcenorientierte Konzept des guten Lebens, das große Ähnlichkeiten mit philosophischen Gütertheorien aufweist, als solches geprüft werden. Analog zu «Ressourcen» versteht man unter «Gütern» die Voraussetzungen oder Lebensziele, die für jedes gute und glückliche menschliche Leben wichtig sind (vgl. Fenner 2007, 103). Die im 20. Jahrhundert entwickelten neoaristotelischen Objektive-Listen-Theorien oder Gütertheorien beziehen sich dabei wie Aristoteles auf eine «menschliche Natur», auf wesentliche menschliche Grundfähigkeiten und Grundbedürfnisse, von denen bereits die Rede war (vgl. Kap. 2.2): So ist es für ein gutes menschliches Leben entscheidend, ein gesundes und langes Leben zu führen, ein Existenzminimum zur Stillung der physiologischen Grundbedürfnisse zu haben, mittels der Vernunft eigene Lebenspläne entwerfen und soziale Beziehungen pflegen zu können (vgl. Fenner 2007, 72 f.). Bei solchen anthropologischen Gütern, die auch in der obigen Liste etwa in Werten wie Gesundheit, Bildung oder Familie enthalten sind, handelt es sich um intrinsische, d. h. in sich wertvolle und um ihrer selbst willen erstrebenswerte Güter. Andere Güter aus der obigen Liste wie v. a. Geld und Besitz oder auch Karriere und Ruhm sind eher Mittel zu anderen Gütern und werden daher extrinsische Güter genannt. In der Kritik steht insbesondere die in westlichen Gesellschaften weit verbreitete materialistische Grundeinstellung, der zufolge sich ein gutes und glückliches Leben vornehmlich an äußeren materiellen Gütern wie Einkommen, Wohnung, Auto oder allgemein einem hohen Lebensstandard bemisst: Da wir uns ständig an den einmal erreichten Lebensstandard gewöhnen, kommt es leicht zu einem unaufhörlichen Anstieg der Ansprüche, sodass man seinem Glück immer hinterherrennt. Zudem steigt die Abhängigkeit von äußeren Lebensbedingungen, was häufig zu Verlustängsten und Zwängen führt. Ungeachtet der konkreten Inhalte der Listen werden objektive Gütertheorien paternalistisch und repressiv, wenn sie keinen Raum lassen für individuell unterschiedliche Anlagen, Bedürfnisse und Fähigkeiten. Zwar sind sie als positive Orientierungshilfen nicht nur für die Einzelnen, sondern auch für Politik und

Gesellschaft begrüßenswert, um z. B. allen Menschen ein Existenzminimum, eine medizinische Grundversorgung oder die Vereinbarkeit von Beruf und Familie zu garantieren. Ethisch höchst verwerflich wäre jedoch eine Nötigung, Abwertung oder Diskriminierung derjenigen, denen bestimmte Güter fehlen.

Das Güter- oder Ressourcenmodell ist aber auch deswegen individualethisch gesehen problematisch, weil es zu einer Jagd nach äußeren Ressourcen und zum Wettbewerb und ständigen Vergleich mit anderen Menschen verleitet (vgl. Rosa, 16 f.). Das Sich-Vergleichen mit anderen Menschen ist zwar nicht grundsätzlich glücksabträglich. Denn häufig finden wir erst im Vergleich mit anderen heraus, wo unsere Stärken und Schwächen liegen, und meist lernen wir von Menschen mit ähnlichen Lebenszielen, wie wir diese am besten erreichen können. Wo aber eine solche qualitative Vergleichsbasis fehlt und man sich nur mit Blick auf äußere Güter wie Einkommen, Geld oder Ruhm mit beliebigen anderen vergleicht, ist dies der sichere Weg ins Unglück: Man verfehlt ein gutes Leben, solange man durch die Fixierung auf irgendwelche Güter den spezifischen Zeit- und Vollzugscharakter des menschlichen Lebens verkennt. Worauf es beim guten Leben ankommt, ist nicht die Quantität der Güter und ihre Vermehrung, sondern die Qualität der Weltbeziehung, in Rosas metaphorischer Ausdrucksweise die «Resonanzachsen» zwischen dem Selbst und der Welt (vgl. 19; 25 f.). Diese kommen aber nicht zustande, wo ein Mensch ausschließlich extrinsisch motiviert ist und lediglich gesellschaftliche Anforderungen und Glücksmaßstäbe zu erfüllen versucht. Voraussetzung für ein gelingendes Welt-Selbst-Verhältnis sind vielmehr intrinsische Interessen an bestimmten Menschen oder Tätigkeiten, die um ihrer selbst willen geschätzt werden (vgl. Fenner 2007, 75 ff.). Wo z. B. ein intrinsischer Kinderwunsch fehlt, werden einen noch so viele Kinder nicht glücklich machen. Wie in Kapitel 2.4 erwähnt, erfreut sich in der Gegenwart neben ressourcenorientierten Glücksvorstellungen aber auch diejenige vom Glück der Selbstverwirklichung großer Beliebtheit, das hochsensiblen Menschen eher entgegenkommt: Für viele bemisst sich «Erfolg» weniger an äußeren Leistungen als an einer inneren Weiterentwicklung der Persönlichkeit oder Vervollkommnung der persönlichen Fähigkeiten und Talente. Dabei verfolgen Hochsensible als geborene Sinnsucher wie gesehen meist durchaus überpersönliche Ziele wie humanistische Ideale der Weltverbesserung, mit denen sie sich identifizieren (vgl. Kap. 3.5). Für sie käme

«Selbstoptimierung» nur im Sinne einer intrinsisch oder prozessmotivierten Selbst- und Lebensgestaltung in Frage, gereinigt von allen ökonomisch-technoiden Assoziationen einer extrinsisch motivierten Effizienz-, Gewinn- und Leistungssteigerung. Angesichts der dominierenden gesellschaftlichen Bezugssysteme fällt es aber vielen schwer, zu den eigenen Maßstäben für ein gutes und glückliches Leben zu stehen.

4.4 Ist eine individuelle Therapie von Hochsensibilität wünschenswert?

Im Rahmen von Hochsensiblen-Gesprächskreisen, Büchern und Coaching-Angeboten wird stets betont: «Hochsensibilität ist keine Krankheit, keine Störung, kein therapiebedürftiger Zustand» (Hensel, 11). Es handle sich vielmehr psychologisch gesprochen um ein Persönlichkeitsmerkmal bzw. auf neurophysiologischer Ebene um eine spezifische Ausprägung des Nervensystems (vgl. Kap. 2.1). Damit kämpft man an gegen das Negativ-Image von Hochsensiblen als zu zögerlich und langsam, zu wenig belastbar und leistungsfähig, als schwache und leicht verletzbare Opfer, die in Streitgesprächen und unter Konkurrenzdruck versagen. Gleichwohl sind nach Schätzungen zurzeit über 50 Prozent der Klientel psychologischer Praxen hochsensibel (vgl. Reichardt, 219). Meine eigenen Erfahrungen mit Therapeuten begannen mit Anfang 20, als ich mich mit großem Elan in mein Doppelstudium in Philosophie/Germanistik und Kontrabass stürzte, voll und ganz in der Welt der Kunst und des Geistes aufging und für nichts anderes mehr Zeit fand. Es war meine Mutter, die mich zum Psychiater schickte, weil ich im Gegensatz zu gleichaltrigen Mädchen immer noch keinen ersten Freund hatte. Ich suchte die angegebene Adresse auf und nannte wahrheitsgemäß den Grund meines Kommens, verneinte aber die darauffolgende Frage, ob ich selbst denn einen Partner suche. Dennoch sei ich wegen Sören Kierkegaards Konzept einer «uneigentlichen Verzweiflung» der Aufforderung meiner Mutter gefolgt, um herauszufinden, ob ich vielleicht verzweifelt sei, ohne es zu wissen. Angesichts all meiner Überlegungen und Fragen war der arme Mann völlig überfordert und ließ mir danach telefonisch mitteilen, dass leider kein Therapieplatz frei sei! In späteren Lebensphasen suchte ich aus freien Stücken verschiedene Therapeuten auf wie viele andere zumeist sehr selbstreflektierte Hochsensible, die wie ich unter schneller Erschöpfung und ihrem Anderssein leiden und ein Leben lang mit sich selbst kämpfen. Mit dem Fachmann möchten sie ein Gespräch auf Augenhöhe führen, um den «Fehler» ihres «Selbst» zu finden oder im gemeinsamen intensiven Vor- und Nachdenken einer schwierigen Situation den «Knackpunkt» oder die Quelle des Missverständnisses aufzudecken (vgl. Reichardt, 219). Offenbar ist es typisch, dass sie den Therapeuten mit Fragen, kritischem Nachbohren, Erklärungsmustern und Zweifeln «bombardieren» und die Vorgänge und sämtliche daran beteiligten Personen regelrecht «sezieren» wollen (vgl. ebd.). Obgleich die meisten Therapeuten das Konzept «Hochsensibilität» gar nicht kennen oder es auf Nachfrage hin für nicht relevant halten, zog einer der von mir konsultierten am Ende den gewagten Schluss: «Mit ihrer psychischen Disposition müssten sie eigentlich ins Kloster gehen»!

Die Selbstverständlichkeit, mit der in der Lebenshilfekultur wiederholt wird, Hochsensibilität sei keine Krankheit, ist bei genauerer Betrachtung allerdings trügerisch. Denn «Krankheit» und «Gesundheit» sind keine mit naturwissenschaftlicher Exaktheit objektiv messbaren Größen, sondern hängen teilweise von kulturellen Deutungen und Durchschnittswerten ab. Offenkundig gibt es in verschiedenen Zeitepochen und Gesellschaften große Unterschiede in der Beurteilung, wer «krank» oder «gesund» ist. Nur auf der physiologischen Ebene von Zellen und Organen lässt sich wertfrei und objektiv eine unwillkürliche Funktionsstörung wie z. B. eine Lungenventilationsstörung oder Tumorzellen diagnostizieren. Analog dazu könnte man zwar psychische Krankheiten als Störungen der sensorischen, emotionalen oder kognitiven Funktionsfähigkeit definieren (vgl. Kap. 2.3). Es ist aber deutlich schwieriger und interpretationsabhängiger, eine Grenze zu ziehen zwischen Vergesslichkeit und Demenz oder Niedergeschlagenheit und Depression. Insbesondere im psychosozialen Bereich hängen Krankheiten bzw. Störungen stark von kulturellen Vorstellungen von «normalem» und «anormalem» Verhalten und von gesellschaftlichen Erwartungshaltungen ab (vgl. Fenner 2019, 34). So werden immer wieder neue psychische Krankheiten wie z. B. Neurasthenie, ADHS oder Burnout «entdeckt» bzw. von der psychiatrischen Wissenschaft als Störungsbilder mit bestimmten sichtbaren Symptomen beschrieben und klassifiziert. Die zwei führenden Klassifikationssysteme der USA (DSM-5) und der WHO (ICD-11) werden deswegen regelmäßig überarbeitet (vgl. Ihde, 32). Es ist wohl nur eine Frage der Zeit, bis die in

Kapitel 3 skizzierten Symptome eines hochsensiblen Nervensystems in diesen Katalog aufgenommen werden. Ähnlich wie bei dem 1987 neu definierten Störungsbild ADHS als einer neurologischen Funktionsabweichung wird es entscheidend davon abhängen, wann die neurologischen Ursachen dieser funktionellen Abweichungen hinreichend erforscht sein werden. Spätestens wenn ein Wirkstoff – analog zu Ritalin gegen ADHS – gefunden ist, wird auch Hochsensibilität als psychische Störung gelten. Schon während die empirischen Grundlagen noch erforscht werden, ist daher eine öffentliche Diskussion darüber wünschbar, ob die Pharmaindustrie mit dem Ziel eines solchen Wirkstoffs Studien durchführen darf. Zu klären sind folgende empirisch-deskriptive (1) und normative (2) Fragen: 1. Nach welchen definitorischen Kriterien ließe sich Hochsensibilität als «Krankheit» oder «Behinderung» einstufen? 2. Wäre die Anerkennung als Krankheit oder Behinderung mit entsprechenden Therapiemöglichkeiten aus Sicht der Betroffenen überhaupt wünschenswert?

1) Inwiefern lässt sich Hochsensibilität als Krankheit oder Behinderung bezeichnen?

Die charakteristischen Eigenarten von Hochsensiblen weisen teilweise große Ähnlichkeiten mit Symptomen bekannter psychiatrischer Störungen auf, weshalb viele Hochsensible wegen AD(H)S, Autismus, Depressionen, Angst-, Persönlichkeits- oder Schlafstörungen in psychiatrischer Behandlung sind (vgl. Reichardt, 220 f.; Medical Academy, 15 ff.; Trappmann, 85 ff.). Viele Hochsensible leiden auch tatsächlich noch an solchen Störungen oder unter einem Kindheitstrauma. Hochsensibilität kommt also häufig nicht in Reinform vor, ist aber auch nicht notwendig z. B. mit AD(H)S als einer ebenfalls genetisch bedingten Überreagibilität des Stressregulationssystems verbunden. Depressionen, Burnout, Angst- oder Schlafstörungen wiederum sind bei Hochsensiblen oft Folgeerkrankungen von anhaltender Überlastung oder Überstimulation und deswegen weit verbreitet (Starostzik; Medical Academy, 16). Die erhöhte Reizbarkeit und Reaktionsbereitschaft des vegetativen Nervensystems geht mit einer erhöhten Anfälligkeit für Stresserkrankungen einher (vgl. Hoof, 16; Harke, 1). Dadurch dürfte vielfach auch die «Vulnerabilität» als Gegenteil der bereits erläuterten «Resilienz» größer sein, d. h. die

Verletzlichkeit und die angeborenen und erworbenen Risiken für psychische oder psychosomatische Erkrankungen (vgl. Ihde, 28 f.; Kap. 4.3). Ein Vulnerabilitätsfaktor sind z. B. die bereits als resilienzmindernd erwähnten Selbstwertprobleme hochsensibler Personen. Es braucht bei ihnen generell viel weniger belastende Ereignisse wie körperliche Beschwerden oder berufliche oder soziale Belastungen, damit ihre psychische Widerstands- und Regenerationsfähigkeit überfordert ist und die Grenzen des individuellen Anpassungsvermögens überschritten sind. Hochsensible neigen dazu, Stress und Überstimulation durch psychosomatische Erkrankungen auf der Körperebene «auszuagieren» (vgl. Schorr 2020, 30). Langfristig gesehen wird bei ihnen eine medikamentöse Bekämpfung einzelner manifester Symptome ohne Veränderung der persönlichen Lebenssituation wenig Besserung bringen, weshalb einige von ihnen als «austherapiert» oder «nicht therapierbar» aus der Therapie entlassen werden (vgl. Reichardt, 220). Obgleich stressbedingte Probleme und psychische Erkrankungen bei hochsensiblen Personen häufiger vorkommen als bei Normalsensiblen, bleiben andere Hochsensible dank besonders günstiger vorgefundener oder gezielt geschaffener Umweltbedingungen, einem wertschätzendem und unterstützendem sozialem Netz oder anderer Resilienzfaktoren davor verschont. Auch legen einige Hochsensible in Extremsituationen wie z. B. dem Tod eines Angehörigen eine überraschende Widerstandskraft oder Resilienz an den Tag (vgl. Schorr 2020, 33; Kap. 2.5).

«Krankheit» als ein wissenschaftlicher Begriff ist von seiner Grundbedeutung her eine empirisch feststellbare Funktionsstörung oder Abnormität (1). Darüber hinaus muss aber noch mindestens ein weiteres Zusatzkriterium erfüllt sein: 2) ein durch diese pathologische Abweichung verursachtes subjektives Leid oder 3) eine Behinderung bzw. deutliche Einschränkung bei der Verwirklichung zentraler subjektiver Lebensziele oder der Bewältigung von äußeren gesellschaftlichen Anforderungen (vgl. Fenner 2019, Kap. 1.3.1). Hochsensibilität als neurologische Funktionsabweichung (1) bedeutet für eine große Zahl der Betroffenen erhebliches Leid aufgrund der ständigen Reizüberflutung und der im Alter zunehmenden psychischen und psychosomatischen Folgeerkrankungen (2). Viele können wegen ihrer geringen Belastbarkeit wichtige Lebensziele nicht erreichen oder gesellschaftliche Ideale nicht erfüllen (3). Muss ich z. B. in einem voll besetzten Flugzeug in unmittelbarer Nähe von schreienden oder quengelnden Kindern an einen

Kongress fliegen, sind meine Nerven trotz Ohrstöpseln und Ohrenzupressen bei der Ankunft dermaßen überreizt, dass ich einem Fachgespräch nicht mehr zu folgen vermag. Der Begriff «Behinderung» für eine dauerhafte und gravierende Beeinträchtigung der gesellschaftlichen und wirtschaftlichen Teilhabe erscheint jedoch insofern vorzugswürdiger, als dieses Konzept die Wechselwirkung zwischen normabweichenden inneren physischen oder psychischen Eigenschaften und den ungünstigen sozialen oder anderen Umweltfaktoren hervorhebt. Würden Behinderungen ausschließlich über Sinnesbeeinträchtigungen (z. B. Blindheit, Taubheit etc.) oder Schäden der Körperstruktur (z. B. fehlendes Bein, Intelligenzminderung etc.) definiert, fiele Hochsensibilität aber natürlich nicht darunter. Die Anpassungsprobleme scheinen sowohl durch ein «Zuwenig» an Reizfiltern als auch durch ein «Zuviel» an Hirnaktivität zustande zu kommen. Gegen die Einstufung als «Krankheit» oder «Behinderung» spricht auch, dass diese neurologische Besonderheit z. B. aufgrund der großen Empathie oder des Ideenreichtums durchaus in bestimmten Handlungskontexten eine Befähigung bedeutet und viele Hochsensible diese auszunutzen verstehen. Allerdings bringen auch anerkannte psychiatrische Krankheiten oder Behinderungen wie z. B. Autismus oder Blindheit einzelnen Betroffenen Vorteile etwa durch Inselbegabungen oder herausragende akustisch-musikalische Fähigkeiten. Dies ändert aber nichts daran, dass deren Lebens- und Teilhabemöglichkeiten in der Gesellschaft durch ihre Besonderheiten begrenzt sind (vgl. Fenner 2010, 285; 305). Je nach Grad der Ausprägung stellt Hochsensibilität objektiv gesehen eine erhebliche Einschränkung des normalen Spektrums an Lebens- und Arbeitsmöglichkeiten und insofern eine dauerhafte Beeinträchtigung dar.

2) Ist eine Therapie von Hochsensibilität überhaupt wünschenswert?

Wer Hochsensibilität einseitig als «Beeinträchtigung» oder «Belastung» einstuft, wird die Frage mit einem klaren «Ja» beantworten. Wird das Phänomen hingegen genauso einseitig als «Begabung» oder «Befähigung» definiert, lautet die eindeutige Antwort: «Nein»! Bei einer differenzierteren Betrachtung als wertneutrales Persönlichkeitsmerkmal, das sowohl Nachteile als auch Vorteile mit sich bringt, lässt sich die Frage nicht allgemein beantworten. Man könnte es einfach den Betroffenen selbst überlassen, ob sie ihre Eigenart als Behinderung oder Befähigung einstufen und etwa durch optimale Entfaltung ihrer Talente die Einschränkungen zu kompensieren vermögen (vgl. Kap. 3.3). Diese wertneutrale Betrachtungsweise hat allerdings zur Folge, dass all diejenigen, für die ihre Anlage eine Belastung darstellt, mit dem von ihnen subjektiv als unzumutbar empfundenen Leid allein gelassen werden: Es werden keine gezielten therapeutischen Methoden entwickelt und keine solidarischen Unterstützungsmaßnahmen zur Reduktion ihrer Beeinträchtigungen angeboten. Aus einer sozialethischen Perspektive, die sich um Gerechtigkeit in einer Gemeinschaft kümmert, erscheint der ausschließliche individualethische Appell an ein gutes Selbstmanagement der einzelnen Betroffenen daher als unzureichend. Nach Norman Daniels medizinethischer Forderung eines gerechten Gesundheitssystems ist es die Aufgabe der Gesellschaft, allen Menschen eine faire Chance auf ein «normales Spektrum an Lebenschancen» zu sichern (vgl. Daniels, 33 f.). Es ist ein Gebot der Gerechtigkeit, die durch angeborene Funktionsabweichungen bedingten Ungleichheiten wie z. B. eine extrem niedrige Reiz- und Schmerzschwelle wenn möglich zu beseitigen und größtmögliche Chancengleichheit herzustellen. Das soziale Modell von Behinderungen betont zwar zu Recht, dass z. B. Blindheit in einer Gemeinschaft von lauter Blinden und unter den ganz auf diese zugeschnittenen Umweltbedingungen keine Behinderung darstellte und in diesem Sinn alle Behinderungen «sozial konstruiert» sind (vgl. Fenner 2019, 312). Die Beeinträchtigungen von Blinden oder Hochsensiblen werden jedoch – anders etwa als bei der Homosexualität – keineswegs erst durch Stigmatisierung und Ausgrenzung seitens der Mehrheitsgesellschaft erzeugt, sodass die Betroffenen ausschließlich durch die Gesellschaft «behindert» würden. Vielmehr machen die konstitutionell bedingten Nachteile wie schnelle Überstimulation und hohe Vulnerabilität entsprechend dem medizinischen Modell von Behinderung ihr Leben auch dann beschwerlicher und vermindern das normale Spektrum an Lebenschancen, wenn die Gesellschaft um finanzielle und praktische Kompensationen bemüht ist.

Hypothetisch angenommen, bei großflächigen Befragungen hochsensibler Menschen würde sich ergeben, dass Hochsensibilität zumindest in einer starken Ausprägung eine gravierende Beeinträchtigung der gesellschaftlichen und wirtschaftlichen Teilhabe mit sich bringt, könnte man entsprechend auf verschiedenen Ebenen ansetzen. Da es in diesem Kapitel um die Frage nach der Wünschbarkeit einer Therapie geht, steht hier zunächst das medizinische Modell von Behinderungen im Vordergrund. Zu diskutieren wären daher Maßnahmen, die auf die inneren neurobiologischen Funktionsabweichungen abzielen. Ähnlich wie bei ADHS könnte man die Regulation der Neurotransmitter im Gehirn mittels Psychopharmaka so zu beeinflussen suchen, dass die Reizverarbeitung der speziestypischen statistischen Norm entspricht (vgl. Kap. 2.3). Um die neurologische und pharmakologische Forschung und Anwendung mit ethischen oder rechtlichen Richtlinien steuern zu können, müsste aber bereits jetzt eine öffentliche gesellschaftliche Diskussion zur Verhinderung unerwünschter Entwicklungen geführt werden. Die meisten von mir und dem Hochsensiblen-Coach Jean-Christoph von Oertzen befragten Hochsensiblen wiesen die Idee einer «Anti-Hochsensibilitäts-Pille» entschieden zurück (vgl. Schindler). Die am häufigste genannte Begründung lautet, Hochsensibilität sei keine Krankheit und müsse daher auch nicht wegtherapiert werden. Wie gesehen handelt es sich dabei allerdings um einen definitorischen Fehlschluss, weil die Grenzen zwischen Krankheit und Gesundheit grundsätzlich von gesellschaftlichen Deutungen und Normen abhängen und damit veränderbar sind (vgl. oben). Oft werden auch Argumente angeführt, die generell gegen eine pharmakologische Therapie sprechen, allen voran schädliche Nebenwirkungen. Viele Hochsensible haben negative Erfahrungen mit zu stark und meist allzu dämpfend wirkenden, nicht auf Hochsensible zugeschnittenen Psychopharmaka gemacht und bevorzugen daher alternative Heilmethoden (vgl. Parlow, 84; Reichardt, 49). Ungeachtet dieser sicherlich ernstzunehmenden Problematik der zielgenauen Wirksamkeit könnte man aber in der zu führenden gesellschaftlichen Diskussion hypothetisch von Psychopharmaka ohne gravierende Nebenwirkungen ausgehen. Befürchtet wird darüber hinaus, dass mit der Verfügbarkeit einer mühelos zu schluckenden Pille zeitintensive traditionelle Praktiken der Selbsttransformation wie etwa Meditation oder Psychotherapie verdrängt würden. Vermutlich wäre die Veränderung der Botenstoffe im Gehirn aber ähnlich wie bei ADHS im Rahmen einer multimodalen Therapie am wirksamsten, d. h. in Kombination mit praktischen Übungen z. B. zur Stressregulation.

Auch wenn eine zielgenaue und nebenwirkungsfreie Anti-Hochsensibilitäts-Pille auf dem Markt wäre, könnte sich natürlich jede hochsensible Person immer noch für oder gegen ihre Einnahme entscheiden. Um ihre

Wirkung zu testen, ließe sie sich wie andere Medikamente auch probeweise auf Zeit oder vor besonderen Anlässen wie Prüfungssituationen oder gesellschaftlichen Verpflichtungen schlucken. Allerdings erwachsen aus einer neuen medizinischen Entscheidungsmöglichkeit immer eine Entscheidungszumutung, ein gewisser sozialer Anpassungsdruck und ein äußerer Rechtfertigungszwang. In ihrem Internetblog stellt sich Jasmin Schindler der Gretchenfrage, ob sie die Psychopharmaka nehmen würde oder nicht. Sie wägt die damit zu erzielenden Erleichterungen gegen die zu erwartenden Verluste in verschiedenen Bereichen ab: Im sensorischen Bereich spricht für die Medikamenteneinnahme, dass man all die sonst zu einer Überstimulation führenden Reize wie Verkehrslärm, Kindergeschrei oder Geräuschpegel in Einkaufszentren oder Zügen ganz mühelos ertragen könnte. Dagegen spricht aus ihrer Sicht, dass die Fehlersensibilität abhandenkäme und weder Rechtschreibfehler im langen Text noch die Abgeschlagenheit des erkrankten Meerschweinchens rechtzeitig gesehen würden. Im kognitiven Bereich hätte endlich das Grübeln ein Ende, und man könnte einfach leben und Dinge stehen lassen, ohne alles tausendfach zu durchleuchten. Dagegen spricht, dass man weniger gut vernetzt denken könnte und möglicherweise die Kreativität leiden würde. Im emotionalen Bereich müsste man sich nicht noch zusätzlich zu den eigenen Problemen mit dem Leid anderer Menschen belasten und könnte gelassen bleiben, wenn man angegriffen oder ungerecht behandelt wird. Hingegen ginge das Fingerspitzengefühl verloren und man könnte das Verhalten anderer Menschen nicht mehr mühelos verstehen. Im sozialen Bereich wäre die Abgrenzung als eines der Hauptprobleme von hochsensiblen Personen gelöst und man könnte ohne Probleme «Nein» sagen. Obwohl der Wunsch nach mehr Energie und Ruhe im Kopf bei Schindler wie wohl bei fast allen Hochsensiblen groß ist, würde sie die Pille nur für den Notfall zur Beruhigung bei sich tragen. Die meisten scheinen auf ihre Veranlagung nicht verzichten zu wollen und würden daher vermutlich der Verlockung eines solchen Medikaments widerstehen, weil sie die Komplexität ihres Innenlebens als Reichtum bezeichnen und das intensive Erleben von Kleinigkeiten im Alltag ihrem Leben eine hohe Qualität verleiht (vgl. IFHS 2; 6). Ich selbst würde die Wirkung einer Anti-Hochsensibilitäts-Pille aber allein schon aus Neugierde testen.

4.5 Soll die moderne Lebens- und Arbeitswelt an Hochsensible angepasst werden?

Für die Entwicklung einer pharmakologischen Therapie gemäß medizinischem Modell spricht, dass nur direkte Einwirkungen auf das zentrale Nervensystem die Abweichungen im Denken, Fühlen und Verhalten von Grund auf normalisieren könnten. Diese Nivellierung ließe sich insofern als ein Akt der Solidarität ethisch rechtfertigen, als man Betroffene von ihrem Leidensdruck befreien und ihnen zu einem normalen Spektrum an Lebenschancen verhelfen möchte. Gegen das medizinische Modell und die Pathologisierung von Hochsensibilität lässt sich jedoch einwenden, dass die Individuen lediglich an externe Anforderungen der Wirtschaft und Gesellschaft angepasst würden (vgl. Kap. 4.2): Statt die sie behindernden Arbeits- und Lebensbedingungen zu verändern, werden die Anpassungsschwierigkeiten als individuelle oder medizinische Angelegenheiten betrachtet. Vom Prozess einer MEDIKALISIERUNG spricht man, wenn immer mehr nicht-medizinische, psychische, gesellschaftliche und politische Probleme als medizinische Probleme definiert und behandelt werden (vgl. Fenner 2019, 268). Beim Persönlichkeitsmerkmal der Hochsensibilität würden womöglich durch die Medikalisierung Begabungen und Befähigungen verloren gehen, die unter geeigneten Umweltbedingungen hätten entfaltet werden können. Während der therapeutische Ansatz aber immerhin mit dem sozialethischen Ziel der Chancengleichheit verteidigt werden kann, ist ein radikaler Individualismus und Liberalismus ohne jede Rücksicht auf unterschiedliche Startbedingungen ethisch kaum zu rechtfertigen. Eine rein formale Chancengleichheit im Sinne gleicher Regeln für alle beim Erwerb gesellschaftlicher Güter und Positionen wie in John Rawls *Theorie der Gerechtigkeit* ist offensichtlich unzulänglich (vgl. Rawls, 81). Zu berücksichtigen sind auch die sehr unterschiedlichen physischen und psychischen Anlagen, durch die Menschen in ganz unterschiedlichem Ausmaß gesund, belastbar und leistungsfähig sind, sowie die stark voneinander abweichenden sozialen Entwicklungschancen je nach Elternhaus oder Land, in das man hineingeboren wird. Chancengleichheit wird aber in der freien Marktwirtschaft auch deswegen verfehlt, weil es keine Leistungsgerechtigkeit gibt: Wie hoch Arbeitsinvestitionen und Leistungen honoriert werden, hängt von zufälligen und willkürlichen Kriterien wie Nachfrage und Knappheit von Gütern oder Dienstleistungen auf dem

Arbeitsmarkt ab. Da die Talente und Interessen vieler Hochsensibler im sozialen und künstlerischen Bereich liegen, entspricht das Einkommen oft nicht der Qualität der geleisteten Arbeit (vgl. Kap. 3.5).

Gegen die aktuellen Trends einer Medikalisierung und Selbstoptimierung zum Zweck einer einseitigen Anpassung der Individuen an äußere Anforderungen wendet sich das soziale Modell von Behinderung, bei dem die bestehenden gesellschaftlich-politischen und wirtschaftlichen Verhältnisse in der Kritik stehen (vgl. Fenner 2019, 311 f.). Hier liegt der Fokus nicht auf den persönlichen Beeinträchtigungen, sondern auf übergeordneten gesellschaftlichen Strukturen und sozialethischen Prinzipien wie Solidarität und Gerechtigkeit. Aus dieser kulturkritischen Perspektive ist im Gegensatz zum medizinischen Modell nicht die individuelle Therapie oder (Selbst-) Optimierung der vom «normalen Funktionieren» abweichenden Individuen geboten. Vielmehr sollen umgekehrt die gegenwärtigen Arbeits- und Lebensbedingungen an die Menschen anpasst werden, weil erst diese die nicht der Norm entsprechenden Individuen «behindern» oder krank machen. Zu beseitigen gelte es einstellungs- und umweltbedingte Barrieren oder Beeinträchtigungen, damit Menschen mit anormalen physischen oder psychischen Voraussetzungen die gleichen Chancen auf gesellschaftliche und wirtschaftliche Teilnahme haben. Diese sozialethische Perspektive verdient insofern den Vorrang vor der individualethischen, als sie sich um eine wünschenswerte gerechte Gesellschaftsordnung für alle Bürger bemüht. Unmenschlich wäre es hingegen, wenn Persönlichkeiten in ihren Entwicklungschancen behindert und für die Erhaltung und das reibungsfreie Funktionieren des Wirtschaftssystems zur Selbstaufgabe oder Selbstausbeutung getrieben würden. Gewinnmaximierung und Wohlstandssteigerung sind keine Selbstzwecke, sondern nur so lange ethisch legitim, wie sie allen Bürgern ein gutes und glückliches Leben in einer gerechten Gesellschaft ermöglichen. Wie in der Einleitung betont, leiden nicht nur Hochsensible unter einer immer lauteren, grelleren und hektischeren Welt, die uns mit Reizen zu überfluten droht. Auch erfolgreiche Spitzenpolitiker und Manager mit Bilderbuchkarrieren erleiden vermehrt ein unerwartetes Burnout und werden zu Aussteigern und Einsiedlern (vgl. Trappmann, 20). Hochsensible Menschen mit besonderer Vulnerabilität und Anfälligkeit für sensorische Überstimulation und Stresserkrankungen können daher in ihrer Rolle als Seismographen, Warner und Ratgeber wichtige Anstöße geben, um menschenfreundliche Arbeits- und

Lebensbedingungen für alle zu schaffen (vgl. Hensel, 219). Die meisten für das Wohlergehen von Hochsensiblen dringend erforderlichen Veränderungen dürften auch für andere Menschen zumindest angenehm sein, ähnlich wie von behindertengerechtem Bauen auch viele Nichtbehinderte profitieren können.

1) Einstellungsbedingte Hindernisse: interne soziale Faktoren

Die in diesem vierten Kapitel reflektierten Fragen, ob sich Hochsensible an die Gesellschaft anpassen müssen (Kap. 4.2) oder sich umgekehrt die Gesellschaft mit ihren Arbeits- und Lebensbedingungen an Hochsensible anzupassen hat (Kap. 4.5), scheinen sich zwar auf gegenläufige Prozesse zu beziehen. In der Realität schließen sie einander aber keineswegs aus und vollziehen sich nicht isoliert voneinander, sondern interagieren auf komplexe Weise miteinander. Natürlich sollten sich auf der einen Seite Hochsensible genauso wie alle anderen Menschen auch um gesellschaftliche Integration bemühen, statt als egoistische Subjekte nur an die Verwirklichung der eigenen Ziele zu denken. Wie gezeigt ist Hochsensiblen aber die Erfüllung vieler gesellschaftlicher Leitbilder und Anforderungen nur begrenzt möglich (vgl. Kap. 42). Daher muss von der anderen Seite her die Gesellschaft für soziale Inklusion sorgen und die bestehenden Strukturen so gestalten, dass alle Menschen mit ihren unterschiedlichen Fähigkeiten und Einschränkungen von der Gesellschaft akzeptiert werden und an ihr teilhaben können. Zu beseitigen gilt es nicht nur umweltbedingte, sondern zuallererst EINSTELLUNGSBEDINGTE HINDERNISSE (1), d. h. solche, die Haltungen oder Denkweisen der Menschen betreffen. Bezüglich dieser internen sozialen Faktoren erfordert die Inklusion eine veränderte Einstellung gegenüber Menschen, die von der gesellschaftlichen «Normalität» im Sinne von deskriptiven Durchschnittswerten oder normativen Idealen abweichen (vgl. Kap. 2.3). Jedes Individuum soll als gleichwertig betrachtet und nicht dazu gezwungen werden, nicht erreichbare Normen zu erfüllen. Denn ein unangemessener Normalitätsdruck kann dazu führen, dass Menschen ihr Selbstwertgefühl und ihre Selbstachtung als Basis eines guten und glücklichen Lebens verlieren. Besonders gefährdet sind Hochsensible, die voller Selbstzweifel sind und höchst empfindlich auf Infragestellungen ihres Lebenskonzeptes reagieren. In einer humanistischen

Gesellschaft muss es daher ein oberstes Gebot sein, Respekt für das gegenseitige «Anders-Sein» zu kultivieren (vgl. Hensel, 234). Es braucht viel mehr öffentliche Aufklärung über die noch zu wenig bekannten Eigenheiten hochsensibler Menschen, weil sich Außenstehende ohne das Wissen über die erhöhte Reaktionsbereitschaft ihres vegetativen Nervensystems und ihre geringe körperliche Regenerationsfähigkeit unmöglich ein Bild von deren Lebensrealität machen können. Allerdings wäre es ethisch verwerflich, wenn Betroffene die eigene Hochsensibilität als Ausrede für fehlende Kompromissbereitschaft oder als Machtinstrument in Beziehungen missbrauchten.

2) Umweltbedingte Hindernisse: externe physikalische und institutionelle Faktoren

Einstellungsbedingte soziale Faktoren reichen aber für die Inklusion vieler Hochsensibler nicht aus, sondern es müssten darüber hinaus noch umweltbedingte PHYSIKALISCHE und INSTITUTIONELLE FAKTOREN (2) verändert werden. Welche Maßnahmen in einer bestimmten Gesellschaft genau zu ergreifen sind, wäre in praxisorientierten öffentlichen Diskussionen unter Einbezug verschiedener Experten und empirischer Studien genauer zu bestimmen. Als Philosophin kann ich diesbezüglich lediglich ein paar Hinweise geben: Bezüglich physikalischer Faktoren ist an erster Stelle die Zunahme von Schadstoffen und Chemikalien in Luft, Böden und Nahrungsmitteln zu erwähnen, die bei Hochsensiblen viel schneller zu körperlichen Beeinträchtigungen wie etwa Allergien, Reizdarm oder Nahrungsmittelunverträglichkeiten führen. Hinzu kommt die steigende Strahlenbelastung durch elektrische, magnetische oder elektromagnetische Felder z. B. durch Mobil- und Rundfunk oder WLAN. In den meisten bisherigen wissenschaftlichen Studien ließ sich zwar keine Verbindung zwischen Symptomen wie etwa Kopfschmerzen, Schlafstörungen oder kognitiven Ausfallserscheinungen elektrosensibler Menschen und den elektromagnetischen Feldern, sogenanntem Elektrosmog, nachweisen (vgl. WHO). Da ich selbst Elektrosensible mit eindeutigen Reaktionen kenne, müsste hierzu aber sicherlich noch weiter geforscht werden. In Großstädten und Ballungszentren beeinträchtigen Straßenlärm und -gestank die Lebensqualität von Hochsensiblen in hohem Maß, sodass die verkehrsberuhigten Zonen ausgeweitet, viel mehr zur Senkung des

Lärmpegels unternommen und die Substitution herkömmlicher durch umweltfreundlichere, geräuscharme E-Autos stärker vorangetrieben werden müsste. Nach kurzer Zeit einer Massenbeschallung mit mantramäßigen Ansagen suggestiver Werbebotschaften oder stimulierender Musik in den Kaufhäusern oder der Konfrontation mit rasch wechselnden elektronischen Werbeplakaten in den Straßen schwirrt mir wie den meisten anderen Hochsensiblen der Kopf und ich fühle mich völlig ausgelaugt. Bei dem sich immer mehr auch auf deutsche Kleinstädte ausweitenden gravierenden Taubenproblem müsste gleichfalls mehr für die physische und psychische Gesundheit geräuschempfindlicher Bürger getan werden, wenn diese im Sommer durch das Gegurre schon um 4.30 Uhr aufschrecken und auch tagsüber nur mit Gehörschutz konzentrationsfähig sind. Technologisch immer ausgefeiltere Noise-Cancelling-Kopfhörer zur Unterdrückung der Umgebungsgeräusche durch künstlich erzeugten Antischall müssten Menschen mit hochsensiblem Gehörsinn finanziert werden, um störende Geräusche nicht nur dämpfen, sondern zum Verschwinden bringen zu können.

Die akustischen Probleme setzen sich fort im Arbeitsbereich, wo viele Hochsensible aufgrund zahlreicher physikalischer und anderer institutioneller Bedingungen weit entfernt sind vom geeigneten Erregungsniveau ihres Nervensystems und damit von ihrer optimalen Leistungsfähigkeit. Die äußeren Arbeitsbedingungen sind kaum je auf Hochsensible zugeschnitten, weil sich diese in der Minderheit befinden (vgl. Hensel, 207). Bei ständiger Ablenkung z. B. durch Telefonate, Kopierer oder Tastaturgeklapper in Großraumbüros sind insbesondere akustisch Hochsensible kaum mehr arbeitsfähig. Es müssten ihnen daher entweder Einzelbüros zur Verfügung gestellt oder die Möglichkeit von Homeoffice eingeräumt werden. Während der Corona-Pandemie profitierten Hochsensible in außerordentlichem Maße vom Recht auf Homeoffice, sofern sie nicht gleichzeitig noch als Elternteil zum Homeschooling verpflichtet waren. Wenn ich in ruhiger Umgebung über Zoom meine Seminare abhalten oder an Tagungen teilnehmen kann und mir so Trubel und lange Anfahrten erspart bleiben, füllen sich meine Batterien danach in wesentlich kürzerer Zeit wieder auf. Im Gegensatz zur Mehrheit der Bevölkerung reagierten nach meinen Erkundigungen die meisten Hochsensiblen mit großer Erleichterung auf den Lockdown, vorausgesetzt sie verloren dadurch nicht ihre Arbeit. Denn endlich kamen die ganze Hektik und das Getöse auf den Straßen zum Erliegen und es traten Ruhe,

Einkehr und Besonnenheit ein. Generell kommen Hochsensiblen sämtliche Maßnahmen zur Individualisierung und Flexibilisierung der Arbeitsbedingungen wie z. B. Sabbatjahr, zeitlich befristete Reduktion des Pensums oder flexible Arbeitszeiten sehr entgegen. Insbesondere im Alter stellt für viele Hochsensible eine übliche angestellte Vollzeit-Beschäftigung eine zu starke nervliche Belastung dar (vgl. Hensel, 207f.). Da Hochsensible in der Regel über ein ausgeprägtes ästhetisches Empfinden verfügen, reagieren sie auch intensiv und umgehend auf optische Eindrücke der räumlichen Gestaltung und Architektur. Arbeitsplätze z. B. in Großraumbüros mit billiger Lagerhallenatmosphäre und zu wenig Privatsphäre, Wänden oder Möbeln in unstimmiger Form- oder Farbkombination oder blendender Neon-Beleuchtung sind für viele Hochsensible ästhetisch eine Zumutung (vgl. Schorr 2020, 53). Hier können schon Zimmerpflanzen oder eine andere Bestuhlung oder Beleuchtung die Konzentrationsfähigkeit und Arbeitszufriedenheit von Hochsensiblen deutlich steigern. Die Auswirkungen der Alltagsästhetik auf das Wohlbefinden der Menschen sind noch unzulänglich erforscht und sollten in der Stadtentwicklung und bei der Gestaltung von Bildungseinrichtungen und Arbeitsplätzen stärker berücksichtigt werden.

Neben den für sie ungünstigen äußeren Bedingungen und Umweltfaktoren gibt es aber noch institutionelle Faktoren in der Arbeitswelt, die Hochsensiblen das Leben schwer machen: Viele haben große Mühe, nach starren Regeln und in strengen Hierarchien zu arbeiten (vgl. Hensel, 209). Autoritäten wie Vorgesetzte können sie nur schwer anerkennen und sich ihnen unterwerfen, wenn sich diese nicht durch hohe Fachkompetenz und Führungsqualitäten auszeichnen. Am liebsten sind ihnen Arbeitsbeziehungen auf Augenhöhe in einem gleichberechtigten partnerschaftlichen Verhältnis oder in Teams mit anderen kreativen und gut qualifizierten Menschen (vgl. ebd.; Schorr 2018, 8; Skarics, 197ff.). Noch viel mehr als andere leiden sie unter dem zunehmenden Arbeits- und Leistungsdruck, der geforderten Flexibilität und ständigen Erreichbarkeit und den vielen Überstunden. Bei Hochsensiblen kommt es schneller zu Erschöpfung und Burnout, wenn die Leistungsanforderungen, Arbeitsdichte und Arbeitsbelastungen zu hoch sind und Bevormundung, Kontrolle und Zeitdruck ihnen kein Arbeiten in der ihnen gewohnten Gründlichkeit erlauben (vgl. Hensel, 184). Auch wenn die genauen Ursachen und Entstehungshintergründe für das komplexe biopsychosoziale Phänomen «Burnout» noch nicht abschließend geklärt sind und es sich bislang noch nicht um eine medizinische Diagnose handelt, zählen zu den äußeren Stressfaktoren ein schlechtes Betriebsklima, fehlende Entscheidungsfreiheit sowie mangelnde Anerkennung und Unterstützung (vgl. ebd., 209; Skarics, 86 f.). Da zur Persönlichkeitsstruktur hochsensibler Menschen eine starke Emotionsintensität, hohe Ideale, ein großes Engagement, Abgrenzungsprobleme und das Bedürfnis zu helfen gehören, sind sie insbesondere in asymmetrischen Beziehungen wie z. B. in helfenden Berufen stärker gefährdet für Burnout als andere (vgl. ebd.; Kap. 1). Hochsensible leiden in extremem Maß unter ungerechten Vorgängen am Arbeitsplatz, und schwelende Konflikte reduzieren leicht ihre Konzentrationsfähigkeit. Der höchst sensible, international tätige Dirigent Carlos Kleiber beispielsweise soll sofort wieder abgereist sein, wenn er nur die leisesten Spannungen im Orchester oder mit einzelnen Musikern oder Veranstaltern spürte. Viele Hochsensible leiden unter Tätigkeiten, die monoton, zu wenig abwechslungsreich oder reine Routine sind, die sie zu wenig fordern oder in denen sie keinen Sinn erkennen können (vgl. Hensel, 216; Jack; Kap. 3.5). Einige ziehen jedoch wie z. B. Einstein mit seinem frühen anspruchslosen Job im Patentamt zumindest vorübergehend eine routinemäßige Arbeit vor, die mit weniger Stress und Irritationen verbunden ist und ihren Phantasien und Gedankengängen Raum lässt.

Unter den verschärften Bedingungen des Arbeitsmarktes belasten Hochsensible aber ganz besonders das zunehmende Konkurrenzdenken und die Notwendigkeit des Sich-Behauptenmüssens im Wettbewerb. Hochsensible Personen haben häufig eine tiefe Abneigung gegen Wettbewerbssituationen, bevorzugen wie erwähnt ein kooperatives-partnerschaftliches Verhältnis zu ihren Mitmenschen und gehören mit ihrer großen Rücksichtnahme nicht zu denjenigen, die sich profilieren und vordrängen (vgl. Schorr 2020, 45; Hensel, 184; Skarics, 38). Manche würden wohl eher in unmittelbarer Nähe eines Büffets verhungern, nur um allen anderen den Vortritt zu lassen, die sich gierig darauf stürzen. In der Wettbewerbs- und Leistungsgesellschaft sind aber nicht in erster Linie fachliche Qualifikationen, sondern bestimmte Persönlichkeitseigenschaften oder Fähigkeiten gefragt wie etwa Durchsetzungswille, Rücksichtslosigkeit, Hang zum Aufschneiden und zur optimalen Selbstvermarktung, Opportunismus und Anpassungsfähigkeit. Sich anpreisen, seine Schwächen vertuschen, sich in den Vordergrund drängen und andere übervorteilen, um auf der Erfolgsleiter nach oben zu kommen, sind für Hochsensible jedoch gänzlich untypische Charaktereigenschaften (vgl. Skarics, 41; Schorr 2020, 46). Aufstiegsmöglichkeiten in der Wirtschaft und Politik hängen zu einem großen Teil von einem selbstbewussten Auftreten, Erfolgs- und Machtstreben, Sich-Beliebtmachen und einem geschickten Paktieren und Knüpfen der richtigen Seilschaften ab, also dem sogenannten Vitamin B. Hochsensible Personen möchten jedoch für ihre eigenen Kompetenzen und Leistungen anerkannt und gefördert werden und empören sich, wenn andere aufgrund von Beziehungen, Ränkespielen oder gekonnter Selbstdarstellung bevorzugt werden (vgl. Rohleder, 56). Aber selbst an Universitäten, wo hoch gebildete und kultivierte Menschen zusammenkommen und gemeinsam für die akademische Selbstverwaltung verantwortlich sind, geht es nach internen Auskünften zu «wie in einem Haifischbecken»: Es gelten ähnliche Aufstiegsbedingungen und es herrscht eine scharfe Konkurrenz um Fördergelder, Ansehen und Anzahl an Publikationen nach dem Grundsatz «publish or perish», sodass die Kooperation zwischen den Wissenschaftlern mitunter darunter leidet. So kämpfen an Konferenzen manchmal Lehrstühle gegeneinander, z. B. der Lehrstuhl für praktische Philosophie gegen denjenigen der theoretischen Philosophie mit den jeweiligen Professoren und ihrem ganzen Mitarbeiterstab. Während solche Machenschaften vielen Normalsensiblen als unfruchtbar oder lästig erscheinen, können sie Hochsensible völlig erschüttern und blockieren.

Hochsensible Menschen suchen angesichts dieser institutionellen Missstände nach beruflichen Refugien z. B. in einer Beratertätigkeit, in therapeutischen oder kreativen Berufen, wo sich nicht alles um Effizienz, klar Messbares und den Kampf ums Überleben dreht (vgl. Skarics, 33; 45). Aber auch in den immer weniger werdenden verbleibenden beruflichen Nischen verschlechtern sich die Rahmenbedingungen durch den Einzug von Technologie, Digitalisierung, hoher Bürokratisierung und strengen Reglementierungen zusehends. So werden etwa öffentliche Krankenhäuser und andere soziale Einrichtungen, in denen viele Hochsensible anzutreffen sind, mehr und mehr den Gesetzen des Marktes unterworfen und müssen sich an Profit und Expansion orientieren. Die Mitarbeiter z. B. in Kranken- oder Pflegeheimen stehen zunehmend unter hohem Zeitdruck, müssen sich in starre Hierarchien einordnen und vorgeschriebene Abläufe strikt einhalten und lückenlos dokumentieren, sodass sie sich nicht mehr auf die Menschen einlassen und jedem Einzelnen gerecht werden können. Auch eine im

Grunde höchst sinnvolle und erfüllende Tätigkeit wird infolgedessen von Hochsensiblen schlimmstenfalls nur noch als Frondienst erlebt (vgl. Schorr 2020, 51; Kap. 4.3). Selbst im Kreativbereich kam es zu einer Verschärfung des Wettbewerbs auf dem Kunstmarkt, wo die Künstler mit Einzigartigkeit und Alleinstellungsmerkmalen um Aufmerksamkeit buhlen oder sich zur Steigerung der Verkaufszahlen in Abhängigkeit vom Publikumsgeschmack begeben müssen. Nicht nur die Kommerzialisierung des Kunstbetriebs mit Erfolgsorientierung und Selbstinszenierungen, sondern auch Vetternwirtschaft und undurchschaubare Kriterien bei der Vergabe von Aufträgen und Kulturbeiträgen machen vielen Kreativen das Leben schwer. Angesichts all dieser Arbeitsbedingungen und Erwartungshaltungen auf dem Arbeitsmarkt verwundert es nicht, dass die als schüchtern abgestempelten Hochsensiblen bei Beförderungen übergangen werden, weit hinter ihren eigenen Möglichkeiten zurückbleiben und entsprechend ihr Potential nicht angemessen einbringen können (vgl. Hensel, 209; Skarics, 57). Viele gehen dem regulären Arbeitsmarkt verloren und wagen den Schritt in die Selbständigkeit. Während die großen Gestaltungsfreiräume bezüglich Umgebungsbedingungen und Zeiteinteilung ihnen sehr entgegenkommen, scheitern viele am häufig sehr großen oder sogar überwiegenden Anteil an Selbstmarketing (vgl. Kap. 3.5). Ein immer wieder in der Diskussion stehendes bedingungsloses Grundeinkommen würde ganz besonders den intrinsisch motivierten Hochsensiblen helfen, ein gesundes, produktives und gutes Leben zu führen.

In noch höherem Masse als andere sind hochsensible Menschen auf eine offene Unternehmenskultur angewiesen, damit sie sich mit Irritationen oder Überforderungen auf unkomplizierte Weise an die Führungskräfte wenden können. Werden die von ihnen beobachteten und artikulierten Unstimmigkeiten in den Arbeitsabläufen oder -strukturen nicht ernst genommen oder werden sie aufgrund ihrer «Empfindlichkeiten» sogar der Lächerlichkeit preisgegeben, ist dies für viele ein Grund zur inneren Kündigung (vgl. Jack). Hochsensible sind vermutlich überdurchschnittlich betroffen von MOBBING als gezieltem und systematischem Beleidigen und Demütigen durch Kollegen mit dem Ziel, die Opfer zu schikanieren oder aus dem Team oder Unternehmen hinauszuekeln. Dies dürfte daran liegen, dass sie schlechter integriert sind, wegen ihres Andersseins leichter in eine Außenseiterrolle geraten und sich im Fall von Unstimmigkeiten oder Kritik rasch zurückziehen und im Stillen leiden (vgl. ebd.; Hensel, 214; Parlow, 228 ff.): Während sie einerseits bestimmte Aufgaben besser erledigen können als andere und so unter den Kollegen Unsicherheit oder Neid hervorrufen, beteiligen sie sich andererseits ungern am Smalltalk in den Pausen, was als Abneigung gegenüber den Arbeitskollegen missverstanden und mit Ablehnung quittiert wird. Die tieferliegenden Ursachen von Mobbing sind aber meist ungelöste strukturelle Konflikte in Betrieben oder Organisationen, die z. B. auf verschärfte Konkurrenzsituationen infolge wirtschaftlicher Probleme oder auf unklare Anweisungen und Zuständigkeiten zurückgehen (vgl. Hensel, 213). Helfen kann hier nur ein rechtzeitiges Eingreifen der Führungskräfte, die ihre Augen offen halten und ihre Verantwortung wahrnehmen. Hochsensible profitieren jedoch sehr von einem «Diversity Management», das Mitte der 1980er Jahre in den USA vor dem Hintergrund der Antidiskriminierungsgesetzgebung mehr und mehr in die Unternehmenskultur eindrang und heute zum guten Ton gehört (vgl. Skarics, 150f.; Hensel, 219). Bei diesem Managementansatz werden nicht nur Ansätze zur Bewältigung von Unterschieden der Mitarbeiter z. B. bezüglich Herkunft, kulturellen Hintergrunds, individueller Kompetenzen oder Berufserfahrungen entwickelt. Darüber hinaus werden diese Unterschiede bewusst wahrgenommen und genutzt, damit alle Beschäftigten ihre Leistungsfähigkeit voll entfalten können. Für Hochsensible könnte dies eine Chance sein, dass ihre spezifischen, nicht auf den ersten Blick erkennbaren Qualitäten wie z. B. ihre Kreativität, Empathie oder das komplexe vorausschauende Denken mehr Beachtung finden.

Ob man Hochsensiblen generell oder erst ab einem bestimmten Intensitätsgrad den Behindertenstatus zusprechen und bestimmte Erleichterungen zusichern soll, gilt es sorgfältig für konkrete Situationen abzuwägen. Zweifellos bedeutet aber Hochsensibilität eine Einschränkung der Arbeitsbelastungsfähigkeit und müsste bei der arbeitsrechtlichen Abschätzung der Zumutbarkeit einer Arbeit berücksichtigt werden. Ähnlich wie bei anderen Arten von Beeinträchtigungen kämen konkret etwa eine Bevorzugung bei Bewerbungsverfahren oder eine Quotenregelung in Frage, oder bei Festanstellungen ein Nachteilsausgleich oder ein reduziertes Pensum. Da Hochsensible bei den in großen Gruppen durchgeführten Abschlussprüfungen oder Eignungstests schon durch die Anwesenden und die mannigfaltigen Geräusche, Gerüche und optischen Eindrücke zu stark abgelenkt sind, bekam eine hochsensible Prüfungskandidatin aus meinem Bekanntenkreis unter Vorweis eines ärztlichen Attests schon einmal im Rahmen des Nachteilsausgleichs die Erlaubnis,

Prüfungen in einem separaten Raum zu absolvieren. Noch fehlen jedoch trotz einer großen Zahl von Fragebögen zur Selbsteinschätzung von Hochsensibilität allgemein anerkannte valide psychologische Tests mit klaren Grenzwerten, die für solche Sonderregelungen die Voraussetzung bildeten. Solange die Erfassung ausschließlich über Fragebögen erfolgt und nicht z. B. über objektivierbare neurophysiologische Befunde, besteht zusätzlich noch die Gefahr des Simulierens. Dieses Restrisiko besteht allerdings auch bei den meisten anderen psychologischen Tests wie z. B. für eine psychiatrische Arbeitsunfähigkeitsbescheinigung. Auch müssten die konkreten Hilfeleistungen oftmals auf den individuellen Einzelfall zugeschnitten sein, was einen großen organisatorischen Aufwand in Jobcentern oder anderen spezifischen Anlaufstellen bedeutete. Das Ziel solcher Maßnahmen sollten jedenfalls immer die soziale Inklusion und die dafür nötige Unterstützung sein, damit sich alle Menschen mit ihren spezifischen Qualitäten einbringen und zum Wohl der Gemeinschaft beitragen können. Dazu braucht es nicht nur individuelle Selbsttransformationstechniken für die selbst Betroffenen, sondern auch gesellschaftliche Diskussionen über institutionelle strukturelle Rahmenbedingungen (vgl. Kap. 5). Nicht in allen Fällen sind jedoch Sonderlösungen notwendig, weil von vielen oben geschilderten Maßnahmen alle Mitarbeiter profitieren könnten und sich das Arbeitsklima insgesamt verbessern würde. Ins Zentrum zu rücken sind daher die grundlegenden Fragen, in welcher Welt wir leben wollen und wie sich die Lebens- und Arbeitsbedingungen in der Moderne für alle menschenwürdiger gestalten lassen.

5 Schluss: Respekt vor dem Anderssein und Umwertung der Werte

Aus der Nähe und rein deskriptiv betrachtet sind alle Menschen anders, z. B. aufgrund ihres unterschiedlichen Erscheinungsbildes, ihrer Persönlichkeit oder des Erregungsniveaus ihres Nervensystems (vgl. Kap. 2.2). Im Zeitalter gesteigerter Individualisierung lässt sich sogar ein Trend zum Anderssein beobachten, weil sich die Einzelnen durch Außergewöhnlichkeit und Alleinstellungsmerkmale von der Masse abzuheben versuchen (vgl. Kap. 2.3). Das Anderssein wird dann als positiv erlebt und von außen honoriert, wenn es sich einer bewussten Selbstinszenierung verdankt und mit einer erfolgreichen Karriere in Verbindung steht. Paradebeispiel ist der Gewinner des Eurovision Song Contest 2014 Conchita Wurst, der als Transvestiekünstler mit der charakteristischen Verbindung von langen Haaren und Bart das Anderssein hinsichtlich sexueller Orientierungen zu einer weltberühmten Marke machte. Abgesehen von einem solchen Kult um das Anderssein im Showbusiness leiden aber viele Menschen unter einem nicht frei gewählten Anderssein. Sie möchten einfach nur «normal» sein, also dem Durchschnitt der Menschen oder den gesellschaftlichen Normen und Idealen entsprechen und zur Mehrheitsgesellschaft dazugehören. Zu denken ist an Menschen mit einer anderen Hautfarbe, die ständig auf dieses Merkmal angesprochen oder darauf reduziert oder aufgrund dessen sogar anders behandelt werden. Auch wenn sie im gleichen Land geboren und sozialisiert wurden, bleiben ihnen allein aufgrund ihrer farbigen Haut in der weißen Mehrheitsgesellschaft häufig Lebens- und Bildungswege verschlossen. Bei anderen Minderheitengruppen wie den Transsexuellen oder Hochsensiblen ist das Anderssein zwar von außen nicht sichtbar, sodass ihr Leiden am Anderssein ein rein innerliches und damit gewissermaßen selbstgemachtes Problem zu sein scheint. Transsexuelle Menschen leiden aber nur deswegen unter ihrem Gefühl, im falschen Körper zu leben, weil sie unter sozialem Normalisierungsdruck dazu gezwungen werden, den ihrem körperlichen Geschlecht zugewiesenen gesellschaftlichen Geschlechterrollen mit den erwarteten Interessen, Persönlichkeitsmerkmalen und Beziehungsformen einer Frau bzw. eines Mannes zu entsprechen. Ähnlich ergeht es Hochsensiblen, die darunter leiden, aufgrund einer vom Durchschnitt abweichenden Reizverarbeitung ihres Nervensystems nicht so leben und arbeiten zu können wie andere und dennoch ständig mit für sie schwer erfüllbaren äußeren Anforderungen konfrontiert zu werden. In diesen Fällen des Andersseins kann das soziale Umfeld zumeist nicht nachvollziehen, wieso sich die Betroffenen so absonderlich verhalten und sie nicht einfach «normal» sein können.

Hochsensible genauso wie Transsexuelle leiden unter sozialer Ausgrenzung, wenn sie aufgrund ihres Andersseins an den Rand einer Gruppe oder Gesellschaft gedrängt und von bestimmten Vorhaben ausgeschlossen werden. Im Extremfall einer Diskriminierung werden Betroffene ohne sachlichen Grund benachteiligt oder herabgewürdigt. Solche Ungleichbehandlungen oder Abwertungen von Einzelnen oder Minderheiten gelten genau deswegen als unmoralisch und ungerecht, weil die dabei gemachten Unterschiede zwischen den Menschen ethisch irrelevant sind und meist auf unreflektierten Vorurteilen basieren (vgl. Kap. 2.2). Das klassische Beispiel ist die herablassende Behandlung von schwarzen Menschen oder deren Nichtberücksichtigung auf dem Arbeitsmarkt, ohne dass die Hautfarbe in irgendeiner relevanten Beziehung zur beruflichen Tätigkeit oder den erforderlichen Qualifikationen stünde. Da bei hochsensiblen Personen kein so klar erkennbares äußeres Unterscheidungsmerkmal vorliegt, kommt es kaum zu einer vergleichbaren offenen und eklatanten Diskriminierung. Grund für ihre soziale Ausgrenzung ist meist ihr zurückhaltendes, übervorsichtiges und verletzliches Wesen, das dem gesellschaftlichen Idealtypus eines geselligen, schlagfertigen und zupackenden Menschen widerspricht (vgl. Kap. 2.3). In vielen beruflichen Tätigkeitsfeldern können solche Eigenschaften im Gegensatz zu einer Hautfarbe insofern relevant sein, als z. B. immer mehr Branchen ein selbstsicheres, dynamisches Auftreten, Durchsetzungskraft und Selbstdarstellung voraussetzen und Zeit- und Leistungsdruck steigen. Aber auch im Kunstbereich kann es vorkommen, dass man aufgrund seines andersartigen Verhaltens auf Unverständnis stößt und z. B. in einem Kammermusikensemble nicht mehr engagiert wird: Auch wenn mir das gemeinsame Musizieren sehr viel bedeutet, kann ich mich in den Probepausen und nach den Konzerten nicht zu den anderen in überfüllte, laute Kneipen setzen, sondern muss mich überreizt und ausgepowert schnellstmöglich an einen stillen Ort zurückziehen. Die häufigste Form sozialer Ausgrenzung von Hochsensiblen dürfte das Mobbing sein, bei dem die Betroffenen wegen ihrer Andersartigkeit von Vorgesetzten oder Arbeitskollegen systematisch gerügt, bloßgestellt oder gemieden werden. Niederschwelliger, aber nur scheinbar harmlos sind alltägliche Bemerkungen wie: «Sei doch nicht so kompliziert!» oder «Andere können das doch auch!». Der Terminus «hochsensibel» scheint mir allerdings schlecht gewählt, weil er eine diskriminierende Komponente gegenüber weniger Sensiblen enthält und sich Normalsensible als «unsensibel» degradiert fühlen könnten.

Die Erfahrung sozialer Ausgrenzung und des Nichtverstandenwerdens vom sozialen Umfeld macht es Minderheiten wie Hochsensiblen oder Transsexuellen schwer, ein gesundes Selbstwertgefühl und eine positive Selbstbeziehung aufzubauen. Viele gewinnen mit Blick auf gesellschaftliche Bewertungsmaßstäbe und Erwartungshaltungen den Eindruck, «verkehrt» oder «nicht in Ordnung» zu sein, und kämpfen ihr ganzes Leben lang um ihre Selbstachtung. Ein erster Schritt aus der sozialen Isolation kann die Kontaktaufnahme mit Menschen sein, die in gleicher Weise von durchschnittlichen Wahrnehmungs-, Denk- und Erlebensweisen abweichen und sich deswegen fremd fühlen. Die meisten Leserkommentare zu veröffentlichten Erfahrungsberichten anderer Hochsensibler bringen typischerweise große Erleichterung zum Ausdruck, weil man sich im Vergleich mit Ähnlichen plötzlich ganz «normal» vorkommt: «Als hätte der Autor mich persönlich gekannt. Ich habe endlich das Gefühl, normal zu sein, vielen Dank!» oder: «Die Erkenntnis, eine hochsensible Person zu sein, hat mich sehr erleichtert und dazu beigetragen, mich mit mir selbst auszusöhnen. So war ich also nicht mehr nur ‹anders als die anderen›, ‹überempfindlich›, ‹psychisch und physisch nicht belastbar›, sondern ganz normal – eben ich selbst» (Schöne; Hensel, 19). Noch mehr Mut, zum eigenen Anderssein zu stehen, machen Solidaritätserfahrungen, Zugehörigkeitsgefühle und die gegenseitige Unterstützung in Hochsensiblen-Gesprächskreisen und -Selbsthilfegruppen oder weltweiten «Empowerment»-Bewegungen wie z. B. der «Black Lives Matter»-Bewegung. Das Jonglieren mit den Termini «normal» und «anders» in den Zitaten verfolgt zwar ein gutes und wichtiges Ziel, führt aber zu einer

Begriffsdiffusion: Je nach Ausprägung des Persönlichkeitsmerkmals Hochsensibilität weichen Menschen mit einem viel empfindlicheren Nervensystem in einem rein DESKRIPTIVEN SINN von statistischen Durchschnittswerten oder Ist-Werten ab. Sie verarbeiten innere und äußere Reize länger und intensiver und reagieren und handeln deswegen meist anders als durchschnittlich sensible Personen (vgl. Kap. 2.1; 2.3). So schießen beispielsweise bei Hochsensiblen immer viele Gedanken gleichzeitig durch den Kopf, sodass sie in einem langen Klärungsprozess am besten mithilfe von Stichworten oder Graphiken die Beziehungen zwischen all den vielfältigen Aspekten durchdenken müssen – während andere immer sofort auf alles eine Antwort bereithaben! Das Anderssein von Hochsensiblen wurde in dieser Studie veranschaulicht und betont, weil Normalsensible es schwer nachvollziehen können, in welcher Intensität Hochsensible die Welt wahrnehmen und was sich in ihrem Kopf abspielt.

Wird das Anderssein von den Betroffenen als «normal» bezeichnet, kann sich dies durchaus in einem empirischen Verständnis auf die Zugehörigkeit zu einer Minderheitengruppe beziehen. Zumeist dürfte aber in einem NORMATIVEN VERSTÄNDNIS gemeint sein, dass sie trotz ihres Andersseins den gleichen moralischen Wert und die gleiche Würde haben. Wenn im Kampf gegen soziale Ausgrenzung öffentlich verkündet wird: «Alle Menschen sind gleich!», handelt es sich ebenfalls nicht um eine deskriptive Tatsachenaussage, sondern um eine normative Sollensforderung (vgl. Kap. 2.2): In einem normativen Sinne sollen Menschen ungeachtet der faktisch bestehenden Unterschiede gleich behandelt werden, d. h. es soll allen die gleiche Wertschätzung und Achtung entgegengebracht werden. Niemand sollte sich ständig für Merkmale rechtfertigen oder gar Sanktionen fürchten müssen, die er wie seine Hautfarbe oder eine Abnormität seines Stressregulationssystems nicht grundlegend verändern kann. Um allen Menschen die soziale Grundlage des hohen Guts der Selbstachtung bereitzustellen, tut eine Kultivierung des RESPEKTS VOR DEM ANDERSSEIN Not, auch und gerade von Personen, die nicht im Rampenlicht stehen. Bei diesem langwierigen gesellschaftlichen Prozess können in der Öffentlichkeit stehende prominente «Outsider» wie der erwähnte Conchita Wurst durchaus eine wichtige Rolle als richtungsweisende Vorbilder und Vorreiter spielen. Auch im Bereich psychischer Störungen wie Depressionen, Psychosen oder Panikattacken helfen zum Abbau von Stigmatisierungen und Vorverurteilungen die «Outings» berühmter Persönlichkeiten sowie auch Veröffentlichungen bislang unbekannter Betroffener, die von ihrem Leben mit der Krankheit berichten. Neben der gegenseitigen Unterstützung und «Selbstermächtigung» braucht es dringend mehr öffentliche Aufklärung über die empirisch-deskriptiven Unterscheidungsmerkmale von Hochsensiblen mit ihren Belastungsgrenzen und Nachteilen genauso wie mit ihren besonderen Begabungen und Vorteilen. Denn nur wenn wir die unterschiedlichen Belastungsgrenzen, Verletzlichkeiten, Fähigkeiten, Bedürfnisse und Interessen unserer Mitmenschen kennen, können wir diese angemessen berücksichtigen und moralisch richtig handeln. Bereits im Nahbereich kommt es häufig zu Missverständnissen und Beziehungsstörungen, wenn Hochsensible und Normalsensible sich in wechselseitigen Vorwürfen verhaken wie z. B. «Du hörst wieder Flöhe husten!» versus «Du bekommt wieder gar nichts mit!» (vgl. Kap. 2.2). Ein respektvolles und gerechtes Zusammenleben setzt das Erkennen und Akzeptieren anderer Wahrnehmungs-, Denk- und Erlebnisweisen voraus.

Ein wesentlicher Unterschied zu einer rein äußerlichen Hautfarbe oder einer sexuellen Orientierung besteht jedoch bei Hochsensiblen darin, dass die andere Art der Reizverarbeitung ihres Nervensystems ihr gesamtes Leben prägt und sie viel schneller überstimuliert sind und an die Grenze ihrer Belastbarkeit kommen. Politik und Gesellschaft müssen daher nicht nur den Respekt vor dem Anderssein fördern, sondern durch aktives Umgestalten der Lebens- und Arbeitsbedingungen auch hochsensiblen Menschen ein gesundes Leben und ein normales Spektrum an Lebenschancen ermöglichen. Gemäß der Position des «Schicksals-Egalitarismus» («luck egalitarianism»: wörtlich «Glücks-Egalitarismus») sind unverschuldeterweise eingeschränkte Chancen einzelner Mitglieder auf Wohlergehen ungerecht, weil sie nicht auf individuelle Entscheidungen oder Handlungen zurückgehen (vgl. Fenner 2019, 80). Im Zeichen der sozialen Inklusion muss dafür gesorgt werden, dass alle Menschen mit ihren unterschiedlichen Einschränkungen und Fähigkeiten akzeptiert werden und am gesellschaftlichen und wirtschaftlichen Leben teilnehmen können. Solche gesellschaftlichen Forderungen aus einer sozialethischen Perspektive stehen in einem gewissen Spannungsverhältnis zu individualethischen Ratschlägen, wie sie in vielen Büchern von Hochsensiblen für andere Hochsensible anzutreffen sind: Für das engste soziale Umfeld könne es durchaus wichtig sein, von der etwas sensibleren Art, im Leben zu stehen, zu wissen (vgl. Sand, 58). Demgegenüber sei es im beruflichen Umfeld auch im Fall widriger Arbeitsbedingungen meist nicht nötig und ratsam, die eigene Hochsensibilität öffentlich zu machen, sich «auf die eigene Fahne zu schreiben und wie ein Banner vor sich herzutragen» (Schorr 2020, 57; vgl. Skarics, 53). Denn in einem solchen Gebaren komme die Erwartungshaltung zum Ausdruck, dass gefälligst das Umfeld auf Hochsensible Rücksicht nehmen und sich ihnen anpassen soll. Empfohlen wird stattdessen die Taktik oder «Technik der kleinen Scheibchen» (vgl. Schorr, 57 f.; Hensel, 214): Um die ungünstigen Rahmenbedingungen in der Berufswelt oder der Familie zu seinen Gunsten zu verändern, soll ganz konkret benannt werden, was einen stört und die Konzentration raubt, z. B. das grelle Neonlicht oder der laute Kopierer im Nebenraum. Solange die mit der Hochsensibilität verbundenen spezifischen Einschränkungen nicht bekannt sind und die Gefahr einer Stigmatisierung und sozialen Ausgrenzung droht, ist dieser Rat sicherlich teuer. Ein offensiver Umgang mit der eigenen Hochsensibilität und der Gang in die Öffentlichkeit können aber möglicherweise langfristig dazu beitragen, dass sich die Arbeits- und Lebensbedingungen für alle verbessern (vgl. Kap. 4.5).

Das sozialethische und gesellschaftskritische Anliegen dieses Buches setzt gewissermaßen einen Kontrapunkt zu den individualethischen Anleitungen zum besseren Selbstmanagement für Hochsensible in der Ratgeber- und Lebenshilfeliteratur. Unstreitig ist es gleichfalls ein sehr wichtiges Anliegen, die eigene neurobiologisch bedingte Grunddisposition akzeptieren zu lernen und immer bessere persönliche Strategien zum Umgang mit seiner Eigenart zu erwerben: Um ein gutes und glückliches Leben zu führen und somit das Ziel aller individualethischen Bestrebungen zu erreichen, empfiehlt es sich ganz allgemein, seine Schwächen bestmöglich zu überwinden, seine Fähigkeiten und Potentiale zu entdecken und zu entfalten und an seiner persönlichen Lebensgestaltung zu feilen. Hochsensible im Speziellen benötigen zum einen ein «Notfall-Instrumentarium» wie z. B. Atemübungen, Meditation oder imaginative Verfahren, um in Stresssituationen oder bei Reizüberflutungen gegensteuern zu können (vgl. Schorr 2020, 60 ff.). Zum anderen gilt es, angesichts der großen Intensität der eigenen Emotionen an der Kommunikation nach außen und einem besonnenen und angemessenen Handeln in Interaktionen zu arbeiten (vgl. Schorr 2020, 56). Mit der Devise «Jeder ist seines eigenen Glückes Schmied» wird aber im Zeitalter der Selbstoptimierung bisweilen suggeriert, jeder könne mit der richtigen positiven Einstellung und der Arbeit an sich selbst und seinem Leben sein Glück machen auf dieser Welt (vgl. Fenner 2019, 25 f.). Hochsensible beispielsweise müssten einfach nach einer Nische in einer immer lauteren, grelleren und hektischeren Welt suchen, in der sie ihre spezifischen Fähigkeiten zur Geltung bringen können. Im Rahmen eines radikalen Individualismus und Liberalismus erscheinen Beschwerden hochsensibler Menschen lediglich als Folge einer nicht an die persönlichen Besonderheiten angepassten selbstgewählten Lebensweise, sodass sie in den Bereich der Selbstverantwortung bzw. des Selbstverschuldens fallen. Diese Sichtweise verleitet zu einer affirmativen Haltung zu den bestehenden Strukturen und lenkt von der sozialstaatlichen Aufgabe ab, mittels einer gerechten Gesellschafts- und Wirtschaftsordnung unverdiente Benachteiligungen bezüglich essentieller Güter auszugleichen. Glück, nach dem alle Menschen streben, ist wie gesehen ein hochkomplexes Phänomen, das sich philosophisch am besten als harmonisches Welt-Selbst-Verhältnis auf der Basis eines aktiven guten Lebens charakterisieren lässt. Eine gelingende «Passung» von Subjekt und Welt basiert auf vielen Individuums- und Umweltfaktoren, die sich von den Einzelnen nur begrenzt beeinflussen lassen (vgl. Kap. 2.4):

Auf der Individuumsseite gibt es genetische Dispositionen wie z. B. eine Glücks- bzw. Unglücksveranlagung oder die erhöhte Empfindsamkeit des Nervensystems hochsensibler Personen, die mit einer geringen Stresstoleranz bzw. erhöhter Anfälligkeit für Stresserkrankungen wie z. B. Depressionen, Burnout, Angst- und Schlafstörungen einhergeht (vgl. Kap. 2.1; 4.4). Gene werden zwar grundsätzlich erst durch Umwelteinflüsse aktiviert oder deaktiviert und erfahren dabei nach neusten Erkenntnissen epigenetische Veränderungen. So kann man z. B. durch eine gesunde Ernährung und angepasste Lebensweise sein Genom beeinflussen, in einer optimistischen Lesart sogar «seine Gene steuern» (vgl. Mansuy; Schorr 2020, 45). Eine starke Prägung der überdauernden Persönlichkeitsmerkmale findet jedoch in der frühen Kindheit statt und ist somit dem eigenen Einfluss entzogen: Je nachdem, ob die eigene hochsensible Anlage vom sozialen Umfeld als Gabe gefördert oder als Defekt unterdrückt wird, entwickelt ein Kind mehr oder weniger Welt- und Selbstvertrauen (vgl. Kap. 4.3). Eine sozial und ökonomisch unsichere Umwelt, belastende Erfahrungen oder gar Traumata üben auf hochsensible Kinder noch viel stärkere negative Wirkungen aus als auf normalsensible. Gravierende psychische Fehlentwicklungen lassen sich später mithilfe von

Therapien kaum mehr korrigieren. Auch andere Umweltfaktoren wie zunehmende Schadstoffbelastung, Reiz- und Informationsflut und steigender Zeit- und Leistungsdruck führen bei Hochsensiblen häufiger zu physischen oder psychischen Beeinträchtigungen oder Störungen. Zudem hängt es vom Zufall ab, ob die persönlichen Talente und Qualifikationen zu gängigen Berufsbildern passen bzw. ob die dadurch ermöglichten Leistungen oder Produkte auf dem Markt nachgefragt werden (vgl. Kap. 3.5; 4.5). Es gibt auf dem freien Arbeitsmarkt keine Leistungsgerechtigkeit, weil nicht die Leistung, sondern der Erfolg prämiert wird. Hochsensible Menschen haben wie gesehen besondere Befähigungen für künstlerische, beratende und helfende Tätigkeiten, in denen die Einkommensverhältnisse häufig prekär sind. Insgesamt ist bei Hochsensiblen die Spanne eines optimalen Erregungsniveaus und damit ihrer vollen Leistungsfähigkeit vergleichsweise schmal (vgl. Schorr 2020, 16). Ein Aufenthalt innerhalb dieser Komfortzone setzt daher sehr viel mehr günstige Bedingungen voraus als bei Normalsensiblen. Um nicht überstimuliert zu sein, fahrig und unkonzentriert zu werden und körperliche Symptome bis hin zu Schwindelattacken und «Blackouts» zu entwickeln, sind sie z. B. auf ruhige Arbeitsbedingungen ohne große Unabwägbarkeiten und Zeitdruck angewiesen.

Es scheint angesichts dessen eine kollektive Selbsttäuschung zu sein, dass jeder Mensch durch eigene Entscheidungen und die freie Gestaltung seines Lebens sein Glück schmieden kann. Im Zuge der Individualisierung und Privatisierung des Glücks kommt es zu einer einseitigen Fokussierung auf die eigenen Möglichkeiten und einer Überbetonung der persönlichen Selbstverantwortung, die zu einer Entsolidarisierung der Gesellschaft führen kann (vgl. Fenner 2019, 30): Wenn das Einzelindividuum für alles selbst verantwortlich ist, braucht sich niemand mit den möglicherweise menschenunwürdigen gesellschaftlichen, politischen und ökonomischen Verhältnissen auseinanderzusetzen. Wo Menschen unter ungünstigen Bedingungen z. B. mit Behinderungen, Charakterschwächen, in sozioökonomisch unsicheren Verhältnissen mit mangelnder Zuwendung ins Leben starten und später unter maßlos steigenden, unerfüllbaren beruflichen Erwartungshaltungen mit entgrenzter Arbeitszeit und befristeten Arbeitsverhältnissen bis zur Erschöpfung arbeiten müssen, wird der Glücksimperativ unmoralisch. Niemand darf für sein Unglück oder seine mangelnde Leistungsfähigkeit verantwortlich gemacht werden, ohne nach den Ursachen und Quellen zu fragen und danach, wie ein Mensch zu dem geworden ist, was er ist. Bezüglich hochsensibler Menschen im Speziellen ist es sicherlich angebracht, an ihre Mitverantwortung für das Bild von Hochsensiblen in der Öffentlichkeit zu appellieren (vgl. Schorr 2018, 21). Es gilt, die einseitige Wahrnehmung von Hochsensiblen als fragile, nicht belastbare, instabile oder ständig ausgelaugte Menschen zu korrigieren und auch ihre spezifischen Stärken und Befähigungen herauszustreichen: Es handelt sich um engagierte, kreative und meist gut bis sehr gut qualifizierte Mitmenschen mit hohen Idealen, die sich aktiv in die Gemeinschaft einbringen und ihren Beitrag zu einer besseren Welt leisten wollen. Gleichzeitig dürfen jedoch die notwendigen äußeren Bedingungen und Voraussetzungen nicht aus dem Auge verloren werden, unter denen Hochsensible erst ihre Kompetenzen nutzen und ihre Talente entwickeln können. Wie gesehen leiden hochsensible Menschen letztlich auch nur stärker als andere unter bestimmten Umweltfaktoren und strukturellen Veränderungen wie zunehmende Schadstoffbelastung oder Beschleunigung des Arbeits- und Lebenstempos. Sie können daher als Seismographen Gefahren von Fehlentwicklungen früher wahrnehmen als andere (vgl. Kap. 4.1). Obwohl sich allein aufgrund praktischer Schwierigkeiten nie vollständige Chancengleichheit und soziale Gerechtigkeit herstellen lassen, müssen gesellschaftliche Diskurse über diese Ziele geführt werden.

Ein gutes und glückliches Leben ist aber nicht nur angewiesen auf einigermaßen günstige Umweltfaktoren, die sich in Übereinstimmung bringen lassen mit der eigenen gegebenen (neuro-)biologischen und psychischen Grunddisposition. Ob die Einzelnen ihr Welt-Selbst-Verhältnis als gelingend oder passend beurteilen, hängt zusätzlich noch ganz wesentlich von gesellschaftlichen Bewertungsmaßstäben und sozialen Vergleichen ab (vgl. Kap. 2.4; 4.3). Der Eindruck vieler Hochsensibler, nicht in diese Welt zu passen, geht häufig zurück auf einen tiefen Wertkonflikt: Ganz oben auf der Wertehierarchie in gegenwärtigen westlichen Gesellschaften stehen Leistung, Besitz, Erfolg und Prestige, die sich an rein quantitativen Kriterien wie z. B. Anzahl an Verkaufsabschlüssen, «Likes» oder «Followern» bemessen (vgl. Kap. 4.3). Es dominieren materielle Bewertungssysteme, sodass Tätigkeiten und Leistungen primär am Verdienst oder am kommerziellen Erfolg gemessen werden. Hochsensible Menschen fühlen sich nicht nur der verlangten Schnelligkeit und dem Leistungsdruck häufig nicht gewachsen, weil sie stets viel mehr Informationen aufnehmen, diese intensiver verarbeiten und dafür mehr Zeit benötigen als andere. Vielmehr haben sie meist auch andere Wertmaßstäbe und definieren sich selbst nicht über äußeren Erfolg und Verdienst, sondern über Sinn und ethische Ideale (vgl. Schorr 2018, 17; Skarics, 39 ff.; 44). Bezüglich der vorherrschenden Beurteilungskriterien schneiden sie daher im sozialen Vergleich meist schlecht ab, was sich negativ auf ihr Selbstbild und ihre Lebenszufriedenheit auswirkt. Sie leiden unter einem sozialen Anpassungsdruck an gesellschaftliche Erwartungen und Ideale, die nicht ihrer Eigenart entsprechen und im Widerspruch zu ihren eigenen inneren Maßstäben stehen. Hochsensible weichen also nicht nur von der NORMALITÄT IM DESKRIPTIVEN SINN der Durchschnitts- oder Ist-Werte ab, sondern auch von der NORMALITÄT IM NORMATIVEN SINN, d. h. von den gesellschaftlichen Normen oder Soll-Werten (vgl. Kap. 2.3): Als «normal» und erwünscht gelten extravertierte, belastbare, flexible und wettbewerbsfähige Individuen, die sich überall schnell zurechtfinden, rasch Entscheidungen treffen und sich lautstark durchzusetzen vermögen. Hochsensible Menschen sind jedoch in der Mehrheit still, introvertiert und nachdenklich und suchen statt nach kurzfristigem Erfolg nach langfristigen Lösungen mit innovativen, differenzierten und komplexen Verbesserungsvorschlägen (vgl. Schorr 2020, 46; Skarics, 17). Es sind Denker statt Macher, und die meisten neigen kaum zu Konkurrenzdenken und scheuen das Kräftemessen im Wettbewerb des «Höher, schneller, weiter» (vgl. Schorr 2018, 169; Skarics, 35 f.; 38 f.).

Da jeder Mensch auf Kooperation und soziale Anerkennung angewiesen ist, kann er auf Dauer kein positives Selbstbild aufrechterhalten, wenn die Ziele und Maßstäbe seiner Arbeit an sich und seinem Leben zu stark von denjenigen im soziokulturellen Umfeld abweichen (vgl. Fenner 2019, 19). Das Gefühl vieler Hochsensibler, nicht kompatibel zu sein mit dem Rest der Menschheit, wird sich daher schwerlich allein durch Selbsttransformation und Integrationsbemühungen beheben lassen. Beim Versuch, einen ertragreichen Job in der Arbeitswelt zu finden, geraten sie häufig in einen existentiellen Anpassungskonflikt: Um wirtschaftlich zu überleben, zahlen viele einen hohen Preis wachsender innerer Anspannung, Entfremdung und des Gefühls, in einem Hamsterrad festzusitzen (vgl. Böttcher, 234; Kap. 4.2). Solche Entfremdungserfahrungen erleben Hochsensible wesentlich intensiver als andere und sie entwickeln eher psychische und psychosomatische Krankheiten, die ihnen ein «Weiter so» unmöglich machen. Trotzig-auflehnend oder in zunehmendem Rückzug nach seinen eigenen Maßstäben dafür, was gesund und richtig ist, zu leben, führt aber auch zu keiner wirklichen «Passung». Eine langfristige Verbesserung ihrer Chancen auf ein gutes und glückliches Leben kann daher nicht durch Anpassung an ein System, sondern nur durch eine UMWERTUNG DER WERTE erzielt werden. Gemeint ist damit allerdings nicht wie bei Nietzsche der Übergang von christlichen oder aufklärerischen Werten hin zu neuen, aus der mächtigen Natur starker großer Individuen generierten Werten (vgl. Nietzsche, 266). Es geht vielmehr um den bereits im Gang befindlichen Wertewandel weg von außenorientierten Werten wie kommerzieller und kurzfristiger Erfolg, Steigerung um jeden Preis und Mehr-haben-Wollen in Konkurrenz mit anderen hin zu mehr Lebensqualität für alle Menschen auf der Welt, Gerechtigkeit und Nachhaltigkeit im Umgang mit natürlichen Ressourcen. Diese Werte lassen sich unabhängig von der «Natur» Hochsensibler rational begründen, weil die negativen Konsequenzen der modernen Steigerungslogik und der Quantifizierung und Ökonomisierung von immer mehr Lebensbereichen für das gute Leben der Menschen, ihr Zusammenleben und eine bedrohte Natur immer deutlicher zutage treten (vgl. Rosa 2020, 707–722). Hochsensible Menschen könnten bei der Kritik und Revision der dominierenden Bewertungsmaßstäbe an vorderster Front mitkämpfen (vgl. Böttcher, 21; Schorr 2018, 184). Ein gesamtgesellschaftlicher Paradigmenwechsel verspricht nicht nur ihnen selbst ein Leben im Einklang mit sich und der Welt, sondern mehr (Mit-)Menschlichkeit für alle und eine bessere Welt.

Mit Theodor W. Adorno gesprochen: «Es gibt kein richtiges Leben im falschen» (43).

Oder nach dem Motto dieses Buches: Es gibt keine falsche Blume, sondern nur eine falsche Umwelt für eine Blume.

6 Bibliographie

Adorno, Theodor W.: *Minima Moralia. Reflexionen aus dem beschädigten Leben*, 22. Aufl., Frankfurt a. M. 1951.

Aristoteles: *Nikomachische Ethik*, 2. Aufl., München 1995 (zitiert nach der Bekker-Ausgabe).

Aron, Elaine: *Hochsensibilität in der Liebe: Wie Ihre Empfindsamkeit die Partnerschaft bereichern kann*, 5. Aufl., Landsberg 2013.

Aron, Elaine: *Sind Sie hochsensibel? Ein praktisches Handbuch für hochsensible Menschen*, 3. Aufl., München 2016.

Aron, Elaine: *Sind Sie hochsensibel? Wie Sie Ihre Empfindsamkeit erkennen, verstehen und nutzen*, 11. Aufl., München 2017.

Aron, Elaine und Aron, Arthur: Sensory-processing sensitivity and its relation to introversion and emotionality, in: *Journal of Personality and Social Psychology*, 1997, Jg. 73, S. 345–368.

Aron, Elaine; Ketay, Sarah u. a.: Temperament trait of sensory processing sensitivity moderates cultural differences in neural response, in: *Social Cognitive and Affective Neuroscience*, 2010, Jg. 5, Heft 2–3, S. 219–226.

Ayan, Steve: Der Gefühlskompass, in: *Gehirn und Geist*, 7/2015, S. 34–39.

Barnow, Sven: *Gefühle im Griff! Wozu man Emotionen braucht und wie man sie reguliert*, Berlin 2018.

Beck, Ulrich: *Risikogesellschaft. Auf dem Weg in eine andere Moderne*, Frankfurt a. M. 2003.

Becker, Peter: *Seelische Gesundheit und Verhaltenskontrolle*, Göttingen 1995.

Bengsch, Danielle: Kreative arbeiten immer am Rand des Wahnsinns, in: *Welt*, 9. 1. 2011.

Bergengruen, Christina: *Introvertiert – Die Stärke der Stillen*, SWR 2 Wissen, 12. 5. 2018, https://www.swr.de/swr2/programm/download-swr-10502.pdf, Abruf am 5. 5. 2021.

Blach, Christina: *Ein empirischer Zugang zum komplexen Phänomen der Hochsensibilität*, Hamburg 2016.

Blumentritt, Lena: *High sensory-processing sensitivity. Eine Studie zum Merkmal Hochsensitivität*, 2. Aufl., Norderstedt 2017.

Borries, Franziska: *Gibt es die Hochsensiblen?*, Diplom-Arbeit an der Universität Bielefeld, Fakultät für Psychologie und Sportwissenschaften, Abteilung für Psychologie, Bielefeld 2012.

Böttcher, Jutta: *Fachbuch Hochsensibilität*, Hamburg 2018.

Brackmann, Andrea: *Jenseits der Norm – hochbegabt und hoch sensibel?*, Stuttgart 2005.

Brandstädter, Jochen: *Das flexible Selbst. Selbstentwicklung zwischen Zielbindung und Ablösung*, Heidelberg 2007.

Brenner, Katrin: Genie und Wahnsinn. Ein Gespräch mit dem Psychotherapeuten Thomas Köhler über psychische Störungen berühmter Persönlichkeiten, in: *Psychologie heute*, 10.1.2018, unter https://www.psychologie-heute.de/gesundheit/artikel-detailansicht/38853-genie-und-wahnsinn.html, Abruf am 15.5.2021.

Csikszentmihalyi, Mihaly: *Flow. Das Geheimnis des Glücks*, Stuttgart 1992.

Daniels, Norman: *Just health care*, Cambridge 1985.

Diercks, Nicole: *Hochsensibel? Zwischen Ekstase und Burnout*, Norderstedt 2014.

Dinkel, Sabine: *Hochsensibel durch den Tag*, Hannover 2016.

Eckart, Wolfgang: *Burnout, Stress und Nervenkrisen. Erschöpfungszustände aus historischer Perspektive*, SWR2 Aula vom 29.7.2012, unter https://www.swr.de/-/id=9902262/property=download/nid=660374/lvv5r8/swr2-wissen-20120729.pdf, Abruf am 15.5.2021.

Ehrenberg, Alain: *Das erschöpfte Selbst*, Frankfurt a. M. 2004.

Eysenck, Jürgen: Biological dimensions of personality, in: Pervin, Lawrence (Hrsg.): *Handbook of personality. Theory and research*, New York 1990, S. 244–276.

Fenner, Dagmar: *Glück. Grundriss einer Lebenswissenschaft*, Freiburg i. Br./München 2003.

Fenner, Dagmar: *Das gute Leben*, Berlin/New York 2007.

Fenner, Dagmar: *Was kann und darf Kunst? Ein ethischer Grundriss*, Frankfurt a. M. 2013.

Fenner, Dagmar: *Selbstoptimierung und Enhancement. Ein ethischer Grundriss*, Tübingen 2019.

Fenner, Dagmar: *Ethik. Wie soll ich handeln?*, 2. vollst. überarb. Aufl., Tübingen 2020.

Foucault, Michel: *Überwachen und Strafen: die Geburt des Gefängnisses*, Frankfurt a. M. 1994.

Gehlen, Arnold: *Der Mensch*, Wiesbaden 1986.

Goleman, Daniel: *Emotionale Intelligenz*, 15. Aufl., München 2002.

Harke, Sylvia: Herausforderung Hochsensibilität, Interview des Verbands Freier Psychotherapeuten, Heilpraktiker für Psychotherapie und Psychologischer Berater e. V., in: *Verbandszeitschrift*, Jg. 75, Heft 3/2016.

Haufe Online-Redaktion: *Müde – matt – minderwertig: Burnout?*, 26.4.2012, unter https://www.haufe.de/personal/hr-management/muede-matt-minderwertig-burnout/burnout-persoenlichkeitstypen_80_94334.html, Abruf am 15.5.2021.

Hensel, Ulrike: *Mit viel Feingefühl. Hochsensibilität verstehen und wertschätzen*, Paderborn 2013.

Hillig, Axel (Bearb.), Meyers Lexikon Redaktion (Hrsg.): *Schüler-Duden. Die Psychologie*, 2. bearb. Aufl., Mannheim u. a. 1996.

Hoof, Elke van: Interview, in: *Gehirn und Geist*, 7/2016, S. 14–16.

Hubert, Martin: *Gibt es ein Gen für Hochsensibilität?*, SWR2 Impuls, 10.1.2018.

Ihde-Scholl, Thomas: *Ganz normal anders*, 2. Aufl., Zürich 2014.

Informations-und Forschungsverbund Hochsensibilität e. V. (IFHS): *Hochsensibel? Allgemeiner Informationstext zum Thema des Informations- und Forschungsverbunds Hochsensibilität*, unter https://www.hochsensibel.org/dokumente/Broschuere.pdf, Abruf am 15.5.2021.

Jack, Michael: *Hochsensible wirken als Indikator*, Interview von Randstad, 7.12.2015.

Johnson, Debra u. a.: Studie der Universität Iowa, zusammengefasst unter: *Brain Activity Differs In Introverts And Extroverts*, 29.3.1999, https://www.eurekalert.org/pub_releases/1999-03/UoI-BADI-290399.php, Abruf vom 15.5.2021.

Jung, C. G.: *Psychologische Typen*, Zürich 1921.

Kagan, Jerome: *Galens Prophecy*, New York 1994.

Klages, Wolfgang: *Der sensible Mensch. Psychologie, Psychopathologie, Therapie*, Stuttgart 1978.

Langosch, Nele: Der Streit um die Feinfühligkeit, in: *Gehirn und Geist*, 7/2016, S. 19–23.

Leipold, Bernhard: *Resilienz im Erwachsenenalter*, München 2015.

Link, Jürgen; Loer, Thomas u. a.: Einleitung, in: dies. (Hrsg.): *«Normalität» im Diskursnetz soziologischer Begriffe*, Heidelberg 2003, S. 7–22.

Linke, Hans-Jürgen: *Sanatorium Europa. Vom Zerwürfnis des Menschen mit sich selbst, Filmkritik zu Julia Benkerts Film*, unter https://www.fr.de/kultur/tv-kino/zerwuerfnis-menschen-sich-selbst-11047330.html, Abruf am 15.5.2021.

Liesen, Thomas: *Langzeitfolgen schrecklicher Erlebnisse*, in: SWR 2 Odysso, 7.7.2015.

Lyubomirsky, Sonja: *Glücklich Sein. Warum Sie es in der Hand haben, zufrieden zu leben*, Frankfurt a. M./New York 2013.

Mansuy, Isabelle: *Wir können unsere Gene steuern! Die Chancen der Epigenetik für ein gesundes und glückliches Leben*, Berlin/München 2020.

Medical Academy: *Hochsensibel. Das praktische Handbuch für den Umgang mit der Hochsensibilität und hochsensiblen Menschen*, Wroclaw 2018.

Meier-Plos, Christiane: *Burnoutfallen: Der Einfluss der Persönlichkeit auf die Entstehung von Burnout*, unter https://instahelp.me/de/magazin/depression/burnoutfallen-der-einfluss-der-poersoenlichkeit-auf-die-entstehung-von-burnout/, Abruf am 15.5.2021.

Nietzsche, Friedrich: Zur Genealogie der Moral, in: Colli, Giorgio und Montinari, Mazzino (Hrsg.): *Kritische Studienausgabe*, Bd. 5, 3. Aufl., Berlin/New York 1993.

Parlow, Georg: *Zart besaitet. Selbstverständnis, Selbstachtung und Selbsthilfe für hochsensible Menschen*, 5. Aufl., Wien 2017.

Rawls, John: *Eine Theorie der Gerechtigkeit*, 9. Aufl., Frankfurt a. M. 1996.

Reichardt, Eliane: *Hochsensibel. Wie Sie Ihre Stärken erkennen und Ihr wirkliches Potential entfalten*, München 2016.
Rheinberg, Falko: *Motivation*, 7. aktual. Aufl., Stuttgart 2008.
Ritter, Henning: Normal, Normalität, in: Ritter, Joachim und Gründer, Karlfried (Hrsg.): *Historisches Wörterbuch der Philosophie*, Darmstadt 1984, S. 921–928.
Rohleder, Luca: *Die Berufung für Hochsensible. Die Gratwanderung zwischen Genialität und Zusammenbruch*, 2. Aufl., Leipzig 2015.
Rohrmann, Eckard: Zur gesellschaftlichen Konstruktion von Normalität und Anders-Sein, in: Abraham, Anke und Müller, Beatrice (Hrsg.): *Körperhandeln und Körpererleben. Multidisziplinäre Perspektiven auf ein brisantes Feld*, Bielefeld 2010, S. 139–164.
Rosa, Hartmut: *Beschleunigung und Entfremdung*, 5. Aufl., Frankfurt a. M. 2016.
Rosa, Hartmut: *Resonanz. Eine Soziologie der Weltbeziehung*, 3. Aufl., Frankfurt a. M. 2020.
Sand, Ilse: *Die Kraft des Fühlens. Hochsensibilität erkennen und positiv gestalten*, München 2016.
Sartre, Jean-Paul: *Das Sein und das Nichts. Versuch einer phänomenologischen Ontologie*, Reinbek bei Hamburg 1991.
Scheler, Max: *Die Stellung des Menschen im Kosmos*, 12. Aufl., Bonn 1991.
Schimank, Uwe: *Individualisierung der Lebensführung*, Bundeszentrale für politische Bildung (BpB), 31.5.2012, unter https://www.bpb.de/politik/grundfragen/deutsche-verhaeltnisse-eine-sozialkunde/137995/individualisierung-der-lebensfuehrung, Abruf am 15.5.2021.
Schindler, Jasmin: *Wenn es eine Pille gegen Hochsensibilität gäbe*, unter https://www.healthyhabits.de/pille-gegen-hochsensibilitaet/, Abruf am 15.5.2021.
Schmidt, Jochen: *Die Geschichte des Genie-Gedankens in der deutschen Literatur, Philosophie und Politik*, Darmstadt 1985.
Schöne, Lajos: *Zartbesaitet*, 21.10.2015, unter https://www.welt.de/print/die_welt/wissen/article147900335/Zartbesaitet.html, Abruf am 15.5.2021.
Schopenhauer, Arthur: *Aphorismen zur Lebensweisheit*, Stuttgart 1949.
Schorr, Brigitte: *Hochsensible im Beruf. Wie empfindsame Menschen leben und arbeiten*, Holzgerlingen 2018.
Schorr, Brigitte: *Hochsensibilität. Empfindsamkeit leben und verstehen*, 9. Aufl., Holzgerlingen 2020.
Schütz, Astrid und Hoge, Lasse: *Positives Denken*, Stuttgart 2007.
Sellin, Rolf: *Wenn die Haut zu dünn ist*, 11. Aufl., München 2011.
Skarics, Marianne: *Sensibel kompetent. Zart besaitet und erfolgreich im Beruf*, 3. Aufl., Wien 2015.
Smolewska, Kathy; McCabe, Scott u. a.: A psychometric evaluation of the Highly Sensitive Person Scale: The components of sensory-processing sensitivity and their relation to

the BIS/BAS and «Big Five», in: *Personality and Individual Differences*, 40/2006, S. 1269–1279.

Specht, Jule: Die Persönlichkeit. Bleibt sie immer gleich?, in: *Psychologie heute*, Heft 57, Weinheim 2019, S. 66–72.

Stangl, Werner: Introversion/Extraversion, in: *Online-Lexikon für Psychologie und Pädagogik*, 2019.

Starostzik, Christine: Alles ist zu laut, zu voll, zu grell, in: *ÄrzteZeitung*, 26.10.2015, unter https://www.aerztezeitung.de/Medizin/Alles-ist-zu-laut-zu-voll-zu-grell-247671.html, Abruf am 15.5.2021.

Sun, Yuerong: Social Reputation and Peer Relationships in Chinese and Canadian Children: A Cross-Cultural Study, in: *Child Development* 63, 1992, S. 1336–1343.

Thviessen, Patricia: Zu viel Welt fürs Gehirn, in: *wissenschaft.de*, 18.6.2013, unter https://www.wissenschaft.de/gesellschaft-psychologie/zu-viel-welt-fuers-gehirn/, Abruf am 15.5.2021.

Trappmann-Korr, Birgit: *Hochsensitiv: Einfach anders und trotzdem ganz normal. Leben zwischen Hochbegabung und Reizüberflutung*, 3. Aufl., Kirchzarten bei Freiburg 2010 (wo nicht anders erwähnt, stammen Zitate von Trappmann aus diesem Buch)

Trappmann, Birgit: *Der N-Faktor: Hochsensitivität und Persönlichkeit, Forschungsbericht*, Norderstedt 2018.

Vieweg, Martin: Ist Sensibilität genetisch bedingt?, in: *wissenschaft.de*, 3.6.2020, unter https://www.wissenschaft.de/gesellschaft-psychologie/ist-sensibilitaet-genetisch-bedingt/, Abruf am 15.5.2021.

Wahler, Hendrik: *Das gute Leben. Ethik als integratives System einer transdisziplinären Humanwissenschaft*, Baden-Baden 2018.

Waldschmidt, Anne: Normalität, Normalisierung und Human Enhancement, in: *Akademien der Wissenschaften Schweiz: Medizin für Gesunde?*, Bern 2012, S. 38–43.

Wentura, Dirk und Frings, Christian: *Kognitive Psychologie*, Wiesbaden 2013.

Westermann, Laura: *Hochsensibel leben*, Wroclaw 2018.

WHO: *Electromagnetic fields and public health. Electromagnetic hypersensitivity*, unter https://www.who.int/peh-emf/publications/facts/fs296/en/, Abruf vom 15.5.2021.

Wettig, Jürgen: Eltern-Kind-Bindung: Kindheit bestimmt das Leben, in: *aerzteblatt.de*, unter https://www.aerzteblatt.de/archiv/52567/Eltern-Kind-Bindung-Kindheit-bestimmt-das-Leben, Abruf am 15.5.2021.

Wilken, Beate: *Methoden der Kognitiven Umstrukturierung*, 3. aktual. Aufl., Stuttgart 2006.

Willmes, Klaus: Interview, in: *Lokalzeit Aachen*, 26.11.2008, unter https://www.youtube.com/watch?v=W80oIQUdfqw#t=1m31s, Abruf am 15.5.2021.

7 Sachregister

ADHS 21, 99, 143 f.
Anpassung
- Druck zur 31 f., 98 f., 123 f., 128–130
- sozial(psychologische) 124, 128–130, 170
- physische/psychische 125–128

Aristotelischer Grundsatz 38
Ästhetik/ästhetisches Empfinden 52 f., 106, 115, 117, 155
Ausgrenzung, soziale 31, 34, 98, 125, 158 f., 162 f.
Behinderung/Beeinträchtigung 145, 159 f.
Berufe, geeignete 83, 93, 107 f., 115
Berufung 92, 136
Burnout 12 f., 39 f., 71, 94, 98, 143, 155 f.
Copingstrategien 72, 138
Cortisol 21, 50, 84 f.
Denken
- komplexes/multiperspektivisches 57 f.
- Vor- und Nachdenken 54–56, 127

Denker vs. Macher 82–85, 108
Depression 21, 70 f., 98, 120, 135, 144
Diskriminierung 141, 159, 162 f.
Diversität/Diversitätsmanagement 103 f., 159
Dramatisierung 73, 110, 122
Empathie 67 f., 111 f.
Entfremdung 79 f., 130, 170

Erfolg 87, 92, 123, 169–171
Erregungsniveau/Behaglichkeitszone 24, 28, 51 f., 97, 154, 165, 168
Ethik, Definition 23
- Gefühls- vs. rationalistische 111–113
- Individual- vs. Sozial- 23, 121, 147, 151
- moralische Sensibilität 113
- moralischer Standpunkt 28, 112 f., 122

Extraversion 75 f., 81 f.
Flow 91
Frauen/Männer 15, 135
Gerechtigkeit 23, 28, 83, 91, 111, 113 f., 122
- Chancengleichheit 99, 147, 150, 169, 165 f.
- Leistungs- 168, 150 f., 168
- Schicksals-Egalitarismus 165

Glück, Definition 35, 132, 137, 167 f.
- Glücksfixpunkt 133
- Glücksimperativ/-ideologie 131 f., 166 ff.
- ressourcenorientiertes (Glücksgüter) 36, 123, 139 ff.
- Selbstverwirklichungs- 36, 38, 91–93, 141 f.
- Zufalls- 35, 137

Harmoniebedürfnis 68, 81, 111 f., 128
Hochbegabung 63

Hochsensibilität, Definition 13, 18 f., 45 f.
- emotionale 45, 65–74, 118 f., 127 f.
- kognitive 45, 54–65, 117 f., 126 f.
- motivationale 47, 82–95
- sensorische 45, 47–53, 117, 125 f.
Humor 72 f.
Ideale, ethische 68, 91, 94, 106, 110 f., 113 f., 122
Inklusion 152, 160, 165
Introversion vs. Extraversion 75–82
Intuition/intuitiv 22, 33, 58, 60, 63, 106, 108 f., 122
Krankheit, Definition 143–146
Kreativität 39, 58 f., 63, 118
Kunst 39, 53, 67, 71, 107, 115–122
Liebe/Partnerschaft 69 f., 78
Medienhype/Modediagnose 13 f.
Medikalisierung 150
Menschenbild/Idealtypus Mensch 34, 123, 162, 170
Mobbing 158 f., 163
Motivation, intrinsische vs. extrinsische 86–93
Mutterschaft 78
Nachhallen 48, 54, 66
Naturalistischer Fehlschluss 27, 103, 122
Neurophysiologie/-wissenschaften 17, 19–22, 24, 48, 144, 148
Normalität 29, 123, 161 f.
- deskriptiver Sinn 29 f., 164, 170
- normativer Sinn 30, 99, 164 f., 170 f.
Orchideenkinder 134 f.
Perfektionismus 12, 94, 107
Persönlichkeit/Charakter 12 f., 24, 37, 46
Persönlichkeitspsycholgie 21 f., 46
Phänomenologie 23
Phantasie 55, 63, 82 ff., 118 f.
Reizüberflutung, s. Überstimulation
Resilienz 137 f., 145

Respekt 27 ff., 124, 152 f., 164 f.
Röntgen-/Scanblick 65 f., 71, 117
Rückzugsbedürfnis/Schutzraum 74, 77 f., 126, 129 f.
Schlafprobleme 84, 127, 138, 144, 153
Schüchternheit/schüchtern 34, 77, 135, 158
Seismographen 102, 108 f., 122, 151, 169
Selbstoptimierung 32, 100, 105, 142, 151, 166 f.
Selbsterkenntnis 37, 136 f.
Selbständigkeit, berufliche 39, 93 ff., 158,
Selbstreflexion 37, 63
Selbstwert/Selbstzweifel 71 ff., 98, 138, 145, 152, 163, 170
Serotonin 21, 133
Sinn(bedürfnis) 87, 90–92, 136, 141, 170
Smalltalk 80 f., 98, 159
Solidarität 132, 150 f., 168
Synästhesie 53
Trauma 34
Träume 59
Überstimulation/Überreizung 49 f., 84, 97, 117, 126
Umwelt-/Arbeitsbedingungen 51, 85 f., 99, 134 ff., 153–160, 168
Unabhängigkeitsstreben 64, 74, 78, 98
Unbewusstes 58 f., 85
Verantwortungs-/Zuständigkeitsgefühl 68 f., 94, 106, 108
Verhaltenstherapie, kognitive 68 f., 72, 126 f.
Vulnerabilität 71 f., 138, 144 f.
Wahnsinn/Genialität 39, 59, 119 f.
Wertmaßstäbe/Umwertung 30 f., 34 f., 88, 110, 123 f., 139 f., 169 ff.
Wettbewerbsdenken 33 f., 86, 89, 98, 135, 156, 170
Würde/menschenwürdig 27, 99, 160, 164, 168

Das Signet des Schwabe Verlags
ist die Druckermarke der 1488 in
Basel gegründeten Offizin Petri,
des Ursprungs des heutigen Verlags-
hauses. Das Signet verweist auf
die Anfänge des Buchdrucks und
stammt aus dem Umkreis von
Hans Holbein. Es illustriert die
Bibelstelle Jeremia 23,29:
«Ist mein Wort nicht wie Feuer,
spricht der Herr, und wie ein
Hammer, der Felsen zerschmeisst?»

Herstellerinformation:
Schwabe Verlag, Schwabe Verlagsgruppe AG,
Grellingerstrasse 21, CH-4052 Basel, info@schwabeverlag.ch

Verantwortliche Person gem. Art. 16 GPSR:
Schwabe Verlag GmbH,
Marienstraße 28, D-10117 Berlin, info@schwabeverlag.de